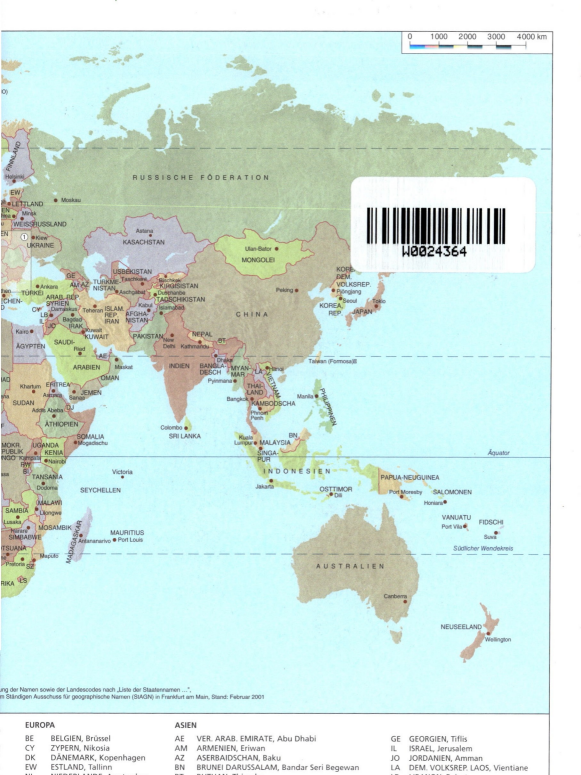

EUROPA

BE	BELGIEN, Brüssel	
CY	ZYPERN, Nikosia	
DK	DÄNEMARK, Kopenhagen	
EW	ESTLAND, Tallinn	
NL	NIEDERLANDE, Amsterdam	

ASIEN

AE	VER. ARAB. EMIRATE, Abu Dhabi	GE	GEORGIEN, Tiflis
AM	ARMENIEN, Eriwan	IL	ISRAEL, Jerusalem
AZ	ASERBAIDSCHAN, Baku	JO	JORDANIEN, Amman
BN	BRUNEI DARUSSALAM, Bandar Seri Begewan	LA	DEM. VOLKSREP. LAOS, Vientiane
BT	BUTHAN, Thimphu	LB	LIBANON, Beirut

John's), BARBADOS (Bridgetown), DOMINICA (Roseau), GRENADA (Saint Georg's), SAINT KITTS UND NEVIS (Basseterre), SAINT LUCIA (Castries), SAINT Luxemburg), MALTA (Valletta), MONACO (Monaco), SAN MARINO (San Marino) und VATIKANSTADT (Vatikanstadt), in **AFRIKA** KOMOREN (Moroni) und STAATEN VON MIKRONESIEN (Palikir), NAURU (Yaren), SAMOA (Aipa), TONGA (Nuku'alofa), TUVALU (Fanafuti), COOKINSELN (Avarua), MARSHALLIN-

Verwendete Zeichen, Abkürzungen und Symbole

Zeichen	Sprechweise/Bedeutung	Zeichen	Sprechweise/Bedeutung
...	und so weiter bis	$\cong$	zueinander kongruent, deckungsgleich
$=$; $\neq$	gleich; ungleich	$\parallel$	parallel zu, Beispiel: $g \parallel h$
$<$; $\leq$	kleiner als; kleiner oder gleich	$\perp$	senkrecht auf, rechtwinklig zu
$>$; $\geq$	größer als; größer oder gleich	$\triangle ABC$	Dreieck mit den Eckpunkten A, B, C
$\ll$; $\gg$	sehr klein gegen; sehr groß gegen	$\sphericalangle$; $\llcorner$	Winkel; rechter Winkel
$\approx$; $\hat{=}$	rund, angenähert; entspricht	$\overline{AB}$	Strecke AB
$\equiv$	identisch	$\vec{a}, \vec{F}, \overrightarrow{AB}$	Vektoren
%; ‰	Prozent; Promille	$\vec{A} \times \vec{B}, \vec{a} \times \vec{b}$	Vektorprodukt, Kreuzprodukt
]a, b[	offenes Intervall von a bis b	$\vec{a} \cdot \vec{b}$	Skalarprodukt
[a, b]	abgeschlossenes Intervall von a bis b	a^b	a hoch b (Potenz)
[a, b[	halboffenes Intervall von a bis b	$\sqrt{\ }$ $\sqrt[n]{\ }$	Quadratwurzel aus; n-te Wurzel aus
($a; b$)	geordnetes Paar	i	imaginäre Einheit ($\sqrt{-1}$)
lim	Limes, Grenzwert	$\vert x \vert$	Betrag von x
$\rightarrow$	gegen, konvergiert nach, nähert sich	$n!$	n Fakultät
∞	unendlich		
$f(x)$	f von x (Wert der Funktion f an der Stelle x)	$\binom{n}{p}$	n über p (Binomialkoeffizient)
$\Delta x, (\Delta y)$	Delta x (Delta y), Differenz zweier Argumente (Werte) der Funktion f	$\sum_{k=1}^{n} a_k$	Summe aller a_k für $k = 1$ bis n
$f'(x), f''(x)$	1. bzw. 2. Ableitung der Funktion f	$\prod_{k=1}^{n} a_k$	Produkt aller a_k für $k = 1$ bis n
$\frac{dy}{dx}$	dy nach dx, 1. Differenzialquotient der Funktion $y = f(x)$	A, B, M_1	Mengen
$\frac{d^2y}{dx^2}$	d²y nach dx², 2. Differenzialquotient der Funktion $y = f(x)$	$\{a; b; c\}$	Menge mit den Elementen a, b und c
		$\emptyset, \{\ \}$	leere Menge
		$\{x \vert ...\}$	Menge aller x, für die gilt: ...
$\int_a^b f(x)\, dx$	(bestimmtes) Integral $f(x)dx$ von a bis b	$\in$; $\notin$	Element von; nicht Element von
		$\subseteq$; $\subset$	Teilmenge von; echte Teilmenge von
(a_n)	Folge a_n	$A \cap B$	Schnittmenge von A und B
$\log_a x$	Logarithmus x zur Basis a	$A \cup B$	Vereinigungsmenge von A und B
$\lg x$	Logarithmus x zur Basis 10	$A \setminus B$	Differenzmenge A ohne B
$\ln x$	Logarithmus x zur Basis e	$A \times B$	Produktmenge von A und B (A Kreuz B)
$\text{lb}\, x$	Logarithmus x zur Basis 2	$\overline{A}$	Komplementärmenge zu A
sin	Sinus	$\mathbb{N}$	Menge der natürlichen Zahlen
cos	Kosinus	$\mathbb{N}^*$	Menge der natürlichen Zahlen ohne 0
tan	Tangens	$\mathbb{Z}$	Menge der ganzen Zahlen
cot	Kotangens	$\mathbb{Q}_+$	Menge der gebrochenen Zahlen
arcsin	Arkussinus	$\mathbb{Q}$	Menge der rationalen Zahlen
arccos	Arkuskosinus	$\mathbb{R}$	Menge der reellen Zahlen
arctan	Arkustangens	$\mathbb{C}$	Menge der komplexen Zahlen
$a \vert b$	a teilt b; a ist Teiler von b	$\Rightarrow$	wenn ..., dann ... (Implikation)
$a \nmid b$	a teilt nicht b; a ist kein Teiler von b	$\Leftrightarrow$	genau dann, wenn (Äquivalenz)
A, B	Matrizen	$\wedge$	und (Konjunktion)
$\det \mathbf{A} = \vert \mathbf{A} \vert$	Determinante von **A**	$\vee$	oder (Disjunktion)
$\sim$	proportional, zueinander ähnlich	$\neg$	nicht (Negation)

Formelsammlung

Formeln · Tabellen · Daten

Mathematik · Physik · Astronomie · Chemie · Biologie · Informatik

Duden Schulbuchverlag
Berlin

Autoren
Frank-Michael Becker (Biologie)
Dr. Hubert Bossek † (Mathematik)
Dr. Lutz Engelmann (Mathematik, Informatik)
Dr. Christine Ernst (Chemie)
Dr. habil. Günter Fanghänel (Mathematik)
Heinz Höhne (Chemie)
Dr. Astrid Kalenberg (Informatik)
Rudi Lenertat † (Mathematik)
Dr. Günter Liesenberg (Mathematik)
Manuela Liesenberg (Geographie)
Rainer Löffler (Mathematik)
Prof. Dr. habil. Lothar Meyer (Physik, Astronomie)
Doz. Dr. habil. Christa Pews-Hocke (Biologie)
Dr. habil. Bernd Raum (Geographie)
Dr. Gerd-Dietrich Schmidt (Physik)
Dr. Peter Seidel (Biologie)
Helga Simon (Chemie)
Dr. habil. Reinhard Stamm (Mathematik)
Prof. Dr. habil. Karlheinz Weber (Mathematik)
Dr. Adria Wehser (Chemie)

Redaktion Dr. Lutz Engelmann
Gesamtgestaltung Britta Scharffenberg
Layout und Grafik Claudia Kilian, Birgit Kintzel, Manuela Liesenberg,
Erika Netzmann †, Angela Richter, Britta Scharffenberg, cs print consulting GmbH, Berlin

www.duden-schulbuch.de

1. Auflage, 3. Druck 2016

Alle Drucke dieser Auflage können im Unterricht nebeneinander benutzt werden.

© 2013 Cornelsen Schulverlage GmbH, Berlin

Das Werk und seine Teile sind urheberrechtlich geschützt. Jede Nutzung in anderen
als den gesetzlich zugelassenen Fällen bedarf der vorherigen schriftlichen Einwilligung
des Verlages.
Hinweis zu den §§ 46, 52a UrhG: Weder das Werk noch seine Teile dürfen ohne eine solche
Einwilligung eingescannt und in ein Netzwerk eingestellt oder sonst öffentlich zugänglich
gemacht werden. Dies gilt auch für Intranets von Schulen und sonstigen Bildungseinrichtungen.
Das Wort **Duden** ist für den Verlag Bibliographisches Institut GmbH als Marke geschützt.

Druck: Mohn Media Mohndruck, Gütersloh

ISBN 978-3-8355-1263-4

PEFC zertifiziert
Dieses Produkt stammt aus nachhaltig
bewirtschafteten Wäldern und kontrollierten
Quellen.
www.pefc.de

Inhaltsverzeichnis

Mathematik

Zahlen; Zeichen; Größen 5
Mengenlehre und Logik 8
Rechenregeln und Rechenverfahren 10
Gleichungen 15
Planimetrie 17
Stereometrie 22
Ebene Trigonometrie 25
Funktionen 28
Folgen und Reihen; Grenzwerte 32
Differenzialrechnung 34
Anwendungen der Differenzialrechnung 35
Integralrechnung 37
Anwendungen der Integralrechnung 38
Ebene Koordinatengeometrie (Analytische Geometrie der Ebene) 40
Vektorrechnung und analytische Geometrie des Raumes 43
Kombinatorik 48
Beschreibende Statistik 49
Wahrscheinlichkeitsrechnung 50
Matrizen und Determinanten 64
Lineare Gleichungssysteme 66
Ausgewählte Computeralgebra-Befehle 68

Physik

Konstanten, Größen und Einheiten 69
Wertetabellen 74
Nuklidkarte (vereinfachter Ausschnitt) 82
Mechanik 84
Wärmelehre 93
Elektrizitätslehre 97
Schwingungen und Wellen 106
Optik 107
Quantenphysik 109
Spezielle Relativitätstheorie 109
Atom- und Kernphysik 110

Astronomie

- Astronomische Konstanten und Größen 111
- Astrophysikalische Gesetze und Zusammenhänge 113

Chemie

- Eigenschaften von Stoffen 114
- Atombau 124
- Allgemeine Stoff- und Reaktionskonstanten 127
- Stöchiometrie 134
- Elektrochemie 135
- Gasgesetze 135
- Chemisches Gleichgewicht 136
- Energetik 137
- Gefahrenstoffhinweise 138

Biologie

- Physiologie und Biochemie 140
- Ökologie 142
- Humanbiologie 145

Informatik

- Technische Realisierung logischer Verknüpfungen 149
- Datendarstellung 150
- Algorithmik 153
- Angewandte Informatik 154

Register 159

Mathematik

Zahlen; Zeichen; Größen

Griechisches Alphabet

Buchstabe	Name	Buchstabe	Name	Buchstabe	Name	Buchstabe	Name
A, α	Alpha	H, η	Eta	N, ν	Ny	T, τ	Tau
B, β	Beta	Θ, θ, ϑ	Theta	Ξ, ξ	Xi	Y, υ	Ypsilon
Γ, γ	Gamma	I, ι	Jota	O, ο	Omikron	Φ, φ	Phi
Δ, δ	Delta	K, κ	Kappa	Π, π	Pi	X, χ	Chi
E, ε	Epsilon	Λ, λ	Lambda	P, ϱ	Rho	Ψ, ψ	Psi
Z, ζ	Zeta	M, μ	My	Σ, σ, ς	Sigma	Ω, ω	Omega

Primzahlen

Eine natürliche Zahl $p \neq 1$ heißt **Primzahl,** wenn sie außer den (trivialen) Teilern 1 und p (sich selbst) keine weiteren Teiler hat.

2	43	103	173	241	317	401	479	571	647	739	827	919
3	47	107	179	251	331	409	487	577	653	743	829	929
5	53	109	181	257	337	419	491	587	659	751	839	937
7	59	113	191	263	347	421	499	593	661	757	853	941
11	61	127	193	269	349	431	503	599	673	761	857	947
13	67	131	197	271	353	433	509	601	677	769	859	953
17	71	137	199	277	359	439	521	607	683	773	863	967
19	73	139	211	281	367	443	523	613	691	787	877	971
23	79	149	223	283	373	449	541	617	701	797	881	977
29	83	151	227	293	379	457	547	619	709	809	883	983
31	89	157	229	307	383	461	557	631	719	811	887	991
37	97	163	233	311	389	463	563	641	727	821	907	997
41	101	167	239	313	397	467	569	643	733	823	911	…

Primfaktorzerlegung:
Jede natürliche Zahl $n > 1$ lässt sich eindeutig in ein Produkt von Primzahlen zerlegen, d. h. in folgender Form darstellen:
$n = p_1^{\alpha_1} \cdot p_2^{\alpha_2} \cdot p_3^{\alpha_3} \cdot \ldots$ mit $p_1 = 2; p_2 = 3; p_3 = 5; \ldots$ und $\alpha_1, \alpha_2, \alpha_3, \ldots \in \mathbb{N}$

Mathematische Konstanten

Konstante	Bezeichnung	Zahlenwert	Bedeutung
Kreiszahl (ludolfsche Zahl)	π	3,141 592 653 589… (Näherungswert: $\frac{22}{7}$)	Umfang eines Kreises mit dem Durchmesser 1; Flächeninhalt eines Kreises mit dem Radius 1
eulersche Zahl	e	2,718 281 828 459…	Basis der Exponentialfunktion (des stetigen Wachstums) und des natürlichen Logarithmus

Römische Zahlzeichen

	Grundzeichen				Hilfszeichen		
Symbole	I	X	C	M	V	L	D
Zahl	1	10	100	1 000	5	50	500

Schreibweisen (Regeln für die Anordnung):
1. Die Zeichen werden hintereinander geschrieben (wobei im Allgemeinen links mit dem Symbol der größten Zahl begonnen wird) und ihre Werte werden addiert (**Additionssystem**).
2. Die Grundzeichen werden höchstens dreimal, die Hilfszeichen nur einmal hintereinander geschrieben.
3. Steht das Symbol einer kleineren Zahl vor dem einer größeren, so wird der kleinere Wert vom größeren subtrahiert (wobei höchstens ein Symbol der nächstkleineren Zahl vorangestellt werden darf).

XVII = 10 + 5 + 1 + 1 = 17   MMXIII = 1 000 + 1 000 + 10 + 1 + 1 + 1 = 2013   IX = 10 − 1 = 9

Stellenwertsysteme (Positionssysteme)

Begriff	In einem **Stellenwertsystem (Positionssystem)** der Basis b lässt sich jede natürliche Zahl folgendermaßen darstellen: $(a_n a_{n-1} \ldots a_2 a_1 a_0)_b = a_n \cdot b^n + a_{n-1} \cdot b^{n-1} + \ldots + a_2 \cdot b^2 + a_1 \cdot b^1 + a_0 \cdot b^0$ Für die Ziffern $a_0, a_1, a_2, \ldots, a_n$ gilt $a_0, a_1, a_2, \ldots, a_n \in \{0; 1; 2; \ldots; b-1\}$.
Dezimalsystem	Wird als Basis eines Stellenwertsystems die Zahl 10 gewählt, so spricht man von einem **dekadischen Positionssystem** bzw. vom **Dezimalsystem,** und es gilt: $a_n a_{n-1} \ldots a_2 a_1 a_0 = a_n \cdot 10^n + a_{n-1} \cdot 10^{n-1} + \ldots + a_2 \cdot 10^2 + a_1 \cdot 10 + a_0$
Dualsystem	Wählt man die Zahl 2 als Basis, so erhält man das **Dualsystem** mit den beiden Ziffern 0 und I (↗ S. 150).

Darstellung von Dezimalzahlen mithilfe abgetrennter Zehnerpotenzen	$a \in \mathbb{Q}_+$
$a > 1$	$a < 1$
3 440 000 = 3,44 · 1 000 000 = 3,44 · 10^6	0,000 000 023 = 2,3 · 0,000 000 01 = 2,3 · 10^{-8}
Beim Übergang von 3,44 · 10^6 zur normalen Schreibweise rückt das Komma um 6 Stellen nach rechts und man erhält 3 440 000.	Beim Übergang von 2,3 · 10^{-8} zur normalen Schreibweise rückt das Komma um 8 Stellen nach links und man erhält 0,000 000 023.

Vorsätze bei Einheiten

Vorsatz		Bedeutung	Faktor	Vorsatz		Bedeutung	Faktor
Exa	E	Trillion	10^{18}	Dezi	d	Zehntel	$0{,}1 = 10^{-1}$
Peta	P	Billiarde	10^{15}	Zenti	c	Hundertstel	$0{,}01 = 10^{-2}$
Tera	T	Billion	10^{12} = 1 000 000 000 000	Milli	m	Tausendstel	$0{,}001 = 10^{-3}$
Giga	G	Milliarde	10^9 = 1 000 000 000	Mikro	μ	Millionstel	$0{,}000\,001 = 10^{-6}$
Mega	M	Million	10^6 = 1 000 000	Nano	n	Milliardstel	$0{,}000\,000\,001 = 10^{-9}$
Kilo	k	Tausend	10^3 = 1 000	Pico	p	Billionstel	$0{,}000\,000\,000\,001 = 10^{-12}$
Hekto	h	Hundert	10^2 = 100	Femto	f	Billiardstel	10^{-15}
Deka	da	Zehn	10^1 = 10	Atto	a	Trillionstel	10^{-18}

Zahlen; Zeichen; Größen **7**

Einheiten ausgewählter Größen

Größe	Einheit		Beziehungen zwischen den Einheiten
	Name	Zeichen	
Länge	Meter	m	Basiseinheit
Flächeninhalt (Fläche)	Quadratmeter Ar Hektar	m^2 a ha	$1\,m^2 = 1\,m \cdot 1\,m$ $1\,a\ \ = 10^2\,m^2 = 100\,m^2$ $1\,ha = 10^2\,a = 10^4\,m^2 = 10\,000\,m^2$
Rauminhalt (Volumen)	Kubikmeter Liter	m^3 l	$1\,m^3 = 1\,m \cdot 1\,m \cdot 1\,m$ $1\,l\ \ = 1\,dm^3 = 10^{-3}\,m^3 = 0{,}001\,m^3$

Näherungswerte

Begriff des Näherungswertes	Ein **Näherungswert** ist eine Zahl, die etwa so groß ist wie der entsprechende exakte Wert. Näherungswerte erhält man z. B. – durch Runden; – beim Ersetzen von gemeinen Brüchen, die auf periodische Dezimalbrüche führen, durch endliche Dezimalbrüche; – beim Ersetzen von irrationalen Zahlen durch rationale Zahlen; – beim Arbeiten mit Tafeln, Taschenrechnern und Computern; – beim Messen.
zuverlässige Ziffern	Bei einem Näherungswert heißen alle Ziffern, die mit denen des genauen Wertes übereinstimmen, **zuverlässige Ziffern**. *Anmerkung:* Eine letzte Ziffer gilt auch dann als zuverlässig, wenn sie durch Runden des genauen Wertes auf diese Stelle bestätigt würde.
Runden	Unter **Runden** versteht man das Ersetzen eines bestimmten Zahlenwertes durch einen Näherungswert. Ist der Näherungswert größer als der zu rundende Wert, so spricht man vom **Aufrunden**; ist er kleiner, vom **Abrunden**.
Rundungsregeln	Beim Runden auf n Stellen wird folgendermaßen verfahren: – Die Ziffer an der n-ten Stelle wird um 1 erhöht, wenn ihr beim zu rundenden Wert eine 5, 6, 7, 8 oder 9 folgte (es wird **aufgerundet**). – Die Ziffer an der n-ten Stelle wird beibehalten, wenn ihr beim zu rundenden Wert eine 0, 1, 2, 3 oder 4 folgte (es wird **abgerundet**).
absoluter Fehler	Die Abweichung eines Näherungswertes x vom genauen Wert x_w wird als **absoluter Fehler** Δx bezeichnet.
relativer Fehler	Der **relative** (bzw. **prozentuale**) **Fehler** δx ist das Verhältnis von absolutem Fehler Δx zum genauen Wert x_w: $\delta x = \frac{\Delta x}{x_w} \approx \frac{\Delta x}{x}$

Rechnen mit Näherungswerten		
Addition/ Subtraktion	Beim **Addieren** und **Subtrahieren** sucht man denjenigen Näherungswert heraus, bei dem die letzte zuverlässige Ziffer am weitesten links steht, und rundet das Ergebnis auf diese Stelle.	19,123 + 33,1 ← + 6,24 58,463 ≈ 58,5 ←
Multiplikation/ Division	Beim **Multiplizieren** und **Dividieren** sucht man denjenigen Näherungswert heraus, der die geringste Anzahl zuverlässiger Ziffern besitzt, und rundet das Ergebnis auf diese Stellenanzahl.	$2{,}345 \cdot 2{,}3$ 4690 7035 5,3935 ≈ 5,4

Mengenlehre und Logik

Mengenbeziehungen

Mengengleichheit	Eine Menge A ist **gleich** einer Menge B (in Zeichen: $A = B$), wenn jedes Element von A auch Element von B und jedes Element von B auch Element von A ist. Es gilt: $A = A \qquad A = B \Rightarrow B = A$ $\qquad\quad A = B \land B = C \land A = C$	
Teilmenge echte Teilmenge	Eine Menge A ist **Teilmenge** von B (in Zeichen: $A \subseteq B$), wenn jedes Element von A auch Element von B ist. Gibt es mindestens ein Element in B, das nicht zu A gehört, so ist A **echte Teilmenge** von B (in Zeichen: $A \subset B$). Es gilt: $A \subseteq A \qquad A \subseteq B \land B \subseteq A \Rightarrow A = B$ $\qquad\quad A \not\subset A \qquad A \subseteq B \land B \subseteq C \Rightarrow A \subseteq C$	
äquivalente Mengen	Eine Menge A ist **äquivalent (gleichmächtig)** zu einer Menge B (in Zeichen: $A \sim B$), wenn eine eineindeutige Abbildung der einen auf die andere Menge existiert. Es gilt: $A \sim B \land B \sim C \Rightarrow A \sim C$	$\mathbb{N} \sim \mathbb{Z}$ $\mathbb{N} \sim \mathbb{Q}$ $\mathbb{N} \not\sim \mathbb{R}$
Komplementärmenge	Ist A Teilmenge von B, so ist die **Komplementärmenge von A bezüglich B** (in Zeichen: $\bar{A}$) diejenige Teilmenge von B, die alle Elemente enthält, die nicht zu A gehören. Es gilt: $\overline{A \cup B} = \bar{A} \cap \bar{B}$ $\qquad\quad \overline{A \cap B} = \bar{A} \cup \bar{B} \qquad$ (morgansche Gesetze)	
Potenzmenge	Die **Potenzmenge** einer Menge A (in Zeichen: $P(A)$) ist die Menge aller Teilmengen von A.	$A = \{a; b\}$ $\Rightarrow P(A) = \{\emptyset; \{a\}; \{b\}; \{a; b\}\}$

Mengenverknüpfungen (Mengenoperationen)

Vereinigungsmenge	Die **Vereinigungsmenge** $A \cup B$ ist die Menge aller Elemente, die zu A oder zu B oder zu beiden Mengen gehören. $A \cup B = \{x \mid x \in A \lor x \in B\}$ (Sprechweise: „A vereinigt B")	
Schnittmenge (Durchschnitt)	Die **Schnittmenge** (bzw. der **Durchschnitt**) $A \cap B$ ist die Menge aller Elemente, die zu A und gleichzeitig zu B gehören. $A \cap B = \{x \mid x \in A \land x \in B\}$ (Sprechweise: „A geschnitten B")	
Differenzmenge	Die **Differenzmenge** $A \setminus B$ ist die Menge aller Elemente von A, die nicht zu B gehören. $A \setminus B = \{x \mid x \in A \land x \notin B\}$ (Sprechweise: „A ohne B")	
Produktmenge	Die **Produktmenge $A \times B$** ist die Menge aller (geordneten) Paare, deren erstes Glied zu A und deren zweites Glied zu B gehört. $A \times B = \{(x; y) \mid x \in A \land y \in B\}$ (Sprechweise: „A kreuz B")	$A = \{a; b; c\} \quad B = \{u; v\}$ $\Rightarrow A \times B = \{(a; u); (a; v); (b; u); (b; v);$ $\qquad\qquad\qquad (c; u); (c; v)\}$

Regeln (Gesetze) für das Rechnen mit Mengen

$A \cup A = A$	$A \cap A = A$	(Idempotenzgesetze)
$A \cup B = B \cup A$	$A \cap B = B \cap A$	(Kommutativgesetze)
$(A \cup B) \cup C = A \cup (B \cup C)$	$(A \cap B) \cap C = A \cap (B \cap C)$	(Assoziativgesetze)
$A \cup (B \cap C) = (A \cup B) \cap (A \cup C)$	$A \cap (B \cup C) = (A \cap B) \cup (A \cap C)$	(Distributivgesetze)
$A \cup (A \cap B) = A$	$A \cap (A \cup B) = A$	(Absorptionsgesetze)
$A \cup \emptyset = A \quad A \backslash A = \emptyset$	$A \cap \emptyset = \emptyset \quad (A \backslash B) \cap B = \emptyset$	(Rechnen mit der leeren Menge)
$A \backslash B = A \backslash (A \cap B) = (A \cup B) \backslash B$	$A \backslash (B \cap C) = (A \backslash B) \cup (A \backslash C)$	(Rechnen mit Differenzmengen)
$A \backslash (B \cup C) = (A \backslash B) \cap (A \backslash C)$	$A \cup B = (A \backslash B) \cup (B \backslash A) \cup (A \cap B)$	

Wenn eine der Beziehungen $A \subseteq B$, $A \cup B = B$, $A \cap B = A$ gilt, folgt daraus die Gültigkeit der anderen beiden.

Zahlenmengen

Zahlenmenge	Beschreibung	uneingeschränkt ausführbare Grundrechenoperationen
natürliche Zahlen	$\mathbb{N} = \{0; 1; 2; 3; ...\} \quad \mathbb{N}^* = \mathbb{N}\backslash\{0\}$	Addition, Multiplikation
ganze Zahlen	$\mathbb{Z} = \{...; -3; -2; -1; 0; 1; 2; 3; ...\}$	Addition, Multiplikation, Subtraktion
gebrochene Zahlen	$\mathbb{Q}_+ = \left\{\frac{p}{q} \mid p, q \in \mathbb{N} \wedge q \neq 0\right\}$	Addition, Multiplikation, Division (ausgenommen durch 0)
rationale Zahlen	$\mathbb{Q} = \left\{\frac{p}{q} \mid p, q \in \mathbb{Z} \wedge q \neq 0\right\}$	Addition, Subtraktion, Multiplikation, Division (ausgenommen durch 0)
reelle Zahlen	$\mathbb{R} = \mathbb{Q} \cup \mathbb{I}$ $\mathbb{I}$ irrationale Zahlen (unendliche nichtperiodische Dezimalbrüche)	Addition, Subtraktion, Multiplikation, Division (ausgenommen durch 0)
komplexe Zahlen	$\mathbb{C} = \{a + bi \mid a, b \in \mathbb{R} \wedge i^2 = -1\}$ (↗ S. 12)	Addition, Subtraktion, Multiplikation, Division (ausgenommen durch 0)

Beziehungen zwischen den Zahlenmengen (Zahlenbereichen)

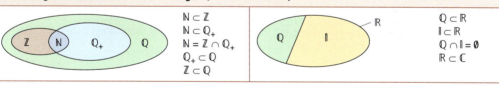

$\mathbb{N} \subset \mathbb{Z}$
$\mathbb{N} \subset \mathbb{Q}_+$
$\mathbb{N} = \mathbb{Z} \cap \mathbb{Q}_+$
$\mathbb{Q}_+ \subset \mathbb{Q}$
$\mathbb{Z} \subset \mathbb{Q}$

$\mathbb{Q} \subset \mathbb{R}$
$\mathbb{I} \subset \mathbb{R}$
$\mathbb{Q} \cap \mathbb{I} = \emptyset$
$\mathbb{R} \subset \mathbb{C}$

Intervalle (spezielle Teilmengen von $\mathbb{R}$)

abgeschlossenes Intervall von a bis b	$[a; b] = \{x \in \mathbb{R} \mid a \leq x \leq b\}$	
offenes Intervall von a bis b	$]a; b[= \{x \in \mathbb{R} \mid a < x < b\}$	
rechtsoffenes Intervall von a bis b	$[a; b[= \{x \in \mathbb{R} \mid a \leq x < b\}$	
linksoffenes Intervall von a bis b	$]a; b] = \{x \in \mathbb{R} \mid a < x \leq b\}$	
linksoffenes Intervall von $-\infty$ bis a	$]-\infty; a] = \{x \in \mathbb{R} \mid x \leq a\}$	
offenes Intervall von a bis $+\infty$	$]a; +\infty[= \{x \in \mathbb{R} \mid a < x\}$	

Aussagenlogik

Es seien p, q, r Variable für Aussagen, die (nur) die Werte *wahr* (W) und *falsch* (F) annehmen können.

Verknüpfung von Aussagen	Verknüpfung	Symbol	Bedeutung
	Negation	$\neg p$	nicht p
	Konjunktion	$p \wedge q$	p und q; sowohl p als auch q
	Disjunktion	$p \vee q$	p oder q (einschließendes ODER)
	Alternative	$p \dot\vee q$	entweder p oder q (ausschließendes ODER)
	Implikation	$p \Rightarrow q$	wenn p, dann (so) q
	Äquivalenz	$p \Leftrightarrow q$	p äquivalent zu q; p genau dann, wenn q
Zusammenhänge	$p \Rightarrow q \equiv \neg p \vee q$ $p \dot\vee q \equiv (p \vee q) \wedge (\neg p \vee \neg q)$	$p \Leftrightarrow q \equiv (\neg p \vee q) \wedge (p \vee \neg q)$ $p \dot\vee q \equiv (p \wedge \neg q) \vee (\neg p \wedge q)$	$p \Leftrightarrow q \equiv (p \wedge q) \vee (\neg p \wedge \neg q)$

Wahrheitswertetafeln	p	q	$\neg p$	$\neg q$	$p \wedge q$	$p \vee q$	$p \dot\vee q$	$p \Rightarrow q$	$p \Leftrightarrow q$
	W	W	F	F	W	W	F	W	W
	W	F	F	W	F	W	W	F	F
	F	W	W	F	F	W	W	W	F
	F	F	W	W	F	F	F	W	W

Tautologien

Eine Aussagenverbindung heißt **Tautologie**, wenn jede Einsetzung eine wahre Aussage liefert.

$p \vee \neg p$ (Gesetz vom ausgeschlossenen Dritten) $p \wedge (p \Rightarrow q) \Rightarrow q$ (Abtrennungsregel)
$\neg(\neg p) \Leftrightarrow p$ (Gesetz von der doppelten Verneinung) $p \wedge (\neg q \Rightarrow \neg p) \Rightarrow q$ (indirekter Schluss)
$(p \Rightarrow q) \wedge (q \Rightarrow r) \Rightarrow (p \Rightarrow r)$ (Kettenschluss) $(p \Rightarrow q) \Leftrightarrow (\neg q \Rightarrow \neg p)$ (Kontraposition)

Rechenregeln und Rechenverfahren

Teiler und Vielfache natürlicher Zahlen

$a, b, n \in \mathbb{N}^*$

Teiler	Vielfache
a heißt **Teiler** von b, wenn es ein $n \in \mathbb{N}^*$ gibt, sodass $a \cdot n = b$ gilt. (Schreibweise: $a \mid b$)	b heißt **Vielfaches** von a, wenn a ein Teiler von b ist.
Eine natürliche Zahl heißt **gemeinsamer Teiler** von a und b, wenn sie sowohl a als auch b teilt. Der **größte gemeinsame Teiler** zweier Zahlen a und b wird mit ggT(a, b) bezeichnet.	Eine natürliche Zahl heißt **gemeinsames Vielfaches** von a und b, wenn sowohl a als auch b Teiler dieser Zahl sind. Das **kleinste gemeinsame Vielfache** zweier Zahlen a und b wird mit kgV(a, b) bezeichnet.
Bestimmung des ggT(a, b) mittels Primfaktorzerlegung: $a = 18 = 2 \cdot 3 \cdot 3$ $b = 60 = 2 \cdot 2 \cdot 3 \cdot 5 \Rightarrow$ ggT(18, 60) $= 2 \cdot 3 = 6$	Bestimmung des kgV(a, b) mittels Primfaktorzerlegung: $a = 18 = 2 \cdot 3 \cdot 3$ $b = 60 = 2 \cdot 2 \cdot 3 \cdot 5 \Rightarrow$ kgV(18, 60) $= 2^2 \cdot 3^2 \cdot 5 = 180$
Bestimmung des ggT(a, b) mithilfe des **euklidischen Algorithmus**: $a : b = c_1$, Rest b_1 $b_1 \neq 0$ $b : b_1 = c_2$, Rest b_2 $b_2 \neq 0$ $b_1 : b_2 = c_3$, Rest b_3 $b_3 \neq 0$ $\vdots$ $b_{n-2} : b_{n-1} = c_n$, Rest $0 \Rightarrow$ ggT(a, b) $= b_{n-1}$	Bestimmung des kgV(a, b) mithilfe der folgenden Beziehung und des **euklidischen Algorithmus**: $$\text{kgV}(a, b) = \frac{a \cdot b}{\text{ggT}(a, b)}$$

Rechenregeln und Rechenverfahren

Rechnen mit Brüchen (Bruchrechnung)

$a, b, c, d \in \mathbb{Z}$; Nenner $\neq 0$

Bruch	$\frac{a}{b}$ heißt **Bruch**, a heißt **Zähler** und b **Nenner** des Bruches.
Kehrwert	Der Bruch $\frac{b}{a}$ heißt **Kehrwert (Reziprokes)** von $\frac{a}{b}$. Es gilt: $\frac{a}{b} \cdot \frac{b}{a} = 1$
Erweitern und Kürzen	*Erweitern:* $\frac{a}{b} = \frac{a \cdot c}{b \cdot c}$ $(c \neq 0)$ *Kürzen:* $\frac{a}{b} = \frac{a:c}{b:c}$ $(c \neq 0 \wedge c\,|\,a \wedge c\,|\,b)$
Addition und Subtraktion	$\frac{a}{b} \pm \frac{c}{b} = \frac{a \pm c}{b}$ (gleichnamige Brüche) $\frac{a}{b} \pm \frac{c}{d} = \frac{a \cdot d \pm b \cdot c}{b \cdot d}$ (ungleichnamige Brüche)
Multiplikation und Division	$\frac{a}{b} \cdot \frac{c}{d} = \frac{a \cdot c}{b \cdot d}$ $\frac{a}{b} : \frac{c}{d} = \frac{a}{b} \cdot \frac{d}{c} = \frac{a \cdot d}{b \cdot c}$

Rechnen mit positiven und negativen (reellen) Zahlen

$a, b \in \mathbb{R}$; Nenner $\neq 0$

Betrag einer Zahl	$|a| = \begin{cases} a, \text{ wenn } a \geq 0 \\ -a, \text{ wenn } a < 0 \end{cases}$ Der (absolute) **Betrag** einer Zahl entspricht dem Abstand dieser Zahl vom Nullpunkt O auf der Zahlengeraden.
Rechnen mit Beträgen	$|a| = |-a|$ $|a| \geq 0$ $\pm a \leq |a|$ $|a \cdot b| = |a| \cdot |b|$ $\left|\frac{a}{b}\right| = \frac{|a|}{|b|}$ $|a| - |b| \leq |a + b| \leq |a| + |b|$ (**Dreiecksungleichung**) $|a| - |b| \leq |a - b| \leq |a| + |b|$ $|a_1 + a_2 + \ldots + a_n| \leq |a_1| + |a_2| + \ldots + |a_n|$
Rechenregeln	$a - (-b) = a + b$ $-a - b = -(a + b)$ $(-a) - (-b) = -a + b$ $a \cdot (-b) = -ab$ $(-a) \cdot b = -ab$ $(-a) \cdot (-b) = +ab$ $a : (-b) = -\frac{a}{b}$ $(-a) : b = -\frac{a}{b}$ $(-a) : (-b) = +\frac{a}{b}$

Termumformungen

a, b, c, d in $\mathbb{R}$ erklärte Terme

Rechengesetze	$a + b = b + a$ $a \cdot b = b \cdot a$ (Kommutativgesetze) $a + (b + c) = (a + b) + c$ $a \cdot (b \cdot c) = (a \cdot b) \cdot c$ (Assoziativgesetze) $a \cdot (b + c) = a \cdot b + a \cdot c$ (Distributivgesetz)
binomische Formeln	$(a + b)^2 = a^2 + 2ab + b^2$ $(a - b)^2 = a^2 - 2ab + b^2$ $(a + b)(a - b) = a^2 - b^2$

Potenzen und Wurzeln

Nenner $\neq 0$

	Potenzen	Wurzeln
Definitionen	$a^n = \underbrace{a \cdot a \cdot \ldots \cdot a}_{n \text{ Faktoren } a}$ $(a \in \mathbb{R}\setminus\{0\}, n \in \mathbb{N})$ a heißt **Basis** und n **Exponent**. $a^0 = 1$ $a^1 = a$ $a^{-n} = \frac{1}{a^n}$	$\sqrt[n]{a} = b \Leftrightarrow b^n = a \wedge b > 0$ $(a \in \mathbb{R}, a \geq 0, n \in \mathbb{N}^*\setminus\{1\})$ a heißt **Radikand** und n **Wurzelexponent**. $\sqrt[2]{a} = \sqrt{a}$
Sätze (Potenz- und Wurzel-gesetze)	Für alle $m, n \in \mathbb{Z}$ und $a, b \in \mathbb{R}\setminus\{0\}$ gilt: $a^m \cdot a^n = a^{m+n}$ $a^n \cdot b^n = (a \cdot b)^n$ $\frac{a^m}{a^n} = a^{m-n}$ $\frac{a^n}{b^n} = \left(\frac{a}{b}\right)^n$ $(a^m)^n = a^{mn} = (a^n)^m$ $\frac{1}{a^{-n}} = a^n$ $\left(\frac{a}{b}\right)^{-n} = \left(\frac{b}{a}\right)^n$ Für alle $m, n \in \mathbb{N}, n \geq 2$ und $a \in \mathbb{R}, a > 0$ gilt: $a^{\frac{1}{n}} = \sqrt[n]{a}$ $a^{-\frac{1}{n}} = \frac{1}{\sqrt[n]{a}}$	Für alle $m, n \in \mathbb{N}^*\setminus\{1\}$ und $a, b \in \mathbb{R}, a, b \geq 0$ gilt: $\sqrt[m]{a} \cdot \sqrt[n]{a} = \sqrt[mn]{a^{m+n}}$ $\sqrt[n]{a} \cdot \sqrt[n]{b} = \sqrt[n]{a \cdot b}$ $\frac{\sqrt[m]{a}}{\sqrt[n]{a}} = \sqrt[mn]{a^{n-m}}$ $\frac{\sqrt[n]{a}}{\sqrt[n]{b}} = \sqrt[n]{\frac{a}{b}}$ $\sqrt[n]{\sqrt[m]{a}} = \sqrt[mn]{a} = \sqrt[m]{\sqrt[n]{a}}$ $\sqrt[n]{a^m} = (\sqrt[n]{a})^m$ $\sqrt[n]{a^m} = \sqrt[nk]{a^{mk}}$ $(k \in \mathbb{N}^*)$ $a^{\frac{m}{n}} = \sqrt[n]{a^m}$ $a^{-\frac{m}{n}} = \frac{1}{\sqrt[n]{a^m}}$

Logarithmen

$a, b \in \mathbb{R}; a, b > 0; a \neq 1$

Definition	$\log_a b = c \Leftrightarrow a^c = b$	a heißt **Basis**, b **Numerus** und c **Logarithmus**.	
	$a^{\log_a b} = b$	$\log_a a = 1$	$\log_a 1 = 0$
Logarithmen spezieller Basen	$\log_{10} x = \lg x$ $\log_e x = \ln x$	(dekadischer Logarithmus) (natürlicher Logarithmus; e eulersche Zahl, ↗ S. 5)	
Logarithmengesetze	Für alle $u, v \in \mathbb{R}; u, v > 0$ gilt: $\log_a(u \cdot v) = \log_a u + \log_a v$ $\log_a u^r = r \log_a u \quad (r \in \mathbb{R})$	$\log_a \frac{u}{v} = \log_a u - \log_a v$ $\log_a \sqrt[n]{u} = \frac{1}{n} \log_a u \quad (n \in \mathbb{N}^* \setminus \{1\})$	
Basiswechsel	$\log_a b \cdot \log_b a = 1$ $\lg x = M \ln x \quad (M = \lg e = 0{,}43429\ldots)$	$\log_c b = \frac{\log_a b}{\log_a c} = \frac{\ln b}{\ln c} = \frac{\lg b}{\lg c}$ $\ln x = \frac{1}{M} \lg x \quad \left(\frac{1}{M} = \ln 10 = 2{,}30258\ldots\right)$	$a^c = e^{c \cdot \ln a} \quad (c \in \mathbb{R})$

Komplexe Zahlen

$a, b, r \in \mathbb{R}; r \geq 0; 0 \leq \varphi < 2\pi$

Es sei $\mathbb{C} = \{z \,|\, z = a + bi;\, a, b \in \mathbb{R} \wedge i^2 = -1\}$ die Menge der komplexen Zahlen (↗ S. 9).

Normalform	$z = a + bi \quad (i^2 = -1)$ (a **Realteil**; b **Imaginärteil** von z) $z = a + bi \quad \bar{z} = a - bi \quad$ (zueinander) konjugiert komplexe Zahlen
Polarform (trigonometrische Form)	$z = r(\cos\varphi + i\sin\varphi) \quad (i^2 = -1)$ (r **Betrag** von z; φ **Argument** bzw. **Phase** von z)
Exponentialform	$z = r \cdot e^{i\varphi}$ mit $e^{i\varphi} = \cos\varphi + i\sin\varphi$ (eulersche Formel, φ im Bogenmaß)
Zusammenhänge	$r = \sqrt{a^2 + b^2};\quad \cos\varphi = \frac{a}{r};\quad \sin\varphi = \frac{b}{r};\quad \tan\varphi = \frac{b}{a}$

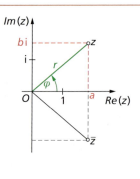

Rechenregeln

Für die Potenzen der **imaginären Einheit** i gilt:
$i^{4n} = 1;\quad i^{4n+1} = i;\quad i^{4n+2} = -1;\quad i^{4n+3} = -i \quad (n \in \mathbb{Z})$

Für $z_1 = a_1 + b_1 i$ und $z_2 = a_2 + b_2 i$ gilt:
$z_1 \pm z_2 = (a_1 \pm a_2) + (b_1 \pm b_2)i$
$z_1 \cdot z_2 = (a_1 a_2 - b_1 b_2) + (a_1 b_2 + a_2 b_1)i$
$\frac{z_1}{z_2} = \frac{z_1 \cdot \bar{z}_2}{z_2 \cdot \bar{z}_2} = \frac{a_1 a_2 + b_1 b_2 + (a_2 b_1 - a_1 b_2)i}{a_2^2 + b_2^2} \quad (z_2 \neq 0 + 0 \cdot i)$
$z^2 = a^2 + 2abi - b^2$
$z^3 = a^3 + 3a^2 bi - 3ab^2 - b^3 i$
$z^4 = a^4 + 4a^3 bi - 6a^2 b^2 - 4ab^3 i + b^4$
usw.

Für $z_1 = r_1(\cos\varphi_1 + i\sin\varphi_1)$ und $z_2 = r_2(\cos\varphi_2 + i\sin\varphi_2)$ gilt:
$z_1 \pm z_2 = (r_1 \cos\varphi_1 \pm r_2 \cos\varphi_2) + (r_1 \sin\varphi_1 \pm r_2 \sin\varphi_2)i$
$z_1 \cdot z_2 = r_1 \cdot r_2 [\cos(\varphi_1 + \varphi_2) + i\sin(\varphi_1 + \varphi_2)]$
$\frac{z_1}{z_2} = \frac{r_1}{r_2}[\cos(\varphi_1 - \varphi_2) + i\sin(\varphi_1 - \varphi_2)] \quad (z_2 \neq 0 + 0 \cdot i)$
$z^n = r^n(\cos n\varphi + i\sin n\varphi) \quad (n \in \mathbb{Z},$ Satz von Moivre$)$
$\sqrt[n]{z} = \sqrt[n]{r}\left(\cos\frac{\varphi + 2k\pi}{n} + i\sin\frac{\varphi + 2k\pi}{n}\right)$
$(n \in \mathbb{N}^*; k \in \{0; 1; 2; \ldots; (n-1)\})$

Für $z_1 = r_1 \cdot e^{i\varphi_1}$ und $z_2 = r_2 \cdot e^{i\varphi_2}$ gilt:
$z_1 \cdot z_2 = r_1 \cdot r_2 \cdot e^{i(\varphi_1 + \varphi_2)} \qquad \frac{z_1}{z_2} = \frac{r_1}{r_2} \cdot e^{i(\varphi_1 - \varphi_2)} \quad (z_2 \neq 0 + 0 \cdot i) \qquad z^n = r^n e^{in\varphi} \quad (n \in \mathbb{Z})$

$\overline{z + w} = \bar{z} + \bar{w} \qquad \overline{z \cdot w} = \bar{z} \cdot \bar{w} \qquad z + \bar{z} = 2a \qquad z - \bar{z} = 2bi \qquad z \cdot \bar{z} = a^2 + b^2 = |z|^2 = r^2$

Rechenregeln und Rechenverfahren

Proportionen und Anwendungen

$a, b, c, d, k, a_i \in \mathbb{R}; k \neq 0;$ Nenner $\neq 0$

	direkte Proportionalität	indirekte (umgekehrte) Proportionalität
Sachverhalt	Größe x: $a \mid c$ / Größe y: $b \mid d$ je mehr, desto mehr $(y \sim x)$	Größe x: $a \mid c$ / Größe y: $b \mid d$ je mehr, desto weniger $\left(y \sim \frac{1}{x}\right)$
Verhältnisgleichung	$\frac{a}{c} = \frac{b}{d} \Rightarrow a \cdot d = b \cdot c$	$\frac{a}{c} = \frac{d}{b} \Rightarrow a \cdot b = c \cdot d$
Proportionalitätsfaktor k	$\left.\begin{array}{l} b = k \cdot a \\ d = k \cdot c \end{array}\right\} \Rightarrow k = \frac{b}{a} = \frac{d}{c}$ (quotientengleich)	$\left.\begin{array}{l} b = k \cdot \frac{1}{a} \\ d = k \cdot \frac{1}{c} \end{array}\right\} \Rightarrow k = a \cdot b = c \cdot d$ (produktgleich)

Währungsrechnen

$\frac{AW}{EUR} = \frac{Kurs}{100}$ bzw. $\frac{AW(\$, £)}{EUR} = Kurs$

AW   Auslandswährung; EUR Euro-Betrag;
Kurs   Umrechnungsverhältnis zwischen Devisen, bezogen auf 100 €;
Ausnahmen: Dollar ($) und Pfund Sterling (£)

Dreisatz

Verfahren, durch das mit drei gegebenen Größen eine vierte errechnet wird

In allen Dreisatzaufgaben sind die auftretenden Größen direkt oder indirekt proportional.

Schritte:
(1) Schluss vom Wert der bekannten Mehrheit
(2) auf den Wert für eine Mengeneinheit und
(3) von dieser Einheit auf die gesuchte Mehrheit

Mischungsrechnen

P Preis; *M* Menge, Anteil

Berechnen des Mischungsverhältnisses von zwei Sorten bei vorgegebenen Preisen

	Preis/Mengeneinheit	Unterschied zu P_G	gekürzt	Anteil
Sorte 1:	P_1	$|P_G - P_1|$	x	$y = M_1$
Mischung:	P_G			
Sorte 2:	P_2	$|P_G - P_2|$	y	$x = M_2$

$\left|\frac{P_G - P_2}{P_G - P_1}\right| = \frac{M_1}{M_2} = \frac{y}{x}$

Mischungskreuz-Regel: Die zu mischenden Sorten sind im umgekehrten Verhältnis ihrer Preisdifferenzen zur Mischungssorte zu mischen (↗ auch Mischungskreuz in der Chemie, S. 135).

Mittelwerte

arithmetisches Mittel $\bar{x}$	$\frac{a - \bar{x}}{\bar{x} - b} = \frac{1}{1} \Rightarrow \bar{x} = \frac{a + b}{2}$	Für zwei Werte a und b gilt: $h \leq g \leq \bar{x}$
geometrisches Mittel g (mittlere Proportionale)	$\frac{a}{g} = \frac{g}{b} \Rightarrow g = \sqrt{ab}$ $(a, b > 0)$	$g = \sqrt{h \cdot \bar{x}}$ (Verallgemeinerung für mehr als zwei Werte ↗ S. 49)
harmonisches Mittel h	$\frac{a - h}{h - b} = \frac{a}{b} \Rightarrow h = \frac{2ab}{a + b}$	
goldener Schnitt (stetige Teilung einer Strecke)	$\frac{a}{x} = \frac{x}{a - x} \Rightarrow x = \frac{\sqrt{5} - 1}{2} \cdot a \approx 0{,}618 \cdot a$ Konstruktion des Teilpunktes T der Strecke $a = \overline{P_1 P_2}$ mit $r = \frac{a}{2}$ (s. Abb.)	

Prozentrechnung

Grundgleichung	$\frac{W}{p} = \frac{G}{100}$ bzw. $\frac{W}{G} = p\,\%$	G Grundwert $p\,\% = \frac{p}{100}$ Prozentsatz	W Prozentwert $p\,‰ = \frac{p}{1000}$ Promillesatz
vermehrter (verminderter) Grundwert	$\overline{G} = G \cdot \left(\frac{100+p}{100}\right)$ nach prozentualem Zuschlag (Aufschlag)		$\overline{G} = G \cdot \left(\frac{100-p}{100}\right)$ nach prozentualem Abschlag (Abzug)

„Bequeme" Prozentsätze

Prozentsatz	1 %	2 %	$2\tfrac{1}{2}\,\%$	4 %	5 %	$6\tfrac{1}{4}\,\%$	$6\tfrac{2}{3}\,\%$	$12\tfrac{1}{2}\,\%$	20 %	25 %	$33\tfrac{1}{3}\,\%$	50 %	$66\tfrac{2}{3}\,\%$	75 %
Anteil am Grundwert	$\tfrac{1}{100}$	$\tfrac{1}{50}$	$\tfrac{1}{40}$	$\tfrac{1}{25}$	$\tfrac{1}{20}$	$\tfrac{1}{16}$	$\tfrac{1}{15}$	$\tfrac{1}{8}$	$\tfrac{1}{5}$	$\tfrac{1}{4}$	$\tfrac{1}{3}$	$\tfrac{1}{2}$	$\tfrac{2}{3}$	$\tfrac{3}{4}$

Zinsrechnung

K	Kapital	Z	Zinsen	R	Rate, Rente
$p\,\%$	Zinssatz des Kapitals	p.a.	per annum (pro Jahr)	S	Schuld, Darlehen
#	Zinszahl (# = 1 % · $K \cdot t$)	q	Zinsfaktor $\left(q = \frac{100+p}{100} = 1 + \frac{p}{100}\right)$	D	Zinsdivisor $\left(D = \frac{360}{p}\right)$
t	Anzahl der Tage	m	Anzahl der Monate	n	Anzahl der Jahre

1 Jahr ≙ 360 Tage; 1 Monat ≙ 30 Tage (im deutschen Bankwesen)

Jahreszinsen	Monatszinsen	Tageszinsen (Diskont)
$Z = \frac{K \cdot p}{100}$ $Z_n = \frac{K \cdot p \cdot n}{100}$	$Z_m = \frac{K \cdot p \cdot m}{100 \cdot 12}$	$Z_t = \frac{K \cdot p \cdot t}{100 \cdot 360} = \frac{\#}{D}$

Rendite (effektive Jahresverzinsung)	Zinseszinsen (Endwert K_n des Anfangskapitals K_0 nach n Jahren)	
$p = \frac{Z \cdot 100}{K}$	$K_n = K_0 \cdot q^n = K_0 \cdot \left(\frac{100+p}{100}\right)^n$	$n = \frac{\lg K_n - \lg K_0}{\lg q}$

Einige Zinsdivisoren (sinnvoll zur Berechnung von Tageszinsen und des Diskonts beim Diskontieren)

Zinssatz	2 %	$2\tfrac{1}{2}\,\%$	$2\tfrac{2}{3}\,\%$	3 %	$3\tfrac{1}{3}\,\%$	$3\tfrac{3}{4}\,\%$	4 %	$4\tfrac{1}{2}\,\%$	5 %	6 %	$6\tfrac{2}{3}\,\%$	$7\tfrac{1}{2}\,\%$	8 %	9 %	10 %
Zinsdivisor	180	144	135	120	108	96	90	80	72	60	54	48	45	40	36

Rentenformeln; Schuldentilgungsformeln

Zahlungsendwert (nachschüssig)	Wird am Jahresende regelmäßig ein Betrag R eingezahlt und mit $p\,\%$ p.a. verzinst, so beträgt das Kapital nach n Jahren:	$K_n = \frac{R(q^n - 1)}{q - 1}$
Zahlungsendwert (vorschüssig)	Wird am Jahresanfang regelmäßig ein Betrag R eingezahlt und mit $p\,\%$ p.a. verzinst, so beträgt das Kapital nach n Jahren:	$K_n = \frac{Rq(q^n - 1)}{q - 1}$
Vermehrung (Verminderung) eines Kapitals durch Raten (nachschüssig)	Wird ein vorhandener Betrag K_0 durch die Zahlung eines festen Betrages R jeweils am Jahresende vermehrt (durch Abhebung von R vermindert), so beträgt bei $p\,\%$ p.a. Zinsen das Kapital nach n Jahren:	$K_n = K_0 \cdot q^n + \frac{R(q^n - 1)}{q - 1}$ $K_n = K_0 \cdot q^n - \frac{R(q^n - 1)}{q - 1}$
Vermehrung (Verminderung) eines Kapitals durch Raten (vorschüssig)	Wird ein vorhandener Betrag K_0 durch die Zahlung eines festen Betrages R jeweils am Jahresanfang vermehrt (durch Abhebung von R vermindert), so beträgt bei $p\,\%$ p.a. Zinsen das Kapital nach n Jahren:	$K_n = K_0 \cdot q^n + \frac{Rq(q^n - 1)}{q - 1}$ $K_n = K_0 \cdot q^n - \frac{Rq(q^n - 1)}{q - 1}$
Tilgungsrate einer Schuld	Soll eine Schuld S in n Jahren bei einem Zinssatz $p\,\%$ p.a. durch regelmäßige Ratenzahlungen jeweils am Jahresende getilgt werden, so beträgt die Rate R:	$R = \frac{Sq^n(q-1)}{q^n - 1}$

Gleichungen

Lineare Gleichungen

$a, b, c \in \mathbb{R}$

	lineare Gleichungen mit einer Variablen	lineare Gleichungen mit zwei Variablen
Normalform	$ax + b = 0$ (a, b = const.; $a \neq 0$)	$ax + by = c$ (a, b, c = const.; $a, b \neq 0$)
Lösungsmenge	$L = \left\{-\frac{b}{a}\right\}$	$L = \{(x; y)\}$ mit $y = -\frac{a}{b}x + \frac{c}{b}$

Lineare Gleichungssysteme aus zwei Gleichungen mit zwei Variablen

$a_i, b_i, c_i \in \mathbb{R}; i \in \mathbb{N}^*$

Normalform	(I) $a_1 x + b_1 y = c_1$ (II) $a_2 x + b_2 y = c_2$	(a_i, b_i, c_i = const.)	
Lösungsformeln (cramersche Regel)	$x = \frac{c_1 b_2 - c_2 b_1}{a_1 b_2 - a_2 b_1}$	$y = \frac{a_1 c_2 - a_2 c_1}{a_1 b_2 - a_2 b_1}$	($a_1 b_2 - a_2 b_1 \neq 0$)
Rechnerisches Lösen (Lösungsverfahren)			
Einsetzungsverfahren	Eine der Gleichungen wird nach einer der Variablen aufgelöst und der erhaltene Term wird in die andere Gleichung eingesetzt, sodass eine lineare Gleichung mit einer Variablen entsteht.		
Gleichsetzungsverfahren	Beide Gleichungen werden nach ein und derselben Variablen aufgelöst und die erhaltenen Terme werden gleichgesetzt, sodass eine lineare Gleichung mit einer Variablen entsteht.		
Additionsverfahren	Durch äquivalentes Umformen wird erreicht, dass die Koeffizienten einer der Variablen in beiden Gleichungen übereinstimmen bzw. sich nur im Vorzeichen unterscheiden. Subtraktion bzw. Addition der so umgeformten Gleichungen führt auf eine lineare Gleichung mit einer Variablen.		

Grafisches Lösen

Jede der beiden Gleichungen wird als analytischer Ausdruck einer linearen Funktion aufgefasst und es werden die Graphen der entsprechenden Funktionen (die Geraden g und h) in ein Koordinatensystem gezeichnet. Dabei können die im Folgenden dargestellten Fälle auftreten.

1. Fall: g und h schneiden einander im Punkt $S(x_S; y_S)$	2. Fall: g und h sind zueinander parallel	3. Fall: g und h sind identisch
	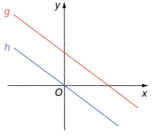	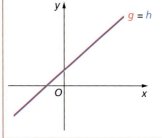
$L = \{(x_S; y_S)\}$ (genau eine Lösung; cramersche Regel)	$L = \{\} = \emptyset$ (keine Lösung)	$L = \{(x; y)\}$ mit $y = mx + n$ (unendlich viele Lösungen)

Quadratische Gleichungen

$a, b, c, p, q \in \mathbb{R}$

	allgemeine Form	Normalform
Gleichung	$ax^2 + bx + c = 0$ (a, b, c = const.; $a \neq 0$)	$x^2 + px + q = 0$ (p, q = const.)
Lösungen	$x_{1;2} = \dfrac{-b \pm \sqrt{b^2 - 4ac}}{2a}$	$x_{1;2} = -\dfrac{p}{2} \pm \sqrt{\left(\dfrac{p}{2}\right)^2 - q} = -\dfrac{p}{2} \pm \sqrt{\dfrac{p^2}{4} - q}$
Diskriminante	$D = b^2 - 4ac$	$D = \left(\dfrac{p}{2}\right)^2 - q = \dfrac{p^2}{4} - q$
Lösungsfälle in $\mathbb{R}$	$D > 0 \Rightarrow L = \{x_1; x_2\}$ $D = 0 \Rightarrow L = \{x_1\} = \{x_2\}$ $D < 0 \Rightarrow L = \{\,\} = \emptyset$	
Zerlegung in Linearfaktoren	$ax^2 + bx + c = a(x - x_1)(x - x_2) = 0$	$x^2 + px + q = (x - x_1)(x - x_2) = 0$
vietascher Wurzelsatz	$x_1 + x_2 = -\dfrac{b}{a}$ $\quad$ $x_1 \cdot x_2 = \dfrac{c}{a}$	$x_1 + x_2 = -p$ $\quad$ $x_1 \cdot x_2 = q$
Spezialfälle	$ax^2 + bx = 0 \Rightarrow x_1 = 0; x_2 = -\dfrac{b}{a}$ $ax^2 + c = 0 \Rightarrow x_{1;2} = \pm\sqrt{-\dfrac{c}{a}}$ ($ac < 0$)	$x^2 + px = 0 \Rightarrow x_1 = 0; x_2 = -p$ $x^2 + q = 0 \Rightarrow x_{1;2} = \pm\sqrt{-q}$ ($q < 0$)
biquadratische Gleichungen	Gleichungen vierten Grades der Form $ax^4 + bx^2 + c = 0$ bzw. $x^4 + px^2 + q = 0$ können mittels der Substitution $x^2 = z$ auf eine quadratische Gleichung in z zurückgeführt werden. Sind z_1 und z_2 nichtnegative Lösungen dieser Gleichung, so sind $x_{1;2} = \pm\sqrt{z_1}$ und $x_{3;4} = \pm\sqrt{z_2}$ die Lösungen der biquadratischen Gleichung.	

Algebraische Gleichungen n-ten Grades

$a_i \in \mathbb{R}; x_i \in \mathbb{C}; n \in \mathbb{N}$

Begriff (normierte Form)	$P_n(x) = x^n + a_{n-1}x^{n-1} + a_{n-2}x^{n-2} + \ldots + a_2x^2 + a_1x^1 + a_0 = 0$ $P_n(x)$ Polynom
Lösungen (Nullstellen)	$x_1; x_2; x_3; \ldots; x_n$
Fundamentalsatz der Algebra	Jede algebraische Gleichung n-ten Grades hat in der Menge der komplexen Zahlen genau n Lösungen (wobei diese in ihrer Vielfachheit zu zählen sind).
Lösungsverfahren	Ist x_1 eine durch Probieren gefundene Nullstelle, so kann $P_n(x)$ mittels **Polynomdivision** ohne Rest durch $(x - x_1)$ dividiert werden. Man erhält dadurch eine Gleichung (ein Polynom) $(n-1)$-ten Grades und es gilt $P_n(x) = (x - x_1)P_{n-1}(x)$.
Zerlegung in Linearfaktoren	$P_n(x) = x^n + a_{n-1}x^{n-1} + \ldots + a_2x^2 + a_1x^1 + a_0 = (x - x_1)(x - x_2) \cdot \ldots \cdot (x - x_n) = 0$

Exponential- und Logarithmusgleichungen

$a, b \in \mathbb{R}; a, b > 0; a \neq 1$

	Exponentialgleichungen	Logarithmusgleichungen
Gleichung	$a^x = b$	$\log_a x = b$
Lösung	$x = \dfrac{\log_c b}{\log_c a} = \dfrac{\lg b}{\lg a} = \dfrac{\ln b}{\ln a}$ ($c > 0; c \neq 1$)	$x = a^b$

Planimetrie

Strahlensätze

Wird ein **Strahlenbüschel** (s_1; s_2; s_3) von **Parallelen** (zueinander parallelen Geraden) g_1 und g_2 geschnitten, so entstehen **Strahlenabschnitte** und **Parallelenabschnitte**.

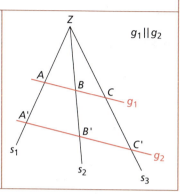

1. Abschnitte auf *einem* Strahl verhalten sich zueinander wie die *gleichliegenden* Abschnitte auf einem *anderen* Strahl:
$$\frac{\overline{ZA}}{\overline{ZA'}} = \frac{\overline{ZB}}{\overline{ZB'}} = \frac{\overline{ZC}}{\overline{ZC'}}$$

2. *Gleichliegende* Parallelenabschnitte verhalten sich zueinander wie die *zugehörigen* Abschnitte auf einem *gemeinsamen* Strahl:
$$\frac{\overline{AB}}{\overline{A'B'}} = \frac{\overline{ZA}}{\overline{ZA'}}$$

3. Abschnitte auf *einer* Parallelen verhalten sich zueinander wie die *zugehörigen* Abschnitte auf der *anderen* Parallelen:
$$\frac{\overline{AB}}{\overline{BC}} = \frac{\overline{A'B'}}{\overline{B'C'}}$$

Ähnlichkeits- und Kongruenzsätze für Dreiecke

k Ähnlichkeitsfaktor, $k \in \mathbb{R}$, $k > 0$

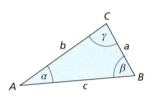
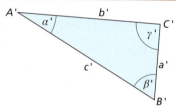

Die Dreiecke ABC und $A'B'C'$ sind zueinander **ähnlich** bzw. zueinander **kongruent** (deckungsgleich), wenn eine der folgenden Voraussetzungen erfüllt ist:

Ähnlichkeit	Kongruenz
Die Dreiecke ABC und $A'B'C'$ sind zueinander **ähnlich** bei Übereinstimmung • im Längenverhältnis aller einander entsprechenden Seiten: $a':a = k$; $b':b = k$; $c':c = k$ • in den Längenverhältnissen zweier Seiten und im von diesen jeweils eingeschlossenen Winkel, z. B.: $a':a = k$; $b':b = k$; $\gamma' = \gamma$ • in zwei Winkeln, z. B.: $\beta' = \beta$; $\gamma' = \gamma$ **(Hauptähnlichkeitssatz)** • in den Längenverhältnissen zweier Seiten und im der jeweils größeren Seite gegenüberliegenden Winkel, z. B.: $a':a = k$; $b':b = k$; $\beta' = \beta$ ($b > a$)	Die Dreiecke ABC und $A'B'C'$ sind zueinander **kongruent** (deckungsgleich) bei Übereinstimmung • in den drei Seiten: $a':a = 1$; $b':b = 1$; $c':c = 1$ **(Kongruenzsatz sss)** • in zwei Seiten und im von diesen eingeschlossenen Winkel, z. B.: $a':a = 1$; $b':b = 1$; $\gamma' = \gamma$ **(Kongruenzsatz sws)** • in einer Seite und den anliegenden Winkeln, z. B.: $a':a = 1$; $\beta' = \beta$; $\gamma' = \gamma$ **(Kongruenzsatz wsw)** • in zwei Seiten und dem der größeren Seite gegenüberliegenden Winkel, z. B.: $a':a = 1$; $b':b = 1$; $\beta' = \beta$ ($b > a$) **(Kongruenzsatz SsW)**
Für die Flächeninhalte zueinander ähnlicher Dreiecke gilt: $\frac{A_{A'B'C'}}{A_{ABC}} = \frac{a'^2}{a^2} = \frac{b'^2}{b^2} = \frac{c'^2}{c^2} = k^2$	Die Flächeninhalte zueinander kongruenter Dreiecke sind gleich.
Die Kongruenz ist ein Spezialfall der Ähnlichkeit ($k = 1$).	

Winkel

Zwei Strahlen *p* und *q* mit gemeinsamem Anfangspunkt *S* bilden Winkel (der Größe α bzw. β; Winkelmaße ↗ S. 25).
Den Punkt *S* nennt man **Scheitelpunkt**, die Strahlen *p*, *q* **Schenkel** des Winkels.

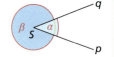

Spezielle Winkel

Nullwinkel	spitzer Winkel	rechter Winkel	stumpfer Winkel	gestreckter Winkel	überstumpfer Winkel	Vollwinkel
α = 0°	0° < α < 90°	α = 90°	90° < α < 180°	α = 180°	180° < α < 360°	α = 360°

Zwei Winkel, die zusammen einen rechten Winkel ergeben (d. h., deren Summe 90° beträgt), heißen **Komplementwinkel**.

Zwei Winkel, die zusammen einen gestreckten Winkel ergeben (d. h., deren Summe 180° beträgt), heißen **Supplementwinkel**.

Winkel an Geraden

Nebenwinkel ergänzen sich zu 180°.	**Scheitelwinkel** sind gleich groß.	**Stufenwinkel** an geschnittenen Parallelen sind gleich groß.	**Wechselwinkel** an geschnittenen Parallelen sind gleich groß.
α + α' = 180°	β = β'	α = β	γ = δ

Winkel am Dreieck

Die Summe der **Innenwinkel** eines Dreiecks beträgt 180°. **(Innenwinkelsatz)**	α + β + γ = 180°	
Jeder **Außenwinkel** eines Dreiecks ist so groß wie die Summe der beiden nicht anliegenden Innenwinkel. **(Außenwinkelsatz)** Die Summe der Außenwinkel eines Dreiecks beträgt 360°.	α' = β + γ β' = α + γ γ' = α + β α' + β' + γ' = 360°	

Winkel am Viereck (bzw. Vieleck)

| Die Summe der **Innenwinkel** eines Vierecks beträgt 360°. **(Innenwinkelsatz)** *Verallgemeinerung:* Die Summe der Innenwinkel eines *n*-Ecks beträgt (n − 2) · 180°. | α + β + γ + δ = 360° | |

Dreiecke

u Umfang; *A* Flächeninhalt

Begriff	Veranschaulichung	Zusammenhänge
Höhen (h_a; h_b; h_c)		Die Höhen schneiden einander im **Höhenschnittpunkt H**. $\frac{h_a}{h_b} = \frac{b}{a}$
Seitenhalbierende (s_a; s_b; s_c)		Der **Schwerpunkt S** teilt jede Seitenhalbierende im Verhältnis 2 : 1. $s_a = \frac{1}{2}\sqrt{2(b^2 + c^2) - a^2}$
Winkelhalbierende (w_α; w_β; w_γ)		Die Winkelhalbierenden schneiden einander im **Inkreismittelpunkt W**. $w_\alpha = \frac{2}{b+c}\sqrt{bcs(s-a)}$ mit $s = \frac{a+b+c}{2} = \frac{u}{2}$
Mittelsenkrechte (m_a; m_b; m_c)		Die Mittelsenkrechten schneiden einander im **Umkreismittelpunkt M**.
allgemeines (beliebiges) Dreieck (↗ S. 27)	Der kleinsten Seite liegt der kleinste Winkel gegenüber.	$a + b > c$; $b + c > a$; $a + c > b$ (Dreiecksungleichungen) $u = a + b + c$ $A = \frac{1}{2}gh = \frac{abc}{4r}$ *r* Umkreisradius $A = \sqrt{s(s-a)(s-b)(s-c)}$ mit $s = \frac{u}{2}$ (heronsche Formel)
rechtwinkliges Dreieck (↗ S. 26)	*a*, *b* Katheten; *c* Hypotenuse; *p*, *q* Hypotenusenabschnitte	Satz des PYTHAGORAS: $c^2 = a^2 + b^2$ Höhensatz: $h^2 = pq$ Kathetensatz (Satz des EUKLID): $a^2 = cp$ $b^2 = cq$ $u = a + b + c$ $A = \frac{1}{2}ab = \frac{1}{2}ch$
gleichseitiges Dreieck		$\alpha = 60°$ $h = \frac{a}{2}\sqrt{3}$ $u = 3a$ $A = \frac{a^2}{4}\sqrt{3}$ Alle Höhen, Seitenhalbierenden und Winkelhalbierenden schneiden einander im gleichen Punkt und sind gleich lang.

Vierecke

u Umfang; *A* Flächeninhalt; *e*, *f* Diagonalen

Begriff	Veranschaulichung	Zusammenhänge
Rechteck		Die Diagonalen sind gleich lang und halbieren einander. Alle Innenwinkel sind gleich groß (90°). Gegenüberliegende Seiten sind zueinander parallel und gleich lang. $e = f = \sqrt{a^2 + b^2}$ $u = 2(a + b)$ $A = ab$
Quadrat		Die Diagonalen sind zueinander senkrecht, gleich lang und halbieren einander. Alle Innenwinkel sind gleich groß (90°). Alle Seiten sind gleich lang. $e = f = a\sqrt{2}$ $u = 4a$ $A = a^2 = \frac{1}{2}e^2$
Rhombus (Raute)		Die Diagonalen sind zueinander senkrecht und halbieren einander. Alle Seiten sind gleich lang. Gegenüberliegende Seiten sind zueinander parallel. $e^2 = 4a^2 - f^2$ $u = 4a$ $A = \frac{1}{2}ef = a^2 \sin\alpha$
Trapez		Mindestens zwei Seiten sind zueinander parallel. $m = \frac{1}{2}(a + c)$ $u = a + b + c + d$ $A = mh = \frac{1}{2}(a + c)h$ *m* Mittelparallele (Mittellinie)
Parallelogramm (Rhomboid)		Die Diagonalen halbieren einander. Gegenüberliegende Winkel sind gleich groß. Gegenüberliegende Seiten sind zueinander parallel und gleich lang. $2(a^2 + b^2) = e^2 + f^2$ $u = 2(a + b)$ $\alpha + \beta = 180°$ $A = ah_a = ab\sin\alpha$
Drachenviereck		Die Diagonalen sind zueinander senkrecht. Mindestens zwei gegenüberliegende Winkel sind gleich groß. $u = 2(a + c)$ $A = \frac{1}{2}ef$
Sehnenviereck		Alle Eckpunkte liegen auf einem Kreis. Die Summe gegenüberliegender Winkel ist 180°. $\alpha + \gamma = \beta + \delta = 180°$ $u = a + b + c + d$ $ac + bd = ef$ $A = \sqrt{(s-a)(s-b)(s-c)(s-d)}$ (Satz des PTOLEMÄUS) $\left(\text{mit } s = \frac{u}{2}\right)$

Planimetrie

Regelmäßige Vielecke

u Umfang; *A* Flächeninhalt

Ein Vieleck (*n*-Eck), dessen Seiten gleich lang und dessen Innenwinkel gleich groß sind, heißt **regelmäßig**.

Umkreis und Inkreis eines regelmäßigen Vielecks haben den gleichen Mittelpunkt.

Es gilt: $\alpha = \frac{360°}{n}$ $\beta = 180° - \alpha$

$u = na$ $A = \frac{n}{2} a r_1 = \frac{n}{2} r_2^2 \sin\alpha$

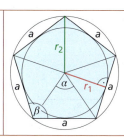

n Anzahl der Ecken
r_2 Umkreisradius
r_1 Inkreisradius

Kreis

u Umfang; *A* Flächeninhalt

Geraden und Winkel am Kreis

p Passante
t Tangente
g Sekante

r Radius
d Durchmesser
s Sehne

Tangente und Berührungsradius sind zueinander senkrecht.

b Kreisbogen
α Sehnentangentenwinkel
β Zentriwinkel (Mittelpunktswinkel)
γ, γ' Peripheriewinkel (Umfangswinkel)

$\beta = 2\alpha$ $\beta = 2\gamma$ $\alpha = \gamma$

$\gamma = \gamma'$
(Peripheriewinkel über demselben Bogen sind gleich groß.)

d Durchmesser

Peripheriewinkel über einem Halbkreis (bzw. über dem Durchmesser eines Kreises) sind rechte Winkel.
(Satz des THALES)

Kreis

$d = 2r$
$u = 2\pi r = \pi d$
$A = \pi r^2 = \frac{\pi}{4} d^2$

Kreisring

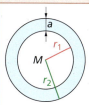

$a = r_2 - r_1$ (Ringbreite)
$u = 2\pi(r_1 + r_2)$
$A = \pi(r_2^2 - r_1^2)$

Kreisausschnitt (Kreissektor)

$b = r \operatorname{arc}\alpha = r \frac{\pi\alpha}{180°}$
(Kreisbogen, ↗ S. 25)
$u = b + 2r$
$A_\alpha = \frac{br}{2} = \pi r^2 \cdot \frac{\alpha}{360°}$

Kreisabschnitt (Kreissegment)

$h = 2r \sin^2 \frac{\alpha}{4}$ ($h < r$)
$s = 2r \sin \frac{\alpha}{2}$ (Sehne)
$u = b + s$
$A = \frac{1}{2}[r(b - s) + sh] = \frac{r^2}{2}\left(\frac{\pi\alpha}{180°} - \sin\alpha\right)$

Stereometrie

Körper mit ebenen Begrenzungsflächen

A_M Mantelfläche; A_O Oberfläche; V Volumen

Prismen

A_G Grundfläche; A_D Deckfläche

Allgemein gilt: $V = A_G h$ $\quad A_O = 2A_G + A_M \quad A_G = A_D$

Quader

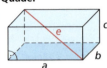

$e = \sqrt{a^2 + b^2 + c^2} \quad A_G = ab$
$A_M = 2(ac + bc) \quad A_O = 2(ab + ac + bc) \quad V = abc$

Würfel

$e = a\sqrt{3} \quad A_G = a^2$
$A_M = 4a^2 \quad A_O = 6a^2 \quad V = a^3$

regelmäßiges dreiseitiges Prisma

$A_G = \frac{a^2}{4}\sqrt{3}$
$A_M = 3ah \quad A_O = \frac{a}{2}(a\sqrt{3} + 6h) \quad V = \frac{a^2}{4}h\sqrt{3}$

regelmäßiges sechsseitiges Prisma

$A_G = \frac{3\sqrt{3}}{2}a^2$
$A_M = 6ah \quad A_O = 3a(a\sqrt{3} + 2h) \quad V = \frac{3a^2}{2}h\sqrt{3}$

Pyramiden

A_G Grundfläche; h_s Höhe der Seitenfläche

Allgemein gilt: $V = \frac{1}{3}A_G h \quad A_O = A_G + A_M$

quadratische Pyramide

$A_G = a^2$
$A_M = 2ah_s \quad A_O = a(a + 2h_s) \quad V = \frac{1}{3}a^2h$

Tetraeder

$A_G = \frac{a^2}{4}\sqrt{3}$
$A_M = \frac{3a^2}{4}\sqrt{3} \quad A_O = a^2\sqrt{3} \quad V = \frac{a^3}{12}\sqrt{2}$

Pyramidenstümpfe

A_G Grundfläche; A_D Deckfläche; h_s Höhe der Seitenfläche

Allgemein gilt: $V = \frac{h}{3}(A_G + \sqrt{A_G A_D} + A_D) \quad A_O = A_G + A_D + A_M$

quadratischer Pyramidenstumpf

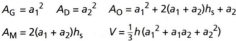

$A_G = a_1^2 \quad A_D = a_2^2 \quad A_O = a_1^2 + 2(a_1 + a_2)h_s + a_2^2$
$A_M = 2(a_1 + a_2)h_s \quad V = \frac{1}{3}h(a_1^2 + a_1 a_2 + a_2^2)$

regelmäßiger dreiseitiger Pyramidenstumpf

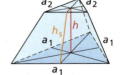
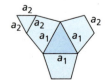

$A_G = \frac{a_1^2}{4}\sqrt{3} \quad A_O = \frac{\sqrt{3}}{4}(a_1^2 + a_2^2) + \frac{3}{2}(a_1 + a_2)h_s$
$A_M = \frac{3}{2}(a_1 + a_2)h_s \quad V = \frac{\sqrt{3}}{12}h(a_1^2 + a_1 a_2 + a_2^2)$

Stereometrie

Körper mit gekrümmten Begrenzungsflächen
A_M Mantelfläche; A_O Oberfläche; V Volumen

Kreiszylinder
A_G Grundfläche; A_D Deckfläche

Allgemein gilt: $V = A_G h$ $\quad A_O = 2A_G + A_M \quad A_G = A_D$

gerader Zylinder

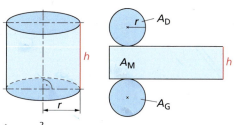

$A_G = \pi r^2$
$A_M = 2\pi r h \quad A_O = 2\pi r(r + h) \quad V = \pi r^2 h$

gerader Hohlzylinder

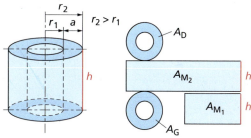

$a = r_2 - r_1$ (Wanddicke)
$A_G = \pi(r_2^2 - r_1^2) \quad A_{M_1} = 2\pi r_1 h \quad A_{M_2} = 2\pi r_2 h$
$A_O = 2A_G + A_{M_1} + A_{M_2} \quad V = \pi h(r_2^2 - r_1^2)$

Kreiskegel
s Mantellinie; A_G Grundfläche; A_D Deckfläche

gerader Kegel

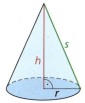 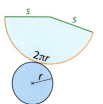

$s^2 = r^2 + h^2 \quad A_G = \pi r^2$
$A_M = \pi r s \quad A_O = \pi r(r + s) \quad V = \frac{\pi}{3} r^2 h$

gerader Kegelstumpf

$s^2 = (r_2 - r_1)^2 + h^2 \quad A_G = \pi r_2^2 \quad A_D = \pi r_1^2$
$A_M = \pi s(r_2 + r_1) \quad A_O = A_G + A_D + A_M$
$V = \frac{\pi}{3} h(r_2^2 + r_2 r_1 + r_1^2)$

Kugel und Kugelteile
d Durchmesser; r, R_1, R_2 Radien

Kugel

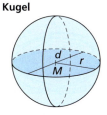

$d = 2r$
$A_O = 4\pi r^2 = \pi d^2$
$V = \frac{4}{3}\pi r^3 = \frac{1}{6}\pi d^3$

Kugelschicht (Kugelzone)

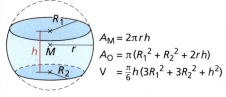

$A_M = 2\pi r h$
$A_O = \pi(R_1^2 + R_2^2 + 2rh)$
$V = \frac{\pi}{6} h(3R_1^2 + 3R_2^2 + h^2)$

Kugelausschnitt (Kugelsektor)

$R = \sqrt{h(2r - h)}$
$A_M = \pi R r$
$\quad$ (Kegelmantel)
$A_O = \pi r(2h + \sqrt{h(2r - h)})$
$V = \frac{2}{3} \pi r^2 h$

Kugelabschnitt (Kugelsegment)

$R = \sqrt{h(2r - h)}$
$A_M = 2\pi r h = \pi(R^2 + h^2)$
$\quad$ (Kugelkappe)
$A_O = \pi R^2 + 2\pi r h = \pi h(4r - h)$
$\quad = \pi(2R^2 + h^2)$
$V = \frac{\pi}{3} h^2(3r - h) = \frac{\pi}{6} h(3R^2 + h^2)$

Reguläre Polyeder (platonische Körper)

a Kantenlänge; A_O Oberfläche; V Volumen

Ein **Polyeder** (Vielflächner) ist ein Körper, der nur von ebenen Flächen begrenzt wird.

Sind alle Begrenzungen eines Polyeders zueinander kongruente regelmäßige Vielecke (*n*-Ecke), so wird es **regulär** bzw. **platonischer Körper** genannt. Es gibt genau fünf reguläre Polyeder.

Tetraeder	Würfel (Hexaeder)	Oktaeder
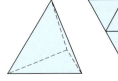		
$V = \frac{a^3}{12}\sqrt{2}$ $A_O = a^2\sqrt{3}$	$V = a^3$ $A_O = 6a^2$	$V = \frac{a^3}{3}\sqrt{2}$ $A_O = 2a^2\sqrt{3}$
Dodekaeder	**Ikosaeder**	
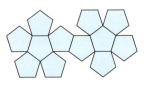		
$V = \frac{a^3}{4}(15 + 7\sqrt{5})$ $A_O = 3a^2\sqrt{5(5 + 2\sqrt{5})}$	$V = \frac{5a^3}{12}(3 + \sqrt{5})$ $A_O = 5a^2\sqrt{3}$	

Ist *e* die Anzahl der Ecken, *f* die Anzahl der Flächen und *k* die Anzahl der Kanten eines (beliebigen) konvexen Polyeders, so gilt: $e + f - k = 2$
(**eulerscher Polyedersatz**)

Körperdarstellung (Darstellende Geometrie)

Schrägbild (Kavalierperspektive)	senkrechte Zweitafelprojektion
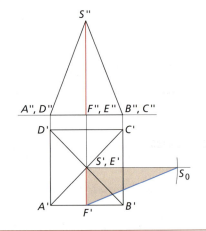	
Breiten- und Höhenlinien ($\overline{AB}$, $\overline{CD}$ und $\overline{ES}$) werden in wahrer Größe dargestellt. Tiefenlinien ($\overline{AD}$, $\overline{BC}$ und $\overline{EF}$) werden unter einem Winkel α mit $\alpha = 45°$ zu den Breitenlinien angetragen und um die Hälfte ($q = \frac{1}{2}$) verkürzt.	Konstruktion der wahren Länge von $\overline{FS}$: 1. Zeichnen der Senkrechten zu $\overline{F'S'}$ im Punkt S' 2. Abtragen der Höhe $\overline{E''S''}$ auf der Senkrechten in E' 3. Die Strecke $\overline{F'S_0}$ entspricht der wahren Länge von $\overline{FS}$.

Ebene Trigonometrie

Winkelmaße

Gradmaß	Größe des Winkels α (β, γ, ...) bezogen auf den Vollwinkel
	Ein Winkel mit der Größe von einem **Grad** (bzw. **Altgrad**) ist der 360ste Teil des ebenen Vollwinkels (Schreibweise: 1°). (Ein Winkel dieser Größe ergibt sich, indem ein Kreis durch Radien in 360 deckungsgleiche Teile zerlegt wird.) Weitere Einheiten: 1 Minute (1' = $\frac{1}{60}$° bzw. 60' = 1°) 1 Sekunde (1'' = $\frac{1}{60}$' bzw. 60'' = 1')
	Ein Winkel mit der Größe von einem **Neugrad** (bzw. **Gon**) ist der 400ste Teil des ebenen Vollwinkels (Schreibweise: 1^g).
Bogenmaß	Größe des (Zentri-)Winkels α (β, γ, ...) als Verhältnis von Bogenlänge b zu Radius r (bzw. als Maßzahl der Länge des zugehörigen Bogens am Einheitskreis): arc $\alpha = \widehat{\alpha} = \frac{b}{r}$ Ein Winkel hat die Größe von einem **Radiant** (Schreibweise: 1 rad), wenn $b = r$ gilt (bzw. wenn die Länge des zugehörigen Bogens am Einheitskreis den Wert 1 hat).
Umrechnungen	Zwischen dem Grad- und dem Bogenmaß eines Winkels α besteht folgender Zusammenhang: $\frac{\alpha}{360°} = \frac{\text{arc}\,\alpha}{2\pi}$ bzw. $\frac{\alpha}{\text{arc}\,\alpha} = \frac{180°}{\pi}$ **Umrechnung von Grad- in Bogenmaß:** arc $\alpha = \frac{\alpha \cdot \pi}{180°}$ 1° $\approx$ 0,017 45 rad **Umrechnung von Bogen- in Gradmaß:** $\alpha = \frac{180° \cdot \text{arc}\,\alpha}{\pi}$ 1 rad $\approx$ 57,296°

Bogenmaß spezieller (im Gradmaß gegebener) Winkel

0°	10°	15°	20°	30°	45°	60°	75°	90°	120°
0	$\frac{\pi}{18}$	$\frac{\pi}{12}$	$\frac{\pi}{9}$	$\frac{\pi}{6}$	$\frac{\pi}{4}$	$\frac{\pi}{3}$	$\frac{5\pi}{12}$	$\frac{\pi}{2}$	$\frac{2\pi}{3}$
0,0000	0,1745	0,2618	0,3491	0,5236	0,7854	1,0472	1,3090	1,5708	2,0944

135°	150°	180°	210°	225°	240°	270°	315°	330°	360°
$\frac{3\pi}{4}$	$\frac{5\pi}{6}$	π	$\frac{7\pi}{6}$	$\frac{5\pi}{4}$	$\frac{4\pi}{3}$	$\frac{3\pi}{2}$	$\frac{7\pi}{4}$	$\frac{11\pi}{6}$	2π
2,3562	2,6180	3,1416	3,6652	3,9270	4,1888	4,7124	5,4978	5,7596	6,2832

Gradmaß einiger (im Bogenmaß gegebener) Winkel

0	0,1	0,2	0,3	0,4	0,5	0,6	0,7	0,8	0,9
0°	5,7°	11,5°	17,2°	22,9°	28,6°	34,4°	40,1°	45,8°	51,6°

1	1,5	2	2,5	3	3,5	4	4,5	5	6
57,3°	85,9°	114,6°	143,2°	171,9°	200,5°	229,2°	257,8°	286,5°	343,8°

Sinus, Kosinus, Tangens und Kotangens eines Winkels (Winkelfunktionen)

Definition am rechtwinkligen Dreieck	Definition am Kreis mit dem Radius r
$0° < \alpha < 90°$ $\sin\alpha = \dfrac{a}{c} = \dfrac{\text{Gegenkathete}}{\text{Hypotenuse}}$ $\cos\alpha = \dfrac{b}{c} = \dfrac{\text{Ankathete}}{\text{Hypotenuse}}$ $\tan\alpha = \dfrac{a}{b} = \dfrac{\text{Gegenkathete}}{\text{Ankathete}}$ $\cot\alpha = \dfrac{b}{a} = \dfrac{\text{Ankathete}}{\text{Gegenkathete}}$	Der freie Schenkel des Winkels der Größe x schneidet den Kreis im Punkt $P(u; v)$. $\sin x = \dfrac{v}{r}$ $\cos x = \dfrac{u}{r}$ $\tan x = \dfrac{v}{u}$ (für alle $x \neq \dfrac{\pi}{2} + z\pi \wedge z \in \mathbb{Z}$) $\cot x = \dfrac{u}{v}$ (für alle $x \neq z\pi \wedge z \in \mathbb{Z}$)

Werte für spezielle Winkel						Vorzeichen in den vier Quadranten				
	0°	30°	45°	60°	90°		I	II	III	IV
$\sin\alpha$	0	$\dfrac{1}{2}$	$\dfrac{1}{2}\sqrt{2}$	$\dfrac{1}{2}\sqrt{3}$	1	$\sin x$	+	+	−	−
$\cos\alpha$	1	$\dfrac{1}{2}\sqrt{3}$	$\dfrac{1}{2}\sqrt{2}$	$\dfrac{1}{2}$	0	$\cos x$	+	−	−	+
$\tan\alpha$	0	$\dfrac{1}{3}\sqrt{3}$	1	$\sqrt{3}$	−	$\tan x$	+	−	+	−
$\cot\alpha$	−	$\sqrt{3}$	1	$\dfrac{1}{3}\sqrt{3}$	0	$\cot x$	+	−	+	−

Beziehungen zwischen Sinus, Kosinus, Tangens und Kotangens

Grundbeziehungen	$\sin^2\alpha + \cos^2\alpha = 1$ ("trigonometrischer Pythagoras") $\tan\alpha = \dfrac{\sin\alpha}{\cos\alpha}$ $\cot\alpha = \dfrac{\cos\alpha}{\sin\alpha}$ $\tan\alpha \cot\alpha = 1$ $1 + \tan^2\alpha = \dfrac{1}{\cos^2\alpha}$ $1 + \cot^2\alpha = \dfrac{1}{\sin^2\alpha}$				
Reduktionsformeln (Quadrantenbeziehungen)		90° ± α	180° ± α	270° ± α	360° ± α	−α
	sin	$+\cos\alpha$	$\mp\sin\alpha$	$-\cos\alpha$	$\pm\sin\alpha$	$-\sin\alpha$
	cos	$\mp\sin\alpha$	$-\cos\alpha$	$\pm\sin\alpha$	$+\cos\alpha$	$+\cos\alpha$
	tan	$\mp\cot\alpha$	$\pm\tan\alpha$	$\mp\cot\alpha$	$\pm\tan\alpha$	$-\tan\alpha$
	cot	$\mp\tan\alpha$	$\pm\cot\alpha$	$\mp\tan\alpha$	$\pm\cot\alpha$	$-\cot\alpha$
Additionstheoreme						
Summen und Differenzen	$\sin(\alpha \pm \beta) = \sin\alpha \cos\beta \pm \cos\alpha \sin\beta$ $\cos(\alpha \pm \beta) = \cos\alpha \cos\beta \mp \sin\alpha \sin\beta$ $\tan(\alpha \pm \beta) = \dfrac{\tan\alpha \pm \tan\beta}{1 \mp \tan\alpha \tan\beta}$ $\sin\alpha + \sin\beta = 2\sin\dfrac{\alpha+\beta}{2}\cos\dfrac{\alpha-\beta}{2}$ $\sin\alpha - \sin\beta = 2\cos\dfrac{\alpha+\beta}{2}\sin\dfrac{\alpha-\beta}{2}$ $\cos\alpha + \cos\beta = 2\cos\dfrac{\alpha+\beta}{2}\cos\dfrac{\alpha-\beta}{2}$ $\cos\alpha - \cos\beta = -2\sin\dfrac{\alpha+\beta}{2}\sin\dfrac{\alpha-\beta}{2}$ $\tan\alpha \pm \tan\beta = \dfrac{\sin(\alpha \pm \beta)}{\cos\alpha \cos\beta}$				

Vielfache und Teile	$\sin 2\alpha = 2\sin\alpha\cos\alpha$	$\cos 2\alpha = \cos^2\alpha - \sin^2\alpha = 2\cos^2\alpha - 1 = 1 - 2\sin^2\alpha$
	$\sin 3\alpha = 3\sin\alpha - 4\sin^3\alpha$	$\cos 3\alpha = 4\cos^3\alpha - 3\cos\alpha$
	$\sin\frac{\alpha}{2} = \sqrt{\frac{1-\cos\alpha}{2}}$	$\cos\frac{\alpha}{2} = \sqrt{\frac{1+\cos\alpha}{2}}$
	$\tan 2\alpha = \frac{2\tan\alpha}{1-\tan^2\alpha} = \frac{2}{\cot\alpha - \tan\alpha}$	$\cot 2\alpha = \frac{\cot^2\alpha - 1}{2\cot\alpha} = \frac{\cot\alpha - \tan\alpha}{2}$
	$\tan\frac{\alpha}{2} = \frac{\sin\alpha}{1+\cos\alpha} = \frac{1-\cos\alpha}{\sin\alpha} = \sqrt{\frac{1-\cos\alpha}{1+\cos\alpha}}$	
Produkte	$\sin\alpha\sin\beta = \frac{1}{2}[\cos(\alpha-\beta) - \cos(\alpha+\beta)]$	$\cos\alpha\cos\beta = \frac{1}{2}[\cos(\alpha-\beta) + \cos(\alpha+\beta)]$
	$\tan\alpha\tan\beta = \frac{\tan\alpha + \tan\beta}{\cot\alpha + \cot\beta}$	$\cot\alpha\cot\beta = \frac{\cot\alpha + \cot\beta}{\tan\alpha + \tan\beta}$

Trigonometrische Berechnungen am allgemeinen (beliebigen) Dreieck

Sinussatz	$\frac{a}{\sin\alpha} = \frac{b}{\sin\beta} = \frac{c}{\sin\gamma}$
Kosinussatz	$c^2 = a^2 + b^2 - 2ab\cos\gamma$ $a^2 = b^2 + c^2 - 2bc\cos\alpha \qquad b^2 = a^2 + c^2 - 2ac\cos\beta$
Flächeninhalt	$A = \frac{1}{2}ab\sin\gamma = \frac{1}{2}ac\sin\beta = \frac{1}{2}bc\sin\alpha$ $A = 2r^2\sin\alpha\sin\beta\sin\gamma \qquad$ (r Radius des Umkreises)
Höhen	$h_a = b\sin\gamma = c\sin\beta$ $h_b = a\sin\gamma = c\sin\alpha$ $h_c = b\sin\alpha = a\sin\beta$
Seitenhalbierende	$s_a = \frac{1}{2}\sqrt{b^2 + c^2 + 2bc\cos\alpha}$ $s_b = \frac{1}{2}\sqrt{a^2 + c^2 + 2ac\cos\beta}$ $s_c = \frac{1}{2}\sqrt{a^2 + b^2 + 2ab\cos\gamma}$
Winkelhalbierende	$w_\alpha = \frac{2bc\cos\frac{\alpha}{2}}{b+c} \qquad w_\beta = \frac{2ac\cos\frac{\beta}{2}}{a+c} \qquad w_\gamma = \frac{2ab\cos\frac{\gamma}{2}}{a+b}$
Inkreisradius	$\varrho = (s-a)\tan\frac{\alpha}{2} = (s-b)\tan\frac{\beta}{2} = (s-c)\tan\frac{\gamma}{2}$ mit $s = \frac{u}{2} = \frac{a+b+c}{2}$
Umkreisradius	$r = \frac{a}{2\sin\alpha} = \frac{b}{2\sin\beta} = \frac{c}{2\sin\gamma}$
Projektionssatz	$a = b\cos\gamma + c\cos\beta$ $b = a\cos\gamma + c\cos\alpha$ $c = a\cos\beta + b\cos\alpha$

Funktionen

Begriff und Eigenschaften

Funktion f	Abbildung f, die jedem Element x aus einer Menge D_f (dem **Definitionsbereich** von f) eindeutig ein Element y aus einer Menge W_f (dem **Wertebereich** von f) zuordnet *Schreibweisen:* $y = f(x)$ bzw. $f: x \mapsto f(x)$ *Sprechweisen:* „Funktion f mit der Gleichung $y = f(x)$" bzw. (kurz) „Funktion $y = f(x)$"
Umkehrfunktion g von f	Abbildung g, die bei umkehrbar eindeutiger Zuordnung jedem Element $f(x) \in W_f$ wiederum eindeutig das Ausgangselement $x \in D_f$ zuordnet Man erhält die Funktionsgleichung von g, indem man $y = f(x)$ nach x auflöst. $y = f(x)$ und $x = g(y)$ haben denselben Graphen. Da es üblich ist, die Elemente aus D_f mit x und die aus W_f mit y zu bezeichnen, vertauscht man meist nach dem Auflösen von $f(x)$ nach x noch x mit y und erhält $y = g(x)$. Die Graphen von f und g liegen spiegelbildlich zur Geraden $y = x$.
Nullstelle von f	$x_i \in D_f$ mit $f(x_i) = 0$
Graph (Bild) von f	Menge aller Punkte $P(x; f(x))$ mit $x \in D_f$
Spiegelung des Graphen von f	Gleichung des an der x-Achse gespiegelten Graphen von f mit $y = f(x)$: $y = g(x) = -f(x)$ Gleichung des an der y-Achse gespiegelten Graphen von f mit $y = f(x)$: $y = h(x) = f(-x)$
gerade Funktion	$f(-x) = f(x)$ für jedes $x \in D_f$ (falls auch $-x \in D_f$) Der Graph liegt symmetrisch zur y-Achse.
ungerade Funktion	$f(-x) = -f(x)$ für jedes $x \in D_f$ Der Graph liegt punktsymmetrisch zum Koordinatenursprung.
periodische Funktion	Es gibt eine Zahl $h > 0$, sodass $f(x) = f(x + h)$ für jedes x, $x + h \in D_f$ gilt. Die kleinste Zahl $h > 0$, für die $f(x) = f(x + h)$ zutrifft, heißt **Periode** von f.
monotone Funktion	f ist in $]a, b[$ **streng monoton wachsend**, wenn für $x_1, x_2 \in]a, b[$ und $x_1 < x_2$ stets $f(x_1) < f(x_2)$ gilt. f ist in $]a, b[$ **streng monoton fallend**, wenn für $x_1, x_2 \in]a, b[$ und $x_1 < x_2$ stets $f(x_1) > f(x_2)$ gilt.
Funktionenschar	Menge von Funktionen, die sich (beispielsweise) durch eine Gleichung $y = f_a(x)$ beschreiben lässt, welche außer den beiden Variablen x und y noch den **Scharparameter** a enthält.
Graphenschar (Kurvenschar)	Graphen (Bilder) einer Funktionenschar *Spezielle Funktionenscharen und ihre Graphen:* $y = f_a(x) = f(x) + a$ um a in y-Richtung nach oben ($a > 0$) bzw. nach unten ($a < 0$) verschobener Graph von f $y = f_b(x) = b \cdot f(x)$ auf das b-fache in y-Richtung gestreckter ($|b| > 1$) bzw. gestauchter ($0 < |b| < 1$) Graph von f $y = f_c(x) = f(x + c)$ um c in x-Richtung nach links ($c > 0$) bzw. nach rechts ($c < 0$) verschobener Graph von f

Funktionen

Rationale Funktionen	$a_i, b_k \in \mathbb{R}; a_n, b_m \neq 0; m, n \in \mathbb{N}; m \neq 0$
ganzrationale Funktion vom Grad n	$y = f(x) = a_n x^n + a_{n-1} x^{n-1} + \ldots + a_1 x + a_0 = \sum_{i=0}^{n} a_i x^i$
hornersches Schema zur Berechnung von Werten ganzrationaler Funktionen	Berechnung von $f(x_1)$: $\begin{array}{ccccc} a_n & a_{n-1} & a_{n-2} & \ldots & a_1 & a_0 \\ & + & + & & + & + \\ \cdot x_1 \searrow a_n \cdot x_1 \searrow b_{n-1} \cdot x_1 \searrow \ldots b_2 \cdot x_1 \searrow b_1 \cdot x_1 \\ a_n & b_{n-1} & b_{n-2} & \ldots & b_1 & b_0 = f(x_1) \end{array}$
gebrochenrationale Funktion	$f(x) = \frac{u(x)}{v(x)}$; $u(x)$ und $v(x)$ ganzrationale Funktionen, $v(x) \neq 0$
Nullstelle x_0 von $f(x) = \frac{u(x)}{v(x)}$	$u(x_0) = 0$ und $v(x_0) \neq 0 \Rightarrow x_0$ ist Nullstelle von f.
Polstelle x_P von $f(x) = \frac{u(x)}{v(x)}$	$u(x_P) \neq 0$ und $v(x_P) = 0 \Rightarrow x_P$ ist Polstelle von f.

Lineare Funktionen

$m, n \in \mathbb{R}; \quad m \neq 0$

$y = f(x) = mx + n \qquad D_f = \mathbb{R} \quad W_f = \mathbb{R}$

Anstieg: $m = \tan\alpha = \frac{f(x_2) - f(x_1)}{x_2 - x_1} = \frac{y_2 - y_1}{x_2 - x_1}$

α Schnittwinkel des Graphen von f mit der x-Achse
$m > 0 \Rightarrow$ wachsende (steigende) Gerade
$m < 0 \Rightarrow$ fallende Gerade

Nullstelle: $x_0 = -\frac{n}{m}$

Schnittpunkt des Graphen von f mit der y-Achse: $S(0; n)$

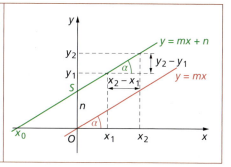

Quadratische Funktionen

$a, b, c, p, q \in \mathbb{R}; \quad a \neq 0$

Allgemeine Form: $y = f(x) = ax^2 + bx + c \qquad D_f = \mathbb{R}$

$W_f = \left[\frac{4ac - b^2}{4a}; +\infty\right[$ für $a > 0$; $W_f = \left]-\infty; \frac{4ac - b^2}{4a}\right]$ für $a < 0$

Scheitelpunkt des Graphen von f: $S\left(-\frac{b}{2a}; \frac{4ac - b^2}{4a}\right)$

Normalform: $y = f(x) = x^2 + px + q \quad D_f = \mathbb{R} \quad W_f = [q - \frac{p^2}{4}; +\infty[$

Nullstellen: $x_{1;2} = -\frac{p}{2} \pm \sqrt{\frac{p^2}{4} - q}$

Scheitelpunkt des Graphen von f: $S\left(-\frac{p}{2}; -\frac{p^2}{4} + q\right)$

Spezialfälle:
$y = x^2 \qquad S(0; 0)$
$y = (x + d)^2 \qquad S(-d; 0)$
$y = (x + d)^2 + e \qquad S(-d; e)$

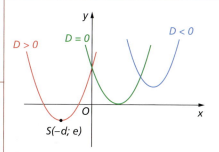

Die Funktion f besitzt
– zwei verschiedene Nullstellen, falls $D > 0$,
– genau eine (Doppel-)Nullstelle, falls $D = 0$,
– keine (reelle) Nullstelle, falls $D < 0$
(D Diskriminante von $f(x) = 0$, ↗ S. 16).

Potenzfunktionen

Potenzfunktionen mit ganzzahligen Exponenten $y = f(x) = x^n$ $(n \in \mathbb{Z})$

a) **n positiv und gerade** $(n = 2m; \, m \in \mathbb{N}^*)$
$D_f = \mathbb{R}$ $W_f = [0; +\infty[$ Gemeinsame Punkte aller
Nullstelle: $x_0 = 0$ Funktionsgraphen:
$(-1; 1), (0; 0), (1; 1)$

b) **n positiv und ungerade** $(n = 2m + 1; \, m \in \mathbb{N}^*)$
$D_f = \mathbb{R}$ $W_f = \mathbb{R}$ Gemeinsame Punkte aller
Nullstelle: $x_0 = 0$ Funktionsgraphen:
$(-1; -1), (0; 0), (1; 1)$

Die Graphen sind Parabeln n-ten Grades.

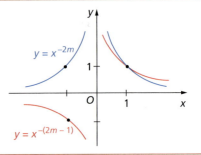

c) **n negativ und gerade** $(n = -2m; \, m \in \mathbb{N}^*)$
$D_f = \mathbb{R}\setminus\{0\}$ Gemeinsame Punkte aller
$W_f = \,]0; +\infty[$ Funktionsgraphen:
Nullstellen: keine $(-1; 1), (1; 1)$

d) **n negativ und ungerade** $(n = -(2m - 1); \, m \in \mathbb{N}^*)$
$D_f = \mathbb{R}\setminus\{0\}$ Gemeinsame Punkte aller
$W_f = \mathbb{R}\setminus\{0\}$ Funktionsgraphen:
Nullstellen: keine $(-1; -1), (1; 1)$

Die Graphen sind Hyperbeln.

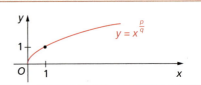

Potenzfunktionen mit gebrochenen Exponenten (Wurzelfunktionen)

Die Funktionen $y = f(x) = x^n$ mit $n = \frac{p}{q}$ ($p, q \in \mathbb{N}^*$, $q \nmid p$) sind nichtrationale Funktionen (**Wurzelfunktionen**).

$D_f = [0; +\infty[$ $W_f = [0; +\infty[$ Nullstelle: $x_0 = 0$
Gemeinsame Punkte aller Funktionsgraphen: $(0; 0), (1; 1)$

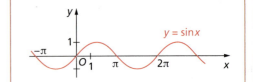

Trigonometrische Funktionen (Winkelfunktionen)

Sinusfunktion $y = f(x) = \sin x$ (↗ S. 26)
$D_f = \mathbb{R}$ $W_f = [-1; +1]$
Nullstellen: $x_k = k\pi$, $k \in \mathbb{Z}$
$\sin(x + 2k\pi) = \sin x$ Periode: 2π

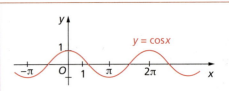

Für die Funktion $y = f(x) = a \sin(bx + c)$ gilt:
$D_f = \mathbb{R}$ $W_f = [-a; +a]$ Nullstellen: $x_k = \frac{k\pi - c}{b}$ Periode: $\frac{2\pi}{|b|}$

Der Graph von $y = f(x) = a \sin(bx + c)$ ist gegenüber dem Graphen von $y = f(x) = a \sin bx$ um $\frac{c}{b}$ $\left(\frac{c}{b} > 0\right)$ in Richtung der negativen x-Achse verschoben.

Kosinusfunktion $y = f(x) = \cos x$ (↗ S. 26)
$D_f = \mathbb{R}$ $W_f = [-1; +1]$
Nullstellen: $x_k = (2k + 1)\frac{\pi}{2}$, $k \in \mathbb{Z}$
$\cos(x + 2k\pi) = \cos x$ Periode: 2π

Tangensfunktion $y = f(x) = \tan x$ (↗ S. 26)
$D_f = \mathbb{R}$ und $x \neq (2k+1)\frac{\pi}{2}$, $k \in \mathbb{Z}$ $W_f = \mathbb{R}$
Nullstellen: $x_k = k\pi$, $k \in \mathbb{Z}$
$\tan(x + k\pi) = \tan x$ Periode: π

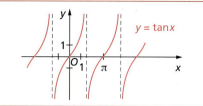

Werte trigonometrischer Funktionen für spezielle Argumente

f(x) \ x	0	$\frac{\pi}{6}$	$\frac{\pi}{4}$	$\frac{\pi}{3}$	$\frac{\pi}{2}$	$\frac{2\pi}{3}$	$\frac{3\pi}{4}$	$\frac{5\pi}{6}$	π	$\frac{3\pi}{2}$	2π
$\sin x$	0	$\frac{1}{2}$	$\frac{1}{2}\sqrt{2}$	$\frac{1}{2}\sqrt{3}$	1	$\frac{1}{2}\sqrt{3}$	$\frac{1}{2}\sqrt{2}$	$\frac{1}{2}$	0	−1	0
$\cos x$	1	$\frac{1}{2}\sqrt{3}$	$\frac{1}{2}\sqrt{2}$	$\frac{1}{2}$	0	$-\frac{1}{2}$	$-\frac{1}{2}\sqrt{2}$	$-\frac{1}{2}\sqrt{3}$	−1	0	1
$\tan x$	0	$\frac{1}{3}\sqrt{3}$	1	$\sqrt{3}$	−	$-\sqrt{3}$	−1	$-\frac{1}{3}\sqrt{3}$	0	−	0

Umkehrfunktionen trigonometrischer Funktionen

Arkussinusfunktion $y = f(x) = \arcsin x$
$D_f = [-1; 1]$ $W_f = \left[-\frac{\pi}{2}; \frac{\pi}{2}\right]$ Nullstelle: $x_0 = 0$

Arkuskosinusfunktion $y = f(x) = \arccos x$
$D_f = [-1; 1]$ $W_f = [0; \pi]$ Nullstelle: $x_0 = 1$

Arkustangensfunktion $y = f(x) = \arctan x$
$D_f = \mathbb{R}$ $W_f = \left]-\frac{\pi}{2}; \frac{\pi}{2}\right[$ Nullstelle: $x_0 = 0$

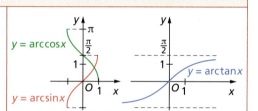

Exponential- und Logarithmusfunktionen

Exponentialfunktionen
$y = f(x) = a^x$ ($a \in \mathbb{R}$, $a > 0$, $a \neq 1$)
$D_f = \mathbb{R}$ $W_f =]0; +\infty[$ Nullstellen: keine
Gemeinsamer Punkt aller Funktionsgraphen: (0; 1)
Spezialfall: $y = f(x) = e^x$ (e eulersche Zahl; ↗ S. 5)

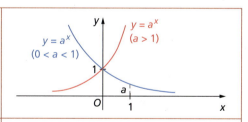

Logarithmusfunktionen
$y = f(x) = \log_a x$ ($a \in \mathbb{R}$, $a > 0$, $a \neq 1$)
$D_f =]0; +\infty[$ $W_f = \mathbb{R}$ Nullstelle: $x_0 = 1$
Gemeinsamer Punkt aller Funktionsgraphen: (1; 0)
Spezialfälle: $y = f(x) = \log_{10} x = \lg x$
   $y = f(x) = \log_e x = \ln x$
   $y = f(x) = \log_2 x = \text{lb}\, x$

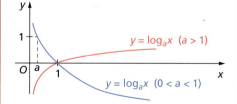

Werte spezieller Logarithmusfunktionen

f(x) \ x	0,5	1	2	3	4	6	8	10	100
$\lg x$	−0,3010	0	0,3010	0,4771	0,6021	0,7782	0,9031	1	2
$\ln x$	−0,6931	0	0,6931	1,0986	1,3863	1,7918	2,0794	2,3026	4,6052
$\text{lb}\, x$	−1	0	1	1,5850	2	2,5850	3	3,3220	6,6439
$\log_{0,5} x$	1	0	−1	−1,5850	−2	−2,5850	−3	−3,3220	−6,6439

Folgen und Reihen; Grenzwerte

Grundbegriffe

Zahlenfolge (a_n)	Funktion f mit $D_f = \mathbb{N}^*$ und $W_f \subseteq \mathbb{R}$ $\qquad$ a_n n-tes Glied der Zahlenfolge (a_n) Das Glied a_n gibt zugleich eine **Bildungsvorschrift** der Folge (a_n) an.
Grenzwert; konvergente Zahlenfolge	Eine Zahlenfolge (a_n) konvergiert zum **Grenzwert** g (ist **konvergent**), wenn es zu jeder vorgegebenen positiven Zahl ε ein $n_0 \in \mathbb{N}^*$ gibt, sodass $|a_n - g| < \varepsilon$ für alle $n \geq n_0$. (Das heißt: Von einem bestimmten Glied a_n an ist der Abstand aller Folgenglieder von g kleiner als ε.) *Schreibweise:* $\lim\limits_{n \to \infty} a_n = g$
divergente Zahlenfolge	Jede nicht konvergente Zahlenfolge ist **divergent**.
n-te Partialsumme	$s_n = a_1 + a_2 + \ldots + a_n = \sum\limits_{i=1}^{\infty} a_i$
(unendliche) Reihe	$a_1 + a_2 + \ldots + a_n + \ldots = \sum\limits_{i=1}^{\infty} a_i$ Eine Reihe $\sum\limits_{i=1}^{\infty} a_i$ ist **konvergent** (hat den **Grenzwert** s), wenn ihre Partialsummenfolge (s_n) gegen s konvergiert; s heißt dann die **Summe** der Reihe.

Spezielle Folgen und ihre Partialsummen

$a, d, q \in \mathbb{R}$; $i, n \in \mathbb{N}^*$

arithmetische Zahlenfolge	a_1; $a_1 + d$; $a_1 + 2d$; ...; $a_1 + (n-1)d$; ... $\qquad$ a_1 Anfangsglied **Rekursive Bildungsvorschrift:** $a_{n+1} = a_n + d$; a_1 **Explizite Bildungsvorschrift:** $a_n = a_1 + (n-1)d$ Für $d < 0$ **fallende Folge** $\quad$ $d = 0$ **konstante Folge** $\quad$ $d > 0$ **wachsende Folge** $s_n = \sum\limits_{i=1}^{n} a_i = a_1 + a_2 + \ldots + a_n$ $= a_1 + (a_1 + d) + \ldots + [a_1 + (n-1)d] = \frac{n}{2}(a_1 + a_n) = na_1 + \frac{(n-1)n}{2}d$
geometrische Zahlenfolge	a_1; $a_1 q$; $a_1 q^2$; ...; $a_1 q^{n-1}$; ... $\ (a_1 \neq 0, q \neq 0)$ $\qquad$ a_1 Anfangsglied **Rekursive Bildungsvorschrift:** $a_{n+1} = a_n q$; a_1 **Explizite Bildungsvorschrift:** $a_n = a_1 \cdot q^{n-1}$ Für $a_1 > 0$: $\quad 0 < q < 1 \quad$ **fallende Folge** $\qquad q = 1 \quad$ **konstante Folge** $\phantom{\text{Für }a_1>0:\ }q > 1 \qquad$ **wachsende Folge** $\qquad q < 0 \quad$ **alternierende Folge** $s_n = \sum\limits_{i=1}^{n} a_i = a_1 + a_2 + \ldots + a_n$ $= a_1 + a_1 q + \ldots + a_1 q^{n-1} = a_1 \frac{q^n - 1}{q - 1} = a_1 \frac{1 - q^n}{1 - q} \quad$ (falls $q \neq 1$)
geometrische Reihe	$s = \sum\limits_{n=1}^{\infty} a_1 q^{n-1} = \frac{a_1}{1-q} \quad (a_1 \neq 0; q \neq 1; |q| < 1)$
Spezielle Partialsummen	$i, n \in \mathbb{N}^*$
$1 + 2 + 3 + \ldots + n = \sum\limits_{i=1}^{n} i = \frac{n(n+1)}{2}$	$1 + 4 + 9 + \ldots + n^2 = \sum\limits_{i=1}^{n} i^2 = \frac{n(n+1)(2n+1)}{6}$
$1 + 3 + 5 + \ldots + (2n-1) = \sum\limits_{i=1}^{n}(2i-1) = n^2$	$1 + 8 + 27 + \ldots + n^3 = \sum\limits_{i=1}^{n} i^3 = \left[\frac{n(n+1)}{2}\right]^2$

Grenzwerte für konvergente Folgen

$a_i, b_i \in \mathbb{R}; n \in \mathbb{N}^*$

Grenzwertsätze	Falls $\lim_{n \to \infty} a_n = a$ und $\lim_{n \to \infty} b_n = b$, so gilt:
	$\lim_{n \to \infty} (a_n \pm b_n) = a \pm b \qquad \lim_{n \to \infty} (a_n b_n) = ab \qquad \lim_{n \to \infty} \frac{a_n}{b_n} = \frac{a}{b}$ ($b_n \neq 0; b \neq 0$)
spezielle Grenzwerte	$\lim_{n \to \infty} \frac{1}{n} = 0 \qquad \lim_{n \to \infty} \sqrt[n]{n} = 1 \qquad \lim_{n \to \infty} \left(1 + \frac{1}{n}\right)^n = e$ (e eulersche Zahl)
	$\lim_{n \to \infty} \frac{a^n}{n!} = 0 \qquad \lim_{n \to \infty} k^n = \begin{cases} 0 \text{ für } |k| < 1 \\ 1 \text{ für } k = 1 \end{cases}$ (Für $|k| > 1$ divergiert die Folge.)

Grenzwerte und Stetigkeit von Funktionen

Grenzwert für $x \to x_0$	Eine Zahl g heißt **Grenzwert** der Funktion f für x gegen x_0, wenn es zu jeder vorgegebenen positiven Zahl ε eine Zahl $\delta > 0$ gibt, sodass $|f(x) - g| < \varepsilon$ für alle x mit $|x - x_0| < \delta$ und $x \neq x_0$. (Das heißt: Die Funktionswerte aller x, deren Abstand von x_0 kleiner als δ ist, unterscheiden sich von g um weniger als ε.) *Schreibweise:* $\lim_{x \to x_0} f(x) = g$
Grenzwert für $x \to \infty$	Eine Zahl g heißt **Grenzwert** von f für $x \to +\infty$ (oder $-\infty$), wenn es zu jeder vorgegebenen positiven Zahl ε eine Stelle x_1 gibt, sodass $|f(x) - g| < \varepsilon$ für alle $x > x_1$ ($x < x_1$). (Das heißt: Die Werte $f(x)$ der Funktion f unterscheiden sich von g für alle x, die größer (kleiner) als ein bestimmtes x_1 sind, um weniger als ε.) *Schreibweise:* $\lim_{x \to \infty} f(x) = g$
Grenzwertsätze	Mit $\lim_{x \to a} f(x) = u$ und $\lim_{x \to a} g(x) = v$ gilt: $\lim_{x \to a} [f(x) \pm g(x)] = u \pm v \qquad \lim_{x \to a} [f(x) \cdot g(x)] = u \cdot v \qquad \lim_{x \to a} \frac{f(x)}{g(x)} = \frac{u}{v}$ (falls $v \neq 0$)
Regel von L'Hospital	Ist $\lim_{x \to a} f(x) = 0$ sowie $\lim_{x \to a} g(x) = 0$ und existieren in einer Umgebung von a sowohl die Ableitungen von f und g als auch $\lim_{x \to a} \frac{f'(x)}{g'(x)}$, so gilt: $\lim_{x \to a} \frac{f(x)}{g(x)} = \lim_{x \to a} \frac{f'(x)}{g'(x)}$ *Anmerkung:* Die Regel ist ebenfalls anwendbar, wenn für $x \to a$ sowohl $f(x) \to \infty$ als auch $g(x) \to \infty$, sofern die oben angegebenen weiteren Bedingungen erfüllt sind. Auch andere unbestimmte Ausdrücke (wie „$0 \cdot \infty$", „$\infty - \infty$") lassen sich mit der Regel von L'Hospital behandeln, indem man die darin enthaltenen Funktionen vorher so umformt, dass sie an der zu untersuchenden Stelle auf die Ausdrücke „$\frac{0}{0}$" oder „$\frac{\infty}{\infty}$" führen.
spezielle Grenzwerte	$\lim_{x \to 0} \frac{\sin x}{x} = 1 \qquad \lim_{x \to 1} \frac{\ln x}{x - 1} = 1 \qquad \lim_{x \to 0} \frac{a^x - 1}{x} = \ln a$ ($a > 0$) $\lim_{x \to 0} \frac{\tan x}{x} = 1 \qquad \lim_{x \to \infty} \frac{x^n}{e^x} = 0 \qquad \lim_{x \to \infty} \frac{\log_a x}{x^n} = 0$ ($a > 0; n > 0$)
Stetigkeit	Eine Funktion f heißt **an der Stelle $x_0 \in D_f$ stetig**, wenn der Grenzwert von f an der Stelle x_0 existiert und mit dem Funktionswert $f(x_0)$ übereinstimmt. Eine Funktion f heißt **stetig**, wenn sie an jeder Stelle ihres Definitionsbereiches stetig ist. (Das heißt vereinfacht: Der Graph einer stetigen Funktion lässt sich in einem Zug zeichnen, er weist keine Lücken oder Sprünge auf.)
Zwischenwertsatz	Ist f eine in $[a; b]$ stetige Funktion mit $f(a) \neq f(b)$, dann nimmt f in diesem Intervall jeden Wert zwischen $f(a)$ und $f(b)$ mindestens einmal an.

Differenzialrechnung

Grundbegriffe

f Funktion; $x_0, x_0 + h \in D_f$

Differenzenquotient von f mit y = f(x)	$d(h) = \frac{f(x_0 + h) - f(x_0)}{h}$ bzw. $\frac{\Delta y}{\Delta x} = \frac{f(x_0 + \Delta x) - f(x_0)}{\Delta x}$ Der Differenzenquotient gibt den Anstieg der Sekante durch die Punkte $P_0(x_0; f(x_0))$ und $P(x_0 + h; f(x_0 + h))$ des Graphen von f an.	
Differenzialquotient (1. Ableitung) von f an der Stelle x_0	$\lim_{h \to 0} \frac{f(x_0 + h) - f(x_0)}{h} = f'(x_0)$ $f'(x_0)$ gibt den Anstieg der Tangente an den Graphen der Funktion f im Punkt $P_0(x_0; f(x_0))$ an: $f'(x_0) = \tan \alpha$ Existiert $f'(x_0)$, so heißt f **differenzierbar** an der Stelle x_0.	
1. Ableitung von f (Ableitungsfunktion)	$y' = f'(x) = \lim_{h \to 0} \frac{f(x + h) - f(x)}{h}$ bzw. $\frac{dy}{dx} = \lim_{\Delta x \to 0} \frac{\Delta y}{\Delta x}$	
höhere Ableitungen	$y'' = [f'(x)]' = f''(x) = \frac{d^2 y}{dx^2}$ (2. Ableitung); ... $y^{(n)} = [f^{(n-1)}(x)]' = f^{(n)}(x) = \frac{d^n y}{dx^n}$ (n-te Ableitung)	

Ableitungen (Ableitungsfunktionen) spezieller Funktionen

f(x)	f'(x)	f''(x)	f(x)	f'(x)	f''(x)
a = const.	0	0	$\sin x$	$\cos x$	$-\sin x$
x^n	nx^{n-1}	$n(n-1)x^{n-2}$	$\cos x$	$-\sin x$	$-\cos x$
$\sqrt{x}$	$\frac{1}{2\sqrt{x}}$	$-\frac{1}{4x\sqrt{x}}$	$\tan x$	$\frac{1}{\cos^2 x} = 1 + \tan^2 x$	$2\tan x (1 + \tan^2 x)$
a^x	$a^x \ln a$	$a^x (\ln a)^2$	$\log_a x$	$\frac{1}{x \cdot \ln a}$	$\frac{-1}{x^2 \cdot \ln a}$
e^x	e^x	e^x	$\ln x$	$\frac{1}{x}$	$-\frac{1}{x^2}$

Differenziationsregeln

$u = u(x), v = v(x)$ differenzierbar; $c \in \mathbb{R}$

Faktorregel	$y = c \cdot u \Rightarrow y' = c \cdot u'$	**Produktregel**	$y = u \cdot v \Rightarrow y' = u' \cdot v + u \cdot v'$	
Summenregel	$y = u \pm v \Rightarrow y' = u' \pm v'$	**Quotientenregel**	$y = \frac{u}{v}$ (mit $v \neq 0$) $\Rightarrow y' = \frac{u'v - uv'}{v^2}$	

Kettenregel	$y = f[g(x)]$ bzw. $y = f(u)$ mit $u = g(x) \Rightarrow y' = f'(u) \cdot g'(x)$ bzw. $y' = \frac{dy}{dx} = \frac{dy}{du} \cdot \frac{du}{dx}$
Differenziation der Umkehrfunktion	$x = g(y)$ Umkehrfunktion von $y = f(x) \Rightarrow g'(y) = \frac{1}{f'(x)}$

Anwendungen der Differenzialrechnung

Kurvenuntersuchungen

f mindestens zweimal differenzierbar

Monotonieverhalten	$f'(x) > 0$ für alle $x \in [a; b] \Rightarrow f$ ist in $[a; b]$ streng monoton wachsend. $f'(x) < 0$ für alle $x \in [a; b] \Rightarrow f$ ist in $[a; b]$ streng monoton fallend.
Konvex- bzw. Konkavbögen	$f''(x) > 0$ für alle $x \in [a; b]$, also f' in $[a; b]$ monoton wachsend. $\Rightarrow$ Graph von f ist linksgekrümmt bzw. (von unten gesehen) konvex. (1) $f''(x) < 0$ für alle $x \in [a; b]$, also f' in $[a; b]$ monoton fallend. $\Rightarrow$ Graph von f ist rechtsgekrümmt bzw. (von unten gesehen) konkav. (2)

Verhalten der Funktion an speziellen Stellen (bzw. ihres Graphen in speziellen Punkten)

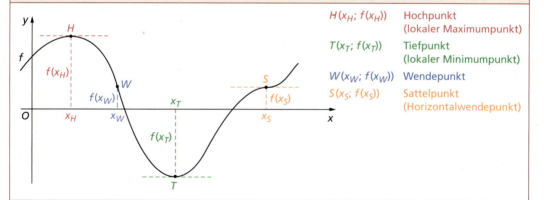

$H(x_H; f(x_H))$ Hochpunkt (lokaler Maximumpunkt)

$T(x_T; f(x_T))$ Tiefpunkt (lokaler Minimumpunkt)

$W(x_W; f(x_W))$ Wendepunkt

$S(x_S; f(x_S))$ Sattelpunkt (Horizontalwendepunkt)

	notwendige Bedingung	hinreichende Bedingung
$f(x_H)$ ist ein lokales Maximum; x_H ist eine lokale Maximumstelle von f	$f'(x_H) = 0$	$f'(x_H) = 0$ und $f''(x_H) < 0$ bzw. $f'(x_H) = 0$ und $f'(x)$ wechselt beim Durchgang durch x_H mit wachsendem x das Vorzeichen von plus zu minus.
$f(x_T)$ ist ein lokales Minimum; x_T ist eine lokale Minimumstelle von f	$f'(x_T) = 0$	$f'(x_T) = 0$ und $f''(x_T) > 0$ bzw. $f'(x_T) = 0$ und $f'(x)$ wechselt beim Durchgang durch x_T mit wachsendem x das Vorzeichen von minus zu plus.
x_W ist eine Wendestelle von f	$f''(x_W) = 0$	$f''(x_W) = 0$ und $f'''(x_W) \neq 0$
S ist ein Sattelpunkt von f	$f'(x_S) = 0$ $f''(x_S) = 0$	$f'(x_S) = 0$ und $f''(x_S) = 0$ und $f'''(x_S) \neq 0$

Näherungsweises Bestimmen von Nullstellen stetiger Funktionen

Sekanten-näherungsverfahren (regula falsi)	Aus zwei Näherungswerten x_1 und x_2 für die gesuchte Nullstelle x_0 von f mit $f(x_1) < 0$ und $f(x_2) > 0$ (oder umgekehrt) bestimmt man einen genaueren Näherungswert x_3 mit $x_3 = x_1 - \frac{x_2 - x_1}{f(x_2) - f(x_1)} \cdot f(x_1)$. Das Verfahren wird mit x_1 und x_3 (bzw. x_2 und x_3) fortgesetzt.	
Tangenten-näherungsverfahren (newtonsches Näherungsverfahren)	Aus einem (hinreichend guten) Näherungswert x_1 für die gesuchte Nullstelle x_0 bestimmt man einen (i. Allg. genaueren) Näherungswert x_2 mit $x_2 = x_1 - \frac{f(x_1)}{f'(x_1)}$. Das Verfahren wird unter Verwendung von x_2 fortgesetzt. Bedingung: $f'(x_i) \neq 0$ und $f'(x_0) \neq 0$ sowie $\frac{f(x) \cdot f''(x)}{[f'(x)]^2} < 1$ für alle x des x_0 enthaltenden Intervalls	

Näherungsfunktionen

Satz von Taylor	Eine beliebige Funktion f sei in einer Umgebung von $x = x_0$ mindestens $(n+1)$-mal stetig differenzierbar. Dann gilt: $f(x) = f(x_0) + \frac{f'(x_0)}{1!}(x - x_0) + \frac{f''(x_0)}{2!}(x - x_0)^2 + \ldots + \frac{f^{(n)}(x_0)}{n!}(x - x_0)^n + R_{n+1}(x)$ mit $R_{n+1}(x) = \frac{f^{(n+1)}(x_0 + \delta(x - x_0))}{(n+1)!}(x - x_0)^{n+1}$ $\quad (0 < \delta < 1)$
Formel von MacLaurin	Taylor-Entwicklung für $x_0 = 0$: $f(x) = f(0) + f'(0) \cdot x + \frac{f''(0)}{2!}x^2 + \ldots + \frac{f^{(n)}(0)}{n!}x^n + R_{n+1}(x)$ mit $R_{n+1}(x) = \frac{f^{(n+1)}(\delta \cdot x)}{(n+1)!}x^{n+1}$ $\quad (0 < \delta < 1)$
Taylor-Entwicklung spezieller Funktionen	$\sin x = x - \frac{x^3}{3!} + \frac{x^5}{5!} - \frac{x^7}{7!} + \ldots + (-1)^{n-1} \cdot \frac{x^{2n-1}}{(2n-1)!} + \ldots$ $\cos x = 1 - \frac{x^2}{2!} + \frac{x^4}{4!} - \frac{x^6}{6!} + \ldots + (-1)^n \cdot \frac{x^{2n}}{(2n)!} + \ldots$ $e^x = 1 + x + \frac{x^2}{2!} + \frac{x^3}{3!} + \ldots + \frac{x^n}{n!} + \ldots$ Spezialfall: $e = 1 + 1 + \frac{1}{2!} + \frac{1}{3!} + \ldots + \frac{1}{n!} + \ldots = 2{,}718\,281\,8\ldots$ (eulersche Zahl, ↗ S. 5) $\ln(1 + x) = x - \frac{x^2}{2} + \frac{x^3}{3} - \frac{x^4}{4} + \ldots + (-1)^{n-1} \cdot \frac{x^n}{n} + \ldots \quad (-1 < x \leq 1)$ Spezialfall: $\ln 2 = 1 - \frac{1}{2} + \frac{1}{3} - \frac{1}{4} + \ldots + (-1)^{n-1} \cdot \frac{1}{n} + \ldots = 0{,}693\,147\,1\ldots$ $(1 + x)^p = 1 + px + \frac{p(p-1)}{2!}x^2 + \ldots + \frac{p(p-1)\cdot\ldots\cdot(p-n+2)}{(n-1)!}x^n + \ldots \quad (p \in \mathbb{R}; -1 \leq x < 1)$ Spezialfall: $\frac{1}{x+1} = 1 - x + x^2 - x^3 + \ldots + (-1)^{n-1} \cdot x^{n-1} + \ldots$

Integralrechnung

Grundbegriffe

Stammfunktion	F ist eine **Stammfunktion** der Funktion f mit $y = f(x) \Leftrightarrow F'(x) = f(x)$ für alle x aus dem gemeinsamen Definitionsbereich von f und F. Mit $y = F(x)$ ist auch jede Funktion $y = F(x) + C$ eine Stammfunktion von f.
unbestimmtes Integral	$\int f(x)\,dx = F(x) + C$ (Menge aller Stammfunktionen von f) C heißt **Integrationskonstante**.
bestimmtes Integral	$\int_a^b f(x)\,dx = F(b) - F(a)$ (falls F eine Stammfunktion der im Intervall $[a; b]$ stetigen Funktion f ist)
Eigenschaften des bestimmten Integrals	$\int_a^a f(x)\,dx = 0$ $\int_b^a f(x)\,dx = -\int_a^b f(x)\,dx$ $\int_a^b f(x)\,dx = \int_a^c f(x)\,dx + \int_c^b f(x)\,dx$ (für $c \in [a; b]$)

Grundintegrale und weitere spezielle unbestimmte Integrale

$\int 0\,dx = C$	$\int a\,dx = ax + C$ $(a \in \mathbb{R})$	$\int x^n\,dx = \frac{1}{n+1} x^{n+1} + C$ $(n \in \mathbb{R}; n \neq -1)$
$\int \frac{1}{x}\,dx = \ln|x| + C$ $(x \neq 0)$	$\int \sin x\,dx = -\cos x + C$	$\int \cos x\,dx = \sin x + C$
$\int a^x\,dx = \frac{a^x}{\ln a} + C$ $(a \neq 1)$	$\int e^x\,dx = e^x + C$	$\int \frac{1}{\cos^2 x}\,dx = \tan x + C$
$\int \sqrt{x}\,dx = \frac{2}{3}\sqrt{x^3} + C$	$\int \frac{1}{x \cdot \ln a}\,dx = \log_a x + C$	$\int \sin^2 x\,dx = \frac{1}{2}(x - \sin x \cos x) + C$
$\int \cos^2 x\,dx = \frac{1}{2}(x + \sin x \cos x) + C$	$\int \frac{dx}{\sqrt{x^2 \pm a^2}} = \left\lvert x + \ln\sqrt{x^2 \pm a^2} \right\rvert + C$	$\int \tan x\,dx = -\ln|\cos x| + C$
$\int \ln x\,dx = x \cdot \ln(x) - x + C$ $(x > 0)$	$\int \frac{dx}{a^2 + x^2} = \frac{1}{a}\arctan\frac{x}{a} + C$ $(a \neq 0)$	$\int \cot x\,dx = \ln|\sin x| + C$ mit $x \neq k\pi$, $k \in \mathbb{Z}$

Integrationsregeln

Faktorregel	$\int a \cdot u(x)\,dx = a \int u(x)\,dx$ $(a = \text{const.})$	
Summenregel (Linearität)	$\int [u(x) \pm v(x)]\,dx = \int u(x)\,dx \pm \int v(x)\,dx$	
Substitutionsregel	$\int f[g(x)] \cdot g'(x)\,dx = \int f(u)\,du$	(mit $u = g(x)$ und $du = g'(x)\,dx$)
	Spezialfall: $\int \frac{f'(x)}{f(x)}\,dx = \ln|f(x)| + C$	(für $f(x) \neq 0$ für alle x)
Regel für partielle Integration	$\int u'(x) \cdot v(x)\,dx = u(x) \cdot v(x) - \int u(x) \cdot v'(x)\,dx$	kurz: $\int u'v\,dx = uv - \int uv'\,dx$

Anwendungen der Integralrechnung

Flächenberechnung

f in $[a; b]$ stetig

Flächeninhalt zwischen dem Graphen und der x-Achse	$f(x) \geq 0$ für alle $x \in [a; b]$ 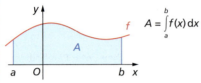 $A = \int_a^b f(x)\,dx$	$f(x) \leq 0$ für alle $x \in [a; b]$ 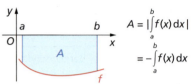 $A = \left|\int_a^b f(x)\,dx\right| = -\int_a^b f(x)\,dx$
	$f(x)$ besitzt in $[a; b]$ Nullstellen 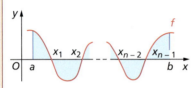	$A = \left|\int_a^{x_1} f(x)\,dx\right| + \left|\int_{x_1}^{x_2} f(x)\,dx\right| + \ldots + \left|\int_{x_{n-1}}^{b} f(x)\,dx\right|$
Flächeninhalt zwischen zwei Graphen	$f(x) \geq g(x)$ für alle $x \in [a; b]$ 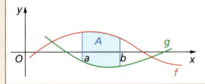	$A = \int_a^b [f(x) - g(x)]\,dx$ (unabhängig davon, ob f oder g in $[a; b]$ eine Nullstelle besitzt)
	Graphen von f und g schneiden einander in $[a; b]$ 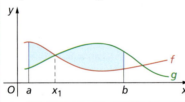	$A = \int_a^{x_1} [f(x) - g(x)]\,dx + \int_{x_1}^{b} [g(x) - f(x)]\,dx$ Allgemein: $A = \left|\int_a^{x_1} [f(x) - g(x)]\,dx\right| + \left|\int_{x_1}^{b} [f(x) - g(x)]\,dx\right|$

Näherungsweises Berechnen bestimmter Integrale

Für die näherungsweise Berechnung des bestimmten Integrals $\int_a^b f(x)\,dx$ (und der entsprechenden Flächeninhalte) wird das Intervall $[a; b]$ in n Teile der Länge $d = \frac{b-a}{n}$ zerlegt.

Die Teilpunkte sind dann $x_0 = a$, $x_1 = a + d$, $x_2 = a + 2d$, ..., $x_{n-1} = a + (n-1)d$, $x_n = a + nd = b$.

Rechteck-formel	Die Fläche A wird durch Rechtecke mit der Fläche $A_i = d \cdot f(x_i) = d \cdot y_i$ $(i = 0, 1, \ldots, (n-1))$ angenähert. $A = \int_a^b f(x)\,dx \approx d \cdot (y_0 + y_1 + \ldots + y_{n-1})$	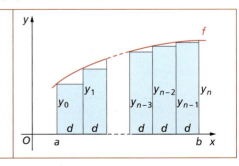

Anwendungen der Integralrechnung

Trapezformel (Sekantenformel)	Die Fläche A wird durch Trapeze mit der Fläche $$A_i = \frac{y_i + y_{i+1}}{2} d \quad (i = 0, 1, \ldots, (n-1))$$ angenähert. $$A = \int_a^b f(x)\,dx \approx \frac{d}{2}(y_0 + 2y_1 + 2y_2 + \ldots + 2y_{n-1} + y_n)$$	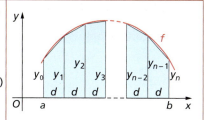
Parabelformel (simpsonsche Regel)	Die zu berechnende Fläche wird durch Teilflächen unter Parabelbögen angenähert. Man teilt $[a; b]$ in n Intervalle und legt durch jeweils drei aufeinander folgende Punkte $(x_{i-1}; y_{i-1})$, $(x_i; y_i)$ und $(x_{i+1}; y_{i+1})$ mit $i = 1, \ldots, (n-1)$ einen Parabelbogen. $$A = \int_a^b f(x)\,dx \approx \frac{d}{3}[(y_0 + 4y_1 + y_2) + (y_2 + 4y_3 + y_4) + \ldots + (y_{n-2} + 4y_{n-1} + y_n)] \quad \text{bzw.}$$ $$A = \int_a^b f(x)\,dx \approx \frac{d}{3}(y_0 + 4y_1 + 2y_2 + 4y_3 + 2y_4 + \ldots + 2y_{n-2} + 4y_{n-1} + y_n) \quad (n \text{ gerade})$$	
keplersche Fassregel	Man verwendet für die Bestimmung der Näherungsparabel nur die Punkte $(a; f(a))$, $(x_m; f(x_m))$ und $(b; f(b))$ mit $x_m = \frac{1}{2}(a + b)$. $$A = \int_a^b f(x)\,dx \approx \frac{b-a}{6}(f(a) + 4f(x_m) + f(b))$$	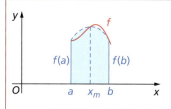

Bogenlänge ebener Kurven

Für $a \leq x \leq b$ hat der entsprechende Abschnitt des Graphen von f die Bogenlänge $s = \int_a^b \sqrt{1 + [f'(x)]^2}\,dx$.

Berechnung von Rotationskörpern

f in $[a; b]$ stetig und streng monoton

Rotiert das Flächenstück, das zwischen dem Graphen der Funktion

$y = f(x)$ für $a \leq x \leq b$, den Parallelen zur y-Achse durch $x_1 = a$ und $x_2 = b$ und der x-Achse liegt, um die x-Achse, so gilt für **Volumen** V_x bzw. **Mantelfläche** M_x des entstehenden Rotationskörpers: $$V_x = \pi \int_a^b y^2\,dx = \pi \int_a^b [(f(x)]^2\,dx$$ $$M_x = 2\pi \int_a^b y\sqrt{1 + y'^2}\,dx = 2\pi \int_a^b f(x)\sqrt{1 + [f'(x)]^2}\,dx$$	$x = g(y)$ für $c \leq y \leq d$ (mit $c = f(a)$ und $d = f(b)$), den Parallelen zur x-Achse durch $y_1 = c$ und $y_2 = d$ und der y-Achse liegt, um die y-Achse, so gilt für **Volumen** V_y bzw. **Mantelfläche** M_y des entstehenden Rotationskörpers: $$V_y = \pi \int_c^d x^2\,dy = \pi \int_c^d [g(y)]^2\,dy = \left|\pi \int_a^b x^2 f'(x)\,dx\right|$$ $$M_y = 2\pi \int_c^d x\sqrt{1 + x'^2}\,dy = 2\pi \int_c^d g(y)\sqrt{1 + [g'(y)]^2}\,dy$$
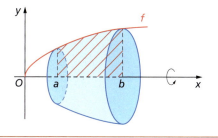	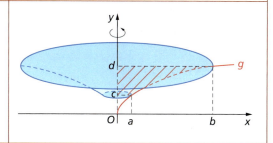

Ebene Koordinatengeometrie (Analytische Geometrie der Ebene)

Koordinatensysteme

kartesisches Koordinatensystem	x_1, y_1 x_1 y_1 O	Koordinaten von P_1 Abszisse Ordinate Koordinatenursprung
Polarkoordinatensystem	r_1, φ_1 r_1 φ_1	Polarkoordinaten von P_1 Radius Polarwinkel (Phase, Anomalie)

Koordinatentransformationen

Transformation von kartesischen Koordinaten in Polarkoordinaten (und umgekehrt)	$x = r \cdot \cos\varphi$ $y = r \cdot \sin\varphi$	$r = \sqrt{x^2 + y^2}$ $\cos\varphi = \dfrac{x}{\sqrt{x^2+y^2}}$ $\sin\varphi = \dfrac{y}{\sqrt{x^2+y^2}}$
Parallelverschiebung (Translation) eines kartesischen Koordinatensystems	x, y Koordinaten von P im ursprünglichen System x', y' Koordinaten von P im neuen System $x = x' + c$ $y = y' + d$	$x' = x - c$ $y' = y - d$
Drehung (Rotation) eines kartesischen Koordinatensystems um den Winkel φ	x, y Koordinaten von P im ursprünglichen System x', y' Koordinaten von P im neuen System $O = O'$ $x = x' \cdot \cos\varphi - y' \cdot \sin\varphi$ $y = x' \cdot \sin\varphi + y' \cdot \cos\varphi$	$x' = x \cdot \cos\varphi + y \cdot \sin\varphi$ $y' = -x \cdot \sin\varphi + y \cdot \cos\varphi$

Strecken; Dreiecke

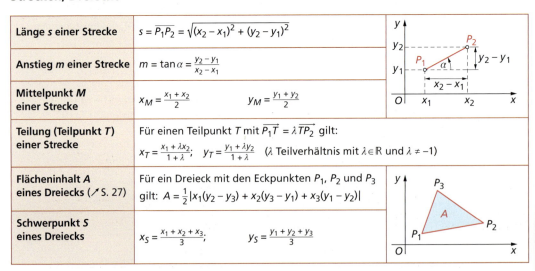

Länge s einer Strecke	$s = \overline{P_1P_2} = \sqrt{(x_2-x_1)^2 + (y_2-y_1)^2}$
Anstieg m einer Strecke	$m = \tan\alpha = \dfrac{y_2 - y_1}{x_2 - x_1}$
Mittelpunkt M einer Strecke	$x_M = \dfrac{x_1+x_2}{2}$ $y_M = \dfrac{y_1+y_2}{2}$
Teilung (Teilpunkt T) einer Strecke	Für einen Teilpunkt T mit $\overrightarrow{P_1T} = \lambda \overrightarrow{TP_2}$ gilt: $x_T = \dfrac{x_1 + \lambda x_2}{1+\lambda}$; $y_T = \dfrac{y_1 + \lambda y_2}{1+\lambda}$ (λ Teilverhältnis mit $\lambda \in \mathbb{R}$ und $\lambda \neq -1$)
Flächeninhalt A eines Dreiecks (↗ S. 27)	Für ein Dreieck mit den Eckpunkten P_1, P_2 und P_3 gilt: $A = \frac{1}{2}|x_1(y_2-y_3) + x_2(y_3-y_1) + x_3(y_1-y_2)|$
Schwerpunkt S eines Dreiecks	$x_S = \dfrac{x_1+x_2+x_3}{3}$; $y_S = \dfrac{y_1+y_2+y_3}{3}$

Ebene Koordinatengeometrie (Analytische Geometrie der Ebene)

Geraden

$m, n \in \mathbb{R}; \ A, B, C \in \mathbb{R}$

Punktrichtungsgleichung	$y - y_0 = m(x - x_0)$ $m = \tan\alpha$ $(\alpha \neq 90°)$ Gerade durch $P_0(x_0; y_0)$ mit dem Anstieg m	
Zweipunktegleichung	$y - y_1 = \frac{y_2 - y_1}{x_2 - x_1}(x - x_1)$ $m = \tan\alpha = \frac{y_2 - y_1}{x_2 - x_1}$ $(x_2 \neq x_1)$ Gerade durch $P_1(x_1; y_1)$ und $P_2(x_2; y_2)$	
kartesische Normalform (der Geradengleichung)	$y = mx + n$ $m = \tan\alpha$ $(\alpha \neq 90°)$ Gerade mit dem Anstieg m, die die y-Achse in $S_y(0; n)$ schneidet	
Achsenabschnittsgleichung	$\frac{x}{a} + \frac{y}{b} = 1$ Gerade, die die Achsen in $S_x(a; 0)$ bzw. $S_y(0; b)$ schneidet	
allgemeine Form (der Geradengleichung)	$Ax + By + C = 0$ $(A^2 + B^2 > 0)$	$A = 0 \Rightarrow g$ parallel zur x-Achse $B = 0 \Rightarrow g$ parallel zur y-Achse
hessesche Normal(en)form (der Geradengleichung)	$x \cdot \cos\varphi + y \cdot \sin\varphi - p = 0$ p Abstand der Geraden vom Ursprung O φ Winkel zwischen positiver x-Achse und Lot p $\cos\varphi = \frac{A}{\sqrt{A^2 + B^2}}; \ \sin\varphi = \frac{B}{\sqrt{A^2 + B^2}}; \ p = \frac{-C}{\sqrt{A^2 + B^2}}$	
Abstand des Punktes P_1 von der Geraden g	$d = |x_1 \cdot \cos\varphi + y_1 \cdot \sin\varphi - p| = \frac{|Ax_1 + By_1 + C|}{\sqrt{A^2 + B^2}}$	
Lagebeziehung zweier Geraden	$g_1: y = m_1 x + n_1$ $g_2: y = m_2 x + n_2$ Schnittwinkel ψ: $\tan\psi = \frac{m_2 - m_1}{1 + m_1 m_2}$ $(\psi \neq 90°)$ $m_1 = m_2 \ \Rightarrow \ g_1 \parallel g_2$ $m_1 = -\frac{1}{m_2} \ \Rightarrow \ g_1 \perp g_2$ $(m_2 \neq 0)$	

Kreis

$r > 0; \ c, d, r \in \mathbb{R}$

Kreisgleichung (allgemeine Lage)	Kreis mit Mittelpunkt $M(c; d)$ und Radius r: $(x - c)^2 + (y - d)^2 = r^2$	
Mittelpunktsgleichung	Kreis mit Mittelpunkt $M(0; 0)$ und Radius r: $x^2 + y^2 = r^2$	
Tangente im Punkt P_1	$(x - c)(x_1 - c) + (y - d)(y_1 - d) = r^2$ $xx_1 + yy_1 = r^2$	$M(c; d)$ $M(0; 0)$
Normale im Punkt P_1	$y - y_1 = \frac{y_1 - d}{x_1 - c} \cdot (x - x_1)$ $y - y_1 = \frac{y_1}{x_1} \cdot (x - x_1)$	$M(c; d)$ $M(0; 0)$

Kegelschnitte

$a, b, c, d, p \in \mathbb{R}$; $a, b > 0$

Wird ein doppelter Kreiskegel mit einer Ebene zum Schnitt gebracht, so werden die Schnittflächen von Kurven berandet, die man als **Kegelschnitte** bezeichnet.

Abhängig vom Verhältnis des Schnittwinkels α, den die Schnittebene mit der Kegelachse einschließt, zum (halben) Öffnungswinkel φ des Kegels ist die entstehende Kurve eine **Ellipse** ($\alpha > \varphi$), eine **Parabel** ($\alpha = \varphi$) oder eine **Hyperbel** ($\alpha < \varphi$).
Der **Kreis** ist ein Sonderfall der Ellipse ($\alpha = 90°$). Beim Schnitt durch S entstehen entartete Kegelschnitte (Geradenpaar bzw. Punkt)

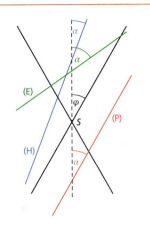

Kegelschnitte im Koordinatensystem (Mittelpunkts- bzw. Scheitelpunktslage)

Ellipse

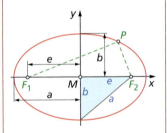

Es gilt: $\overline{PF_1} + \overline{PF_2} = 2a$

Hyperbel

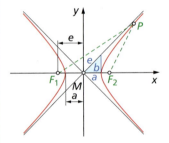

Es gilt: $|\overline{PF_1} - \overline{PF_2}| = 2a$

Parabel

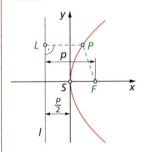

Es gilt: $\overline{PF} = \overline{PL}$

Begriff	Ellipse (a große Halbachse; b kleine Halbachse)		Hyperbel		Parabel (p Halbparameter)
Mittelpunktsgleichung bzw. Scheitelgleichung	$\frac{x^2}{a^2} + \frac{y^2}{b^2} = 1$	$M(0; 0)$	$\frac{x^2}{a^2} - \frac{y^2}{b^2} = 1$	$M(0; 0)$	$y^2 = 2px$ $S(0; 0)$
lineare Exzentrizität	$e = \sqrt{a^2 - b^2}$		$e = \sqrt{a^2 + b^2}$		–
Brennpunkt(e)	$F_{1;2}(\pm e; 0)$		$F_{1;2}(\pm e; 0)$		$F\left(\frac{p}{2}; 0\right)$ Leitlinie l: $x = -\frac{p}{2}$
Tangente in P_1	$\frac{xx_1}{a^2} + \frac{yy_1}{b^2} = 1$		$\frac{xx_1}{a^2} - \frac{yy_1}{b^2} = 1$		$yy_1 = p(x + x_1)$
Normale durch P_1	$y - y_1 = \frac{a^2 y_1}{b^2 x_1}(x - x_1)$		$y - y_1 = -\frac{a^2 y_1}{b^2 x_1}(x - x_1)$		$y - y_1 = -\frac{y_1}{p}(x - x_1)$
Asymptoten	–		$\frac{x}{a} \pm \frac{y}{b} = 0$		–
achsenparallele Lage $M(c; d)$ bzw. $S(c; d)$	$\frac{(x-c)^2}{a^2} + \frac{(y-d)^2}{b^2} = 1$		$\frac{(x-c)^2}{a^2} - \frac{(y-d)^2}{b^2} = 1$		$(y-d)^2 = 2p(x-c)$

Vektorrechnung und analytische Geometrie des Raumes

Begriff des Vektors

Eine nichtleere Menge V heißt (reeller) **Vektorraum**, wenn für ihre Elemente (die **Vektoren**) eine Addition sowie eine Vielfachbildung (Multiplikation mit reellen Zahlen, sog. skalare Multiplikation) so definiert sind, dass für alle $\vec{a}, \vec{b}, \vec{c} \in V$ und alle $r, s \in \mathbb{R}$ die folgenden Gesetze gelten:

(1) $\vec{a} + \vec{b} = \vec{b} + \vec{a}$ (Kommutativgesetz der Addition)
(2) $(\vec{a} + \vec{b}) + \vec{c} = \vec{a} + (\vec{b} + \vec{c})$ (Assoziativgesetz der Addition)
(3) Es gibt ein Element $\vec{o} \in V$, sodass für alle $\vec{a} \in V$ gilt: (Existenz eines Nullelements)
$\vec{a} + \vec{o} = \vec{a}$
(4) Zu jedem $\vec{a} \in V$ gibt es in V ein Element $-\vec{a}$ mit (Existenz eines entgegengesetzten Elements)
$\vec{a} + (-\vec{a}) = \vec{o}$.
(5) $r(s\vec{a}) = (rs)\vec{a}$ (7) $(r + s)\vec{a} = r\vec{a} + s\vec{a}$ (Rechengesetze der Vielfachbildung)
(6) $r(\vec{a} + \vec{b}) = r\vec{a} + r\vec{b}$ (8) $1\vec{a} = \vec{a}$

Die Menge der **Verschiebungen** einer Ebene bzw. des Raumes bildet einen Vektorraum.
Die zu einer Verschiebung gehörende Menge (Äquivalenzklasse) gleich langer, zueinander paralleler und gleich orientierter Pfeile wird als **Schubvektor** bzw. **geometrischer Vektor** bezeichnet. Jeder Pfeil der Menge ist ein Repräsentant des Vektors.
Ein (Schub-)Vektor ist eine durch Betrag (Länge), Richtung und Orientierung (Durchlaufsinn) gekennzeichnete Größe (vereinfachter Vektorbegriff).

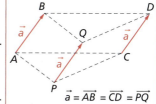

$\vec{a} = \overrightarrow{AB} = \overrightarrow{CD} = \overrightarrow{PQ}$

Nullvektor $\vec{o}$	Vektor mit dem Betrag 0 und unbestimmter Richtung (identische Abbildung in der Menge der Verschiebungen)
Einheitsvektor	Vektor mit dem Betrag 1
entgegengesetzter Vektor von $\vec{a}$	Vektor mit gleichem Betrag und gleicher Richtung, aber entgegengesetzter Orientierung wie $\vec{a}$

Linearkombination; Basis

Linearkombination	Ein Vektor $\vec{b}$ heißt **Linearkombination** der Vektoren $\vec{a}_1, \vec{a}_2, \ldots, \vec{a}_n$, wenn es reelle Zahlen $r_1, r_2, \ldots, r_n$ gibt, sodass gilt: $\vec{b} = r_1\vec{a}_1 + r_2\vec{a}_2 + \ldots + r_n\vec{a}_n$
lineare Unabhängigkeit	Die Vektoren $\vec{a}_1, \vec{a}_2, \ldots, \vec{a}_n$ heißen **linear unabhängig** genau dann, wenn die Gleichung $r_1\vec{a}_1 + r_2\vec{a}_2 + \ldots + r_n\vec{a}_n = \vec{o}$ ($r_i \in \mathbb{R}$) nur für $r_1 = r_2 = \ldots = r_n = 0$ lösbar ist (d.h., wenn sich keiner der Vektoren als Linearkombination der übrigen darstellen lässt).
lineare Abhängigkeit	Anderenfalls heißen die Vektoren $\vec{a}_1, \vec{a}_2, \ldots, \vec{a}_n$ **linear abhängig**.
Basis $\{\vec{a}_1, \vec{a}_2, \ldots, \vec{a}_n\}$	Die Vektoren $\vec{a}_1, \vec{a}_2, \ldots, \vec{a}_n$ heißen **Basis** des Vektorraumes V genau dann, wenn sie linear unabhängig sind und jeder Vektor $\vec{x} \in V$ als Linearkombination dieser Vektoren darstellbar ist, d.h., wenn gilt: $\vec{x} = r_1\vec{a}_1 + r_2\vec{a}_2 + \ldots + r_n\vec{a}_n$ ($r_i \in \mathbb{R}$) Die reellen Zahlen $r_1, r_2, \ldots, r_n$ werden die **Koordinaten** und die Vektoren $r_1\vec{a}_1, r_2\vec{a}_2, \ldots, r_n\vec{a}_n$ die **Komponenten** von $\vec{x}$ bezüglich der Basis $\{\vec{a}_1, \vec{a}_2, \ldots, \vec{a}_n\}$ genannt.
Dimension	Die Anzahl der Vektoren einer Basis (d.h. die maximale Anzahl linear unabhängiger Vektoren) des Vektorraumes V nennt man dessen **Dimension**. Der euklidische Anschauungsraum ist dreidimensional; jedes Tripel linear unabhängiger Vektoren bildet eine Basis.
Koordinatensystem $(O; \vec{a}_1, \vec{a}_2, \ldots, \vec{a}_n)$	Ein Punkt O sowie eine Basis $\{\vec{a}_1, \vec{a}_2, \ldots, \vec{a}_n\}$ legen ein **Koordinatensystem** fest.

Vektoren im kartesischen Koordinatensystem

Begriff des kartesischen Koordinatensystems	Ein Koordinatensystem $(O; \vec{i}; \vec{j}; \vec{k})$ heißt **kartesisches (orthonormiertes) Koordinatensystem** genau dann, wenn gilt: $\vert\vec{i}\vert = \vert\vec{j}\vert = \vert\vec{k}\vert = 1$ $\sphericalangle(\vec{i}, \vec{j}) = \sphericalangle(\vec{j}, \vec{k}) = \sphericalangle(\vec{k}, \vec{i}) = 90°$ $\vec{i}, \vec{j}$ und $\vec{k}$ bilden in dieser Reihenfolge ein Rechtssystem (Rechte-Hand-Regel).	
Komponenten- bzw. Koordinatendarstellung eines Vektors $\vec{a}$	$\vec{a} = a_x\vec{i} + a_y\vec{j} + a_z\vec{k} = \begin{pmatrix}a_x\\a_y\\a_z\end{pmatrix} = (a_x; a_y; a_z)$	$a_x\vec{i}, a_y\vec{j}, a_z\vec{k}$ Komponenten von $\vec{a}$ a_x, a_y, a_z Koordinaten von $\vec{a}$
Ortsvektor $\vec{p}_1$ eines Punktes $P_1(x_1; y_1; z_1)$	$\vec{p}_1 = \overrightarrow{OP_1} = x_1\vec{i} + y_1\vec{j} + z_1\vec{k}$	
Vektor durch zwei Punkte P_1 und P_2	$\overrightarrow{P_1P_2} = \vec{p}_2 - \vec{p}_1 = (x_2 - x_1)\vec{i} + (y_2 - y_1)\vec{j} + (z_2 - z_1)\vec{k} = \begin{pmatrix}x_2 - x_1\\y_2 - y_1\\z_2 - z_1\end{pmatrix}$	
Betrag eines Vektors $\vec{a}$	$\vert\vec{a}\vert = a = \sqrt{a_x^2 + a_y^2 + a_z^2}$	
Länge einer Strecke s	$s = \overline{P_1P_2} = \vert\overrightarrow{P_1P_2}\vert = \sqrt{(x_2 - x_1)^2 + (y_2 - y_1)^2 + (z_2 - z_1)^2}$	

Operationen mit Vektoren

$a_i, b_k \in \mathbb{R}$

Addition	$\vec{a} + \vec{b} = (a_x + b_x)\vec{i} + (a_y + b_y)\vec{j} + (a_z + b_z)\vec{k} = \begin{pmatrix}a_x + b_x\\a_y + b_y\\a_z + b_z\end{pmatrix}$
Subtraktion	$\vec{a} - \vec{b} = \vec{a} + (-\vec{b})$ $\vec{b} - \vec{a} = \vec{b} + (-\vec{a})$
Vielfachbildung (Multiplikation mit einem Skalar)	$r\vec{a} = ra_x\vec{i} + ra_y\vec{j} + ra_z\vec{k} = \begin{pmatrix}ra_x\\ra_y\\ra_z\end{pmatrix} = r\begin{pmatrix}a_x\\a_y\\a_z\end{pmatrix} \quad (r \in \mathbb{R})$
Skalarprodukt (Punktprodukt; inneres Produkt)	Unter dem **Skalarprodukt** $\vec{a} \cdot \vec{b}$ zweier Vektoren $\vec{a}$ und $\vec{b}$ versteht man eine reelle Zahl c, für die gilt: $\vec{a} \cdot \vec{b} = \vert\vec{a}\vert\vert\vec{b}\vert \cos\sphericalangle(\vec{a}, \vec{b})$ bzw. $c = ab\cos\gamma$ mit $\gamma = \sphericalangle(\vec{a}, \vec{b})$ Für die Einheitsvektoren $\vec{i}, \vec{j}$ und $\vec{k}$ gilt: $\vec{i} \cdot \vec{i} = \vec{j} \cdot \vec{j} = \vec{k} \cdot \vec{k} = 1$ $\vec{i} \cdot \vec{j} = \vec{i} \cdot \vec{k} = \vec{j} \cdot \vec{k} = 0$ Eigenschaften des Skalarprodukts: $\vec{a} \cdot \vec{b} = \vec{b} \cdot \vec{a}$ (Kommutativgesetz) $\vec{a} \cdot (\vec{b} + \vec{c}) = \vec{a} \cdot \vec{b} + \vec{a} \cdot \vec{c}$ (Distributivgesetz) $r(\vec{a} \cdot \vec{b}) = (r\vec{a}) \cdot \vec{b} = \vec{a} \cdot (r\vec{b})$ (Multiplikation mit einer reellen Zahl r) $\vec{a} \perp \vec{b} \Rightarrow \vec{a} \cdot \vec{b} = 0$ Berechnung des Skalarprodukts mithilfe der Koordinaten der Vektoren $\vec{a}$ und $\vec{b}$: $\vec{a} \cdot \vec{b} = a_xb_x + a_yb_y + a_zb_z$
Winkel zwischen Vektoren	$\cos\sphericalangle(\vec{a}, \vec{b}) = \dfrac{\vec{a} \cdot \vec{b}}{\vert\vec{a}\vert\vert\vec{b}\vert} = \dfrac{a_xb_x + a_yb_y + a_zb_z}{\sqrt{a_x^2 + a_y^2 + a_z^2}\sqrt{b_x^2 + b_y^2 + b_z^2}}$

Vektorrechnung und analytische Geometrie des Raumes

Vektorprodukt (Kreuzprodukt; äußeres Produkt)	Unter dem **Vektorprodukt** $\vec{a} \times \vec{b}$ zweier Vektoren $\vec{a}$ und $\vec{b}$ versteht man einen Vektor $\vec{c}$ mit folgenden Eigenschaften: (1) $|\vec{c}| = |\vec{a}||\vec{b}|\sin \sphericalangle(\vec{a}, \vec{b})$ bzw. $c = ab\sin\gamma$ mit $\gamma = \sphericalangle(\vec{a}, \vec{b})$ (2) $\vec{c} \perp \vec{a}$ und $\vec{c} \perp \vec{b}$ (3) $\vec{a}, \vec{b}$ und $\vec{c}$ bilden in dieser Reihenfolge ein Rechtssystem (falls $\vec{a}$ und $\vec{b}$ linear unabhängig). Das Vektorprodukt ist dem Betrage nach gleich dem Flächeninhalt des von $\vec{a}$ und $\vec{b}$ aufgespannten Parallelogramms. Für die Einheitsvektoren $\vec{i}, \vec{j}$ und $\vec{k}$ gilt: $\vec{i} \times \vec{i} = \vec{j} \times \vec{j} = \vec{k} \times \vec{k} = \vec{o}$ $\vec{i} \times \vec{j} = \vec{k};\quad \vec{i} \times \vec{k} = -\vec{j};\quad \vec{j} \times \vec{k} = \vec{i}$ Eigenschaften des Vektorprodukts: $\vec{a} \times \vec{b} = -(\vec{b} \times \vec{a})$ (Alternativgesetz) $\vec{a} \times (\vec{b} + \vec{c}) = \vec{a} \times \vec{b} + \vec{a} \times \vec{c}$ (Distributivgesetz) $r(\vec{a} \times \vec{b}) = (r\vec{a}) \times \vec{b} = \vec{a} \times (r\vec{b})$ (Multiplikation mit einer reellen Zahl r) $\vec{a}, \vec{b}$ kollinear $\Rightarrow \vec{a} \times \vec{b} = \vec{o}$ Berechnung des Vektorprodukts mithilfe der Koordinaten von $\vec{a}$ und $\vec{b}$ (Komponenten- bzw. Koordinatendarstellung von $\vec{a} \times \vec{b}$): $$\vec{a} \times \vec{b} = \begin{vmatrix} \vec{i} & \vec{j} & \vec{k} \\ a_x & a_y & a_z \\ b_x & b_y & b_z \end{vmatrix} = (a_y b_z - a_z b_y)\vec{i} + (a_z b_x - a_x b_z)\vec{j} + (a_x b_y - a_y b_x)\vec{k} = \begin{pmatrix} a_y b_z - a_z b_y \\ a_z b_x - a_x b_z \\ a_x b_y - a_y b_x \end{pmatrix}$$
Flächeninhalte	Flächeninhalt des von den Vektoren $\vec{a}$ und $\vec{b}$ aufgespannten Parallelogramms $ABCD$: $A = |\vec{a} \times \vec{b}| = ab\sin\gamma$ Flächeninhalt des von $\vec{a}$ und $\vec{b}$ aufgespannten Dreiecks ABD: $A = \frac{1}{2}|\vec{a} \times \vec{b}| = \frac{1}{2}ab\sin\gamma$

Weitere Produkte von Vektoren

Spatprodukt	$(\vec{a} \times \vec{b}) \cdot \vec{c} = \vec{a} \cdot (\vec{b} \times \vec{c}) = \begin{vmatrix} a_x & a_y & a_z \\ b_x & b_y & b_z \\ c_x & c_y & c_z \end{vmatrix} = (a_y b_z - a_z b_y)c_x + (a_z b_x - a_x b_z)c_y + (a_x b_y - a_y b_x)c_z$ Das Spatprodukt ist eine reelle Zahl. Sind die Vektoren $\vec{a}, \vec{b}$ und $\vec{c}$ komplanar, so ist es gleich null.
Volumen eines Spates	Das Spatprodukt ist dem Betrage nach gleich dem Volumen des von $\vec{a}, \vec{b}$ und $\vec{c}$ aufgespannten Spates (Parallelepipeds). 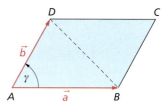 Für dessen Volumen gilt: $V = |(\vec{a} \times \vec{b}) \cdot \vec{c}|$
doppeltes Vektorprodukt	$\vec{a} \times (\vec{b} \times \vec{c}) = (\vec{a} \cdot \vec{c})\vec{b} - (\vec{a} \cdot \vec{b})\vec{c}$ Das doppelte Vektorprodukt ergibt einen Vektor, der in der Ebene der Vektoren $\vec{b}$ und $\vec{c}$ liegt.

Geraden

$a_i, b_k, t \in \mathbb{R}$

Punktrichtungs-gleichung	Gerade durch den Punkt P_0 mit dem Richtungsvektor $\vec{a}$: $\vec{x} = \overrightarrow{OP_0} + t\vec{a} = \vec{p}_0 + t\vec{a}$ (t Parameter) Schreibweise unter Verwendung von Koordinaten (im Raum bzw. in der xy-Ebene): $\begin{pmatrix} x \\ y \\ z \end{pmatrix} = \begin{pmatrix} x_0 \\ y_0 \\ z_0 \end{pmatrix} + t\begin{pmatrix} a_x \\ a_y \\ a_z \end{pmatrix}$ bzw. $\begin{pmatrix} x \\ y \end{pmatrix} = \begin{pmatrix} x_0 \\ y_0 \end{pmatrix} + t\begin{pmatrix} a_x \\ a_y \end{pmatrix}$	
Zweipunkte-gleichung	Gerade durch die Punkte P_1 und P_2: $\vec{x} = \overrightarrow{OP_1} + t\overrightarrow{P_1P_2} = \vec{p}_1 + t(\vec{p}_2 - \vec{p}_1)$ (t Parameter) Schreibweise unter Verwendung von Koordinaten (im Raum bzw. in der xy-Ebene): $\begin{pmatrix} x \\ y \\ z \end{pmatrix} = \begin{pmatrix} x_1 \\ y_1 \\ z_1 \end{pmatrix} + t\begin{pmatrix} x_2 - x_1 \\ y_2 - y_1 \\ z_2 - z_1 \end{pmatrix}$ bzw. $\begin{pmatrix} x \\ y \end{pmatrix} = \begin{pmatrix} x_1 \\ y_1 \end{pmatrix} + t\begin{pmatrix} x_2 - x_1 \\ y_2 - y_1 \end{pmatrix}$	
hessesche Normal(en)form (der Geradengleichung)	In der xy-Ebene gilt: $(\vec{x} - \vec{p}_0) \cdot \vec{n}^0 = 0$ mit $\vec{n}^0 = \dfrac{\vec{n}}{|\vec{n}|}$ ($P_0 \in g$; $\vec{n} \perp g$) $\vec{n}$ Normalenvektor der Geraden g $\vec{n}^0$ Normaleneinheitsvektor	

Ebenen

$a_i, b_k, r, s, A, B, C, D \in \mathbb{R}$

Punktrichtungs-gleichung	Ebene durch den Punkt P_0 und mit den Richtungsvektoren $\vec{a}$ und $\vec{b}$: $\vec{x} = \overrightarrow{OP_0} + r\vec{a} + s\vec{b} = \vec{p}_0 + r\vec{a} + s\vec{b}$ (r, s Parameter) Schreibweise unter Verwendung von Koordinaten: $\begin{pmatrix} x \\ y \\ z \end{pmatrix} = \begin{pmatrix} x_0 \\ y_0 \\ z_0 \end{pmatrix} + r\begin{pmatrix} a_x \\ a_y \\ a_z \end{pmatrix} + s\begin{pmatrix} b_x \\ b_y \\ b_z \end{pmatrix}$	
Dreipunktegleichung	Ebene durch die Punkte P_1, P_2 und P_3: $\vec{x} = \overrightarrow{OP_1} + r\overrightarrow{P_1P_2} + s\overrightarrow{P_1P_3} = \vec{p}_1 + r(\vec{p}_2 - \vec{p}_1) + s(\vec{p}_3 - \vec{p}_1)$ (r, s Parameter)	
allgemeine Form (der Ebenengleichung)	Parameterfreie Darstellung (Koordinatendarstellung): $Ax + By + Cz + D = 0$ ($A, B, C, D \in \mathbb{R}$; $A^2 + B^2 + C^2 > 0$)	
hessesche Normal(en)form (der Ebenengleichung)	$(\vec{x} - \vec{p}_0) \cdot \vec{n}^0 = 0$ mit $\vec{n}^0 = \dfrac{\vec{n}}{|\vec{n}|}$; $P_0 \in \varepsilon$ $\vec{n}$ Normalenvektor der Ebene ε $\vec{n}^0$ Normaleneinheitsvektor Koordinatendarstellung: $\dfrac{Ax + By + Cz + D}{\sqrt{A^2 + B^2 + C^2}} = 0$ $\vec{n} = \begin{pmatrix} A \\ B \\ C \end{pmatrix}$	

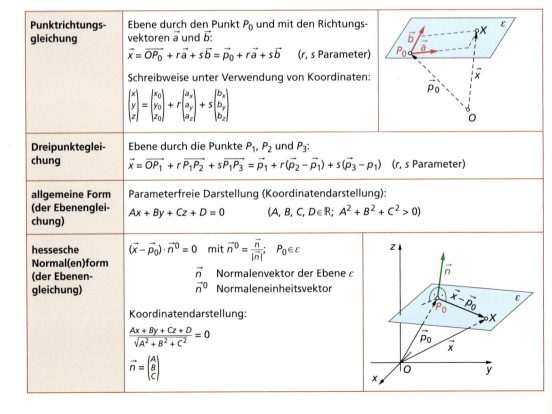

Lagebeziehungen

$a_i, b_k, r, t \in \mathbb{R}$

Lagebeziehung zweier Geraden	Für Geraden g und h mit g: $\vec{x} = \vec{p_0} + t\vec{a}$ und h: $\vec{x} = \vec{p_1} + r\vec{b}$ gibt es folgende Lagebeziehungen:
	1. g und h liegen in einer Ebene genau dann, wenn die Vektoren $\vec{a}, \vec{b}$ und $\vec{p_1} - \vec{p_0}$ linear abhängig sind
	   a) g und h sind zueinander **parallel** ($\vec{a}$ und $\vec{b}$ linear abhängig)
	   b) g und h **schneiden** einander in genau einem Punkt S ($\vec{a}$ und $\vec{b}$ linear unabhängig)
	2. g und h sind zueinander **windschief** genau dann, wenn die Vektoren $\vec{a}, \vec{b}$ und $\vec{p_1} - \vec{p_0}$ linear unabhängig sind.	

Schnittpunkt zweier Geraden	Die Koordinaten des **Schnittpunktes** S lassen sich folgendermaßen berechnen: $\begin{pmatrix} x_S \\ y_S \\ z_S \end{pmatrix} = \begin{pmatrix} x_0 \\ y_0 \\ z_0 \end{pmatrix} + t_S \begin{pmatrix} a_x \\ a_y \\ a_z \end{pmatrix} = \begin{pmatrix} x_1 \\ y_1 \\ z_1 \end{pmatrix} + r_S \begin{pmatrix} b_x \\ b_y \\ b_z \end{pmatrix}$	
Schnittwinkel φ ($0 \leq \varphi \leq 90°$)	Winkel zwischen (einander schneidenden) Geraden g und h: $\cos\varphi = \frac{|\vec{a} \cdot \vec{b}|}{|\vec{a}||\vec{b}|}$ ($\vec{a}, \vec{b}$ Richtungsvektoren von g, h)	
	Winkel zwischen Gerade g und Ebene ε: $\sin\varphi = \frac{|\vec{a} \cdot \vec{n}|}{|\vec{a}||\vec{n}|}$ ($\vec{a}$ Richtungsvektor von g; $\vec{n}$ Normalenvektor von ε)	
	Winkel zwischen Ebenen ε_1 und ε_2: $\cos\varphi = \frac{|\vec{m} \cdot \vec{n}|}{|\vec{m}||\vec{n}|}$ ($\vec{m}, \vec{n}$ Normalenvektoren von $\varepsilon_1, \varepsilon_2$)	
Abstände	Abstand eines Punktes P_1 von einer Geraden g bzw. Ebene ε: $d = |(\vec{p_1} - \vec{p_0}) \cdot \vec{n}^0|$ (mit $(\vec{x} - \vec{p_0}) \cdot \vec{n}^0 = 0$ hessesche Normalform von g bzw. ε)	
	Abstand windschiefer Geraden g, h: $d = |(\vec{p_0} - \vec{q_0}) \cdot \vec{n}^0|$ ($P_0 \in g$, $Q_0 \in h$; $\vec{n}^0$ Normaleneinheitsvektor von g und h)	

Kugel (und Kreis)

$c, d, e, r \in \mathbb{R}; r > 0$

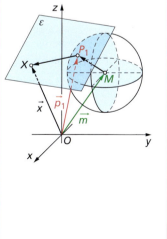

Gleichung (allgemeine Lage)	Kugel mit Mittelpunkt $M(c; d; e)$ und Radius r: $(\vec{x} - \vec{m})^2 = r^2$ bzw. $(x - c)^2 + (y - d)^2 + (z - e)^2 = r^2$ In der xy-Ebene beschreibt die vektorielle Gleichung $(\vec{x} - \vec{m})^2 = r^2$ einen **Kreis** mit dem Mittelpunkt $M(c; d)$ und dem Radius r. (Koordinatendarstellung des Kreises ↗ S. 41)
Mittelpunkts-gleichung	Kugel k mit Mittelpunkt $M(0; 0; 0)$ und Radius r: $\vec{x}^2 = r^2$ bzw. $x^2 + y^2 + z^2 = r^2$
Tangential-ebene in P_1	Tangentialebene ε im Berührungspunkt P_1 an die Kugel k mit Mittelpunkt $M(c; d; e)$ und Radius r: $(\vec{x} - \vec{m}) \cdot (\vec{p_1} - \vec{m}) = r^2$ bzw. $(x - c)(x_1 - c) + (y - d)(y_1 - d) + (z - e)(z_1 - e) = r^2$ Darstellung in hessescher Normalform (mit dem Radiusvektor $\vec{p_1} - \vec{m}$ als Normalenvektor): $(\vec{x} - \vec{p_1}) \cdot (\vec{p_1} - \vec{m}) = 0$

Kombinatorik

Grundbegriffe

$n, k \in \mathbb{N}; \; a, b \in \mathbb{R}$

Fakultät	$n! = 1 \cdot 2 \cdot 3 \cdot \ldots \cdot (n-1) \cdot n = \prod_{k=1}^{n} k \quad (n > 1)$ $0! = 1 \quad 1! = 1$ Es gilt: $(n+1)! = (n+1) \cdot n!$	(Sprechweise: „*n* Fakultät")
Binomial-koeffizienten	$\binom{n}{k} = \frac{n \cdot (n-1) \cdot (n-2) \cdot \ldots \cdot [n-(k-1)]}{1 \cdot 2 \cdot 3 \cdot \ldots \cdot k} = \frac{n!}{k!(n-k)!} \quad (0 < k \leq n)$ $\binom{n}{0} = 1$ *Rechenregeln:* $\binom{n}{k} = \binom{n}{n-k} \qquad \binom{n}{k} + \binom{n}{k+1} = \binom{n+1}{k+1}$	(Sprechweise: „*n* über *k*")
Potenzen von Binomen (binomischer Satz)	$(a+b)^n = \binom{n}{0}a^n + \binom{n}{1}a^{n-1}b + \binom{n}{2}a^{n-2}b^2 + \ldots + \binom{n}{n-1}ab^{n-1} + \binom{n}{n}b^n = \sum_{k=0}^{n}\binom{n}{k}a^{n-k}b^k$ $(a \pm b)^0 = 1$ $(a \pm b)^1 = a \pm b$ $(a \pm b)^2 = a^2 \pm 2ab + b^2$ $(a \pm b)^3 = a^3 \pm 3a^2b + 3ab^2 \pm b^3$ $(a \pm b)^4 = a^4 \pm 4a^3b + 6a^2b^2 \pm 4ab^3 + b^4$ $(a \pm b)^5 = a^5 \pm 5a^4b + 10a^3b^2 \pm 10a^2b^3 + 5ab^4 \pm b^5$ …	$\begin{array}{ccccccc} & & & 1 & & & \\ & & 1 & & 1 & & \\ & 1 & & 2 & & 1 & \\ 1 & & 3 & & 3 & & 1 \\ 1 & 4 & & 6 & & 4 & 1 \\ & & & \ldots & & & \end{array}$ pascalsches Zahlendreieck

Anordnungen und ihre Interpretation mithilfe des Urnenmodells

$n, k, n_k \in \mathbb{N}^*$

Permutationen	Jede mögliche Anordnung von *n* Elementen, in der alle Elemente verwendet werden, heißt **Permutation** dieser Elemente.
	Anzahl der **Permutationen** von *n* verschiedenen Elementen **ohne Wiederholung**: $P_n = n!$ P_n gibt die Anzahl der Möglichkeiten an, eine geordnete Stichprobe *ohne Zurücklegen* vom Umfang *n* aus einer Urne mit *n* unterscheidbaren Kugeln zu entnehmen.
	Anzahl der **Permutationen** von *n* Elementen **mit Wiederholung**: ${}^W P_n = \frac{n!}{n_1! \cdot n_2! \cdot \ldots \cdot n_k!}$ (mit $n_1 + n_2 + \ldots + n_k = n$) ${}^W P_n$ gibt die Anzahl der Möglichkeiten an, eine geordnete Stichprobe *mit Zurücklegen* vom Umfang *n* aus einer Urne mit *k* unterscheidbaren Kugeln so zu entnehmen, dass diese Kugeln jeweils mit einer Häufigkeit von $n_1, n_2, \ldots$ bzw. n_k gezogen werden.
Variationen	Jede mögliche Anordnung (mit Berücksichtigung der Reihenfolge) aus je *k* von *n* Elementen heißt **Variation** dieser Elemente (Variation von *n* Elementen zur *k*-ten Klasse).
	Anzahl der **Variationen** *k*-ter Klasse von *n* verschiedenen Elementen **ohne Wiederholung**: $V_n^k = \frac{n!}{(n-k)!} = \binom{n}{k} \cdot k! \quad (k \leq n)$ V_n^k gibt die Anzahl der Möglichkeiten an, eine geordnete Stichprobe *ohne Zurücklegen* vom Umfang *k* aus einer Urne mit *n* unterscheidbaren Kugeln zu entnehmen.
	Anzahl der **Variationen** *k*-ter Klasse von *n* verschiedenen Elementen **mit Wiederholung**: ${}^W V_n^k = n^k$ ${}^W V_n^k$ gibt die Anzahl der Möglichkeiten an, eine geordnete Stichprobe *mit Zurücklegen* vom Umfang *k* aus einer Urne mit *n* unterscheidbaren Kugeln zu entnehmen.

Kombi-nationen	Jede mögliche Anordnung (ohne Berücksichtigung der Reihenfolge) aus je k von n Elementen heißt **Kombination** dieser Elemente (Kombination von n Elementen zur k-ten Klasse).
	Anzahl der Kombinationen k-ter Klasse von n verschiedenen Elementen **ohne Wiederholung**: $$C_n^k = \binom{n}{k} \quad (k \leq n)$$ C_n^k gibt die Anzahl der Möglichkeiten an, eine ungeordnete Stichprobe *ohne Zurücklegen* vom Umfang k aus einer Urne mit n unterscheidbaren Kugeln zu entnehmen.
	Anzahl der **Kombinationen** k-ter Klasse von n verschiedenen Elementen **mit Wiederholung**: $$^W C_n^k = \binom{n+k-1}{k}$$ $^W C_n^k$ gibt die Anzahl der Möglichkeiten an, eine ungeordnete Stichprobe *mit Zurücklegen* vom Umfang k aus einer Urne mit n unterscheidbaren Kugeln zu entnehmen.

Beschreibende Statistik

Lagemaße statistischer Untersuchungen

$n, k \in \mathbb{N}^*; n \geq 2$

Modalwert (Modus) m	häufigster Wert unter den Ergebnissen einer Stichprobe
Mittelwert (arithmetisches Mittel) $\bar{x}$	Für eine Stichprobe vom Umfang n aus einer Grundgesamtheit gilt: $$\bar{x} = \frac{x_1 + x_2 + \ldots + x_n}{n} = \frac{1}{n}\sum_{i=1}^{n} x_i \qquad (\nearrow \text{S. 13})$$
gewogenes arithmetisches Mittel	Für die bei einer Stichprobe vom Umfang n mit den absoluten Häufigkeiten $H_1, H_2, \ldots,$ bzw. H_k auftretenden Werte (Ergebnisse) $x_1, x_2, \ldots, x_k$ gilt: $$\bar{x} = \frac{H_1 \cdot x_1 + H_2 \cdot x_2 + \ldots + H_k \cdot x_k}{n} \qquad (k \leq n)$$ bzw. (unter Verwendung der relativen Häufigkeiten $h_1, h_2, \ldots$ bzw. h_k) $$\bar{x} = h_1 \cdot x_1 + h_2 \cdot x_2 + \ldots + h_k \cdot x_k \qquad (k \leq n)$$
geometrisches Mittel g	$g = \sqrt[n]{x_1 \cdot x_2 \cdot \ldots \cdot x_n} \qquad (x_i > 0 \text{ für } i = 1, 2, \ldots, n) \qquad (\nearrow \text{S. 13})$
harmonisches Mittel h	$h = \frac{n}{\frac{1}{x_1} + \frac{1}{x_2} + \ldots + \frac{1}{x_n}} = \frac{n}{\sum_{i=1}^{n}\frac{1}{x_i}} \quad (x_i > 0 \text{ für } i = 1, 2, \ldots, n) \quad (\nearrow \text{S. 13})$
Zentralwert (Median) z	in der Mitte stehender Wert der nach der Größe geordneten Ergebnisse einer Stichprobe (gegebenenfalls Mittelwert der zwei in der Mitte stehenden Ergebnisse)

Streumaße statistischer Untersuchungen

$n \in \mathbb{N}^*$

Spannweite (Streu- oder Variationsbreite) w	Differenz zwischen größtem und kleinstem Ergebnis einer Stichprobe: $w = x_{\max} - x_{\min}$
Halbweite H	Differenz zwischen dem oberen und dem unteren Viertelwert (**Quartil**): $H = x_{3/4} - x_{1/4}$ ($x_{3/4}$ und $x_{1/4}$ sind die in der Mitte der oberen bzw. unteren Hälfte der Datenreihe stehenden Werte)
mittlere (lineare) Abweichung d vom Mittelwert	$d = \frac{|x_1 - \bar{x}| + |x_2 - \bar{x}| + \ldots + |x_n - \bar{x}|}{n} = \frac{1}{n}\sum_{i=1}^{n}|x_i - \bar{x}|$

(empirische) Varianz (Streuung) s^2	Für Stichproben vom Umfang n gilt: $s^2 = \frac{(x_1-\bar{x})^2+(x_2-\bar{x})^2+\ldots+(x_n-\bar{x})^2}{n-1} = \frac{1}{n-1}\sum_{i=1}^{n}(x_i-\bar{x})^2$
Standardabweichung s	$s = \sqrt{s^2}$ $(s \geq 0)$
Varianz (Streuung) σ^2	Für Grundgesamtheiten vom Umfang N gilt: $\sigma^2 = \frac{(x_1-\mu)^2+(x_2-\mu)^2+\ldots+(x_N-\mu)^2}{N} = \frac{1}{N}\sum_{i=1}^{N}(x_i-\mu)^2$ mit $\mu = \frac{1}{N}\sum_{i=1}^{N}x_i$

Korrelationskoeffizient und Regressionsgerade

Der Grad des Zusammenhangs der Merkmale X und Y, für die n Paare von Einzelwerten $(x_i; y_i)$ vorliegen, wird durch den **Korrelationskoeffizienten** r_{xy} beschrieben:

$$r_{xy} = \frac{\sum_{i=1}^{n}(x_i-\bar{x})(y_i-\bar{y})}{\sqrt{\sum_{i=1}^{n}(x_i-\bar{x})^2 \cdot \sum_{i=1}^{n}(y_i-\bar{y})^2}} = \frac{\sum_{i=1}^{n}x_iy_i - \frac{1}{n}\sum_{i=1}^{n}x_i\sum_{i=1}^{n}y_i}{\sqrt{\sum_{i=1}^{n}x_i^2 - \frac{1}{n}\left(\sum_{i=1}^{n}x_i\right)^2} \cdot \sqrt{\sum_{i=1}^{n}y_i^2 - \frac{1}{n}\left(\sum_{i=1}^{n}y_i\right)^2}}$$

$\bar{x}, \bar{y}$ Mittelwerte von x_i bzw. y_i

Gleichung der zur Vorhersage von y-Werten dienenden **Regressionsgeraden**:

$y - \bar{y} = \frac{r_{xy}s_y}{s_x}(x - \bar{x})$ $\bar{x}, \bar{y}$ Mittelwerte von x_i bzw. y_i
     s_x, s_y Standardabweichungen von x_i bzw. y_i

Wahrscheinlichkeitsrechnung

Grundlegende Begriffe

Zufallsversuch (Zufallsexperiment)	Versuch mit mehreren möglichen Ergebnissen $x_1, x_2, \ldots, x_n$
Ergebnismenge (Stichprobenraum) Ω	Menge aller möglichen Ergebnisse $\Omega = \{x_1, x_2, \ldots, x_n\}$
Ereignis E Ereignismenge	Teilmenge der Ergebnismenge Ω ($E \subseteq \Omega$) Menge aller Teilmengen von Ω (Potenzmenge 2^Ω)
spezielle Ereignisse	**Sicheres Ereignis:** Ereignis, das bei jeder Versuchsdurchführung eintritt ($E = \Omega$) **Unmögliches Ereignis:** Ereignis, das bei keiner Versuchsdurchführung eintritt ($E = \emptyset$) **Elementarereignis (atomares Ereignis):** Ereignis mit genau einem Ergebnis x ($E = \{x\}$)
Gegenereignis $\bar{E}$	Komplementärmenge von E (Ereignis, das genau dann eintritt, wenn E nicht eintritt)
absolute Häufigkeit $H_n(x_i)$ bzw. $H_n(E)$	Anzahl des Eintretens des Ergebnisses x_i bzw. des Ereignisses E bei n Versuchsdurchführungen
relative Häufigkeit $h_n(x_i)$ bzw. $h_n(E)$	$h_n(x_i) = \frac{H_n(x_i)}{n}$ bzw. $h_n(E) = \frac{H_n(E)}{n}$
Bernoulli-Versuch (**Bernoulli**-Experiment)	Zufallsversuch mit genau zwei möglichen Ergebnissen, d. h. Vorgang mit zufälligem Ergebnis, bei dem nur zwischen *Erfolg* und *Misserfolg* unterschieden wird

Wahrscheinlichkeitsrechnung

Wahrscheinlichkeit und ihre grundlegenden Eigenschaften
$A, E, E_1, E_2 \subseteq \Omega$

Bei einer hinreichend großen Anzahl von Versuchen kann die relative Häufigkeit des Eintretens eines Ereignisses E als Maß für dessen **Wahrscheinlichkeit** gewählt werden.
Der Zahlenwert für die Wahrscheinlichkeit des Ereignisses E wird mit $P(E)$ bezeichnet.

Gleichverteilung (klassische Wahrscheinlichkeit)

Ein Zufallsversuch (Zufallsexperiment), bei dem alle Elementarereignisse die gleiche Wahrscheinlichkeit haben, heißt LAPLACE-Experiment. Für jedes $E \subseteq \Omega$ gilt:

$P(E) = \dfrac{\text{Anzahl der für } E \text{ günstigen Ergebnisse}}{\text{Anzahl der möglichen Ergebnisse}}$

Regeln und Sätze für das Rechnen mit Wahrscheinlichkeiten

(1) $0 \leq P(E) \leq 1$
(2) $A = \{x_1, x_2, \ldots, x_k\} \subseteq \Omega$
$\Rightarrow P(A) = P(\{x_1\}) + P(\{x_2\}) + \ldots + P(\{x_k\})$ — Summenregel für Elementarereignisse
(3) $P(\Omega) = 1$ — Wahrscheinlichkeit des sicheren Ereignisses
(4) $P(\emptyset) = 0$ — Wahrscheinlichkeit des unmöglichen Ereignisses
(5) $P(\bar{E}) = 1 - P(E)$ — Wahrscheinlichkeit des Gegenereignisses
(6) $E_1 \subseteq E_2 \Rightarrow P(E_1) \leq P(E_2)$
(7) $P(E_1 \cup E_2) = P(E_1) + P(E_2) - P(E_1 \cap E_2)$ — Additionssatz für zwei Ereignisse

Mehrstufige Zufallsversuche; bedingte Wahrscheinlichkeit
$A, B, E_i, F_i \subseteq \Omega$

n-stufiger Zufallsversuch	Zusammenfassung von n (Teil-)Zufallsversuchen zu einem Zufallsversuch
Pfadregeln	**1. Pfadregel (Produktregel):** Die Wahrscheinlichkeit eines Ergebnisses (eines Elementarereignisses) in einem mehrstufigen Zufallsversuch ist gleich dem Produkt der Wahrscheinlichkeiten längs des zugehörigen Pfades im Baumdiagramm. $P(\{a_1; b_2; \ldots\}) = p_1 \cdot q_2 \cdot \ldots$ **2. Pfadregel (Summenregel):** Die Wahrscheinlichkeit eines beliebigen Ereignisses in einem Zufallsversuch ist gleich der Summe der Wahrscheinlichkeiten der für dieses Ereignis günstigen Pfade (d. h. der Pfade, bei denen das Ereignis eintritt).
BERNOULLI-Kette	Wird ein BERNOULLI-Versuch insgesamt n-mal unabhängig voneinander (nacheinander) durchgeführt, so spricht man von einer BERNOULLI-Kette der Länge n.
bernoullische Formel	Für die Wahrscheinlichkeit des Auftretens von genau k Erfolgen bei einer BERNOULLI-Kette der Länge n gilt: $P(\text{genau } k \text{ Erfolge}) = \binom{n}{k} \cdot p^k \cdot (1-p)^{n-k}$ (↗ Binomialverteilung, S. 53)

bedingte Wahrscheinlichkeit $P_B(A)$	Wahrscheinlichkeit des Ereignisses A unter der Voraussetzung, dass das Ereignis B mit einer bestimmten Wahrscheinlichkeit bereits eingetreten ist: $P_B(A) = \frac{P(A \cap B)}{P(B)}$ (für $P(B) > 0$)
unabhängige Ereignisse	Das Eintreten des einen Ereignisses hat keinen Einfluss auf das Eintreten des anderen. A und B sind genau dann voneinander **unabhängig,** wenn gilt: $P_B(A) = P(A)$ bzw. $P_A(B) = P(B)$
Multiplikationssatz (Verallgemeinerung der 1. Pfadregel)	Für die Wahrscheinlichkeit, dass sowohl A als auch B eintritt, gilt: $P(A \cap B) = P(A) \cdot P_A(B) = P(B) \cdot P_B(A)$ (für $P(A), P(B) > 0$) Spezialfall für unabhängige Ereignisse A und B: $P(A \cap B) = P(A) \cdot P(B)$
Satz der totalen Wahrscheinlichkeit (Verallgemeinerung der 2. Pfadregel)	Bilden $B_1, B_2, ..., B_n$ eine **Zerlegung** von Ω, d.h., ist $B_1 \cup B_2 \cup ... \cup B_n = \Omega$ und $B_i \cap B_j = \emptyset$ (für $i \neq j$), so gilt für jedes Ereignis $A \in 2^\Omega$: $P(A) = P(B_1) \cdot P_{B_1}(A) + P(B_2) \cdot P_{B_2}(A) + ... + P(B_n) \cdot P_{B_n}(A)$
bayessche Formel	Bilden $B_1, B_2, ..., B_n$ eine **Zerlegung** von Ω und ist A ein beliebiges Ereignis aus 2^Ω, so gilt für jedes i (mit $i = 1, 2, ..., n$): $P_A(B_i) = \frac{P(B_i) \cdot P_{B_i}(A)}{P(A)} = \frac{P(B_i) \cdot P_{B_i}(A)}{P(B_1) \cdot P_{B_1}(A) + P(B_2) \cdot P_{B_2}(A) + ... + P(B_n) \cdot P_{B_n}(A)}$

Zufallsgrößen und ihre Verteilung

Zufallsgröße (Zufallsvariable) X	Größe, die bei verschiedenen, unter gleichen Bedingungen durchgeführten Zufallsversuchen verschiedene Werte $x_1, x_2, ...$ annehmen kann
	Eine **diskrete Zufallsgröße** kann in einem Intervall nur endliche viele, eine **stetige Zufallsgröße** dagegen beliebig viele Werte annehmen.
Wahrscheinlichkeitsverteilung	Funktion, die jedem Wert x einer Zufallsgröße X seine Wahrscheinlichkeit $P(X = x) = p$ zuordnet
	Diskrete Zufallsgrößen werden durch die **Wahrscheinlichkeitsfunktion** f mit $f(x_i) = P(X = x_i) = p_i$ und $\sum_{i=1}^{n} f(x_i) = 1$, stetige Zufallsgrößen durch die **Dichtefunktion** φ mit $\int_{-\infty}^{\infty} \varphi(x)\,dx = 1$ charakterisiert.
	Die **Verteilungsfunktion** Φ mit $\Phi(x) = P(X \leq x) = \sum_{x_i < x} f(x_i)$ bzw. $\Phi(x) = P(X \leq x) = \int_{-\infty}^{x} \varphi(z)\,dz$ gibt die **summierte Wahrscheinlichkeitsverteilung** von X an.

Maße	diskrete Verteilungen	stetige Verteilungen
Erwartungswert $E(X)$ (Mittelwert μ)	$E(X) = \mu = \sum_{i=1}^{n} x_i \cdot p_i$	$E(X) = \mu = \int_{-\infty}^{\infty} x \cdot \varphi(x)\,dx$
Varianz $V(X)$ (Streuung σ^2)	$V(X) = \sigma^2 = \sum_{i=1}^{n} (x_i - \mu)^2 \cdot p_i = E[(X - \mu)^2]$	$V(X) = \sigma^2 = \int_{-\infty}^{\infty} (x - \mu)^2 \cdot \varphi(x)\,dx = E[(X - \mu)^2]$
Standardabweichung σ	$\sigma = \sqrt{V(X)}$	$\sigma = \sqrt{V(X)}$
tschebyschewsche Ungleichung	$P(|X - E(X)| \geq \alpha) \leq \frac{V(X)}{\alpha^2}$ (für $\alpha \in \mathbb{R}$ und $\alpha \geq 0$)	

Spezielle Verteilungen

Gleichverteilung	Es gibt n verschiedene Werte $x_1, x_2, \ldots, x_n$, für die gilt: $P(X = x_i) = \frac{1}{n}$ ($i = 1, 2, \ldots, n$) **Erwartungswert** und **Varianz**: Für $x_1 = 1, x_2 = 2, \ldots, x_n = n$ gilt: $E(X) = \mu = \frac{n+1}{2}$ $\qquad$ $V(X) = \sigma^2 = \frac{n^2 - 1}{12}$
hypergeometrische Verteilung	$P(X = k) = \dfrac{\binom{M}{k} \cdot \binom{N-M}{n-k}}{\binom{N}{n}}$ $\qquad$ (N, M, n Parameter) *Mögliche Interpretation:* Ziehen aus einer Urne mit weißen und schwarzen Kugeln ohne Zurücklegen N Anzahl der Kugeln in der Urne $\qquad$ M Anzahl der weißen Kugeln in der Urne n Anzahl der gezogenen Kugeln $\qquad$ k Anzahl der gezogenen weißen Kugeln **Erwartungswert** und **Varianz**: $\mu = n \cdot p$ $\qquad$ $\sigma^2 = n \cdot p \cdot (1-p) \cdot \frac{N-n}{N-1}$ $\qquad$ $\left(\text{mit } p = \frac{M}{N}\right)$
Binomialverteilung (bernoullische oder newtonsche Verteilung)	$b(n; p; k) = B_{n;\, p}(\{k\}) = P(X = k) = \binom{n}{k} \cdot p^k \cdot (1-p)^{n-k}$ $\qquad$ (n, p Parameter) *Mögliche Interpretation:* Ziehen aus einer Urne mit weißen und schwarzen Kugeln mit Zurücklegen p Anteil der weißen Kugeln in der Urne $\qquad$ n Anzahl der gezogenen Kugeln k Anzahl der gezogenen weißen Kugeln Es gilt: $b(n; p; k) = b(n; 1-p; n-k)$ **Erwartungswert** und **Varianz**: $\mu = n \cdot p$ $\qquad$ $\sigma^2 = n \cdot p \cdot (1-p)$ Summierte binomiale Wahrscheinlichkeiten: $B(n; p; k) = B_{n;\, p}(\{0; 1; 2; \ldots; k\}) = P(X \leq k) = \sum_{i=0}^{k} \binom{n}{i} \cdot p^i \cdot (1-p)^{n-i}$

Normalverteilung (stetiger Zufallsgrößen)

Eine **Normalverteilung (GAUSS-Verteilung)** einer stetigen Zufallsgröße X liegt vor, wenn für deren Dichtefunktion φ gilt:

$\varphi(x) = \dfrac{1}{\sqrt{2\pi\sigma^2}} \cdot e^{-\frac{1}{2}\left(\frac{x-\mu}{\sigma}\right)^2}$ $\qquad$ (μ Erwartungswert; σ^2 Varianz; e eulersche Zahl, ↗ S. 5)

Werden insbesondere $\mu = 0$ und $\sigma^2 = 1$ gewählt, so spricht man von einer **Standardnormalverteilung**.

Näherungsformeln für die Binomialverteilung

Für den Fall, dass bei einer Binomialverteilung n sehr groß und p sehr klein ist, gilt folgende **Näherungsformel von POISSON**:

$b(n; p; k) = P(X = k) \approx \dfrac{\mu^k \cdot e^{-\mu}}{k!}$ (e eulersche Zahl, ↗ S. 5)

Für große n kann eine Annäherung (Approximation) der Binomialverteilung durch die Normalverteilung erfolgen. Für $\mu = n \cdot p$, $\sigma = \sqrt{n \cdot p \cdot (1-p)}$ und $n \cdot p \cdot (1-p) > 9$ (als Faustregel) gelten die folgenden **Näherungsformeln von LAPLACE**:

(1) lokale Näherung

$B_{n;\, p}(\{k\}) \approx \dfrac{1}{\sigma} \cdot \varphi\left(\dfrac{k-\mu}{\sigma}\right)$ $\qquad$ mit $\varphi(z) = \dfrac{1}{\sqrt{2\pi}} e^{-\frac{1}{2}z^2}$

(2) globale Näherung

$B_{n;\, p}(\{0; 1; \ldots; k\}) \approx \Phi\left(\dfrac{k + 0{,}5 - \mu}{\sigma}\right)$ $\qquad$ mit $\Phi(x) = \int_{-\infty}^{x} \varphi(z)\, dz$

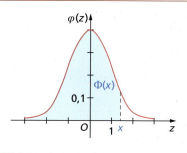

Dichtefunktionswerte $\varphi(x)$ der Standardnormalverteilung

$$\varphi(x) = \frac{1}{\sqrt{2\pi}} \cdot e^{-\frac{1}{2}x^2}$$

x	0	1	2	3	4	5	6	7	8	9
0,0	0,3989	3989	3989	3988	3986	3984	3982	3980	3977	3973
0,1	0,3970	3965	3961	3956	3951	3945	3939	3932	3925	3918
0,2	0,3910	3902	3894	3885	3876	3867	3857	3847	3836	3825
0,3	0,3814	3802	3790	3778	3765	3752	3739	3725	3712	3697
0,4	0,3683	3668	3653	3637	3621	3605	3589	3572	3555	3538
0,5	0,3521	3503	3485	3467	3448	3429	3410	3391	3372	3352
0,6	0,3332	3312	3292	3271	3251	3230	3209	3187	3166	3144
0,7	0,3123	3101	3079	3056	3034	3011	2989	2966	2943	2920
0,8	0,2897	2874	2850	2827	2803	2780	2756	2732	2709	2685
0,9	0,2661	2637	2613	2589	2565	2541	2516	2492	2468	2444
1,0	0,2420	2396	2371	2347	2323	2299	2275	2251	2227	2203
1,1	0,2179	2155	2131	2107	2083	2059	2036	2012	1989	1965
1,2	0,1942	1919	1895	1872	1849	1826	1804	1781	1758	1736
1,3	0,1714	1691	1669	1647	1626	1604	1582	1561	1539	1518
1,4	0,1497	1476	1456	1435	1415	1394	1374	1354	1334	1315
1,5	0,1295	1276	1257	1238	1219	1200	1182	1163	1145	1127
1,6	0,1109	1092	1074	1057	1040	1023	1006	0989	0973	0957
1,7	0,0940	0925	0909	0893	0878	0863	0848	0833	0818	0804
1,8	0,0790	0775	0761	0748	0734	0721	0707	0694	0681	0669
1,9	0,0656	0644	0632	0620	0608	0596	0584	0573	0562	0551
2,0	0,0540	0529	0519	0508	0498	0488	0478	0468	0459	0449
2,1	0,0440	0431	0422	0413	0404	0396	0387	0379	0371	0363
2,2	0,0355	0347	0339	0332	0325	0317	0310	0303	0297	0290
2,3	0,0283	0277	0270	0264	0258	0252	0246	0241	0235	0229
2,4	0,0224	0219	0213	0208	0203	0198	0194	0189	0184	0180
2,5	0,0175	0171	0167	0163	0158	0154	0151	0147	0143	0139
2,6	0,0136	0132	0129	0126	0122	0119	0116	0113	0110	0107
2,7	0,0104	0101	0099	0096	0093	0091	0088	0086	0084	0081
2,8	0,0079	0077	0075	0073	0071	0069	0067	0065	0063	0061
2,9	0,0060	0058	0056	0055	0053	0051	0050	0048	0047	0046
3,0	0,0044	0043	0042	0040	0039	0038	0037	0036	0035	0034
3,1	0,0033	0032	0031	0030	0029	0028	0027	0026	0025	0025
3,2	0,0024	0023	0022	0022	0021	0020	0020	0019	0018	0018
3,3	0,0017	0017	0016	0016	0015	0015	0014	0014	0013	0013
3,4	0,0012	0012	0012	0011	0011	0010	0010	0010	0009	0009
3,5	0,0009	0008	0008	0008	0008	0007	0007	0007	0007	0006
3,6	0,0006	0006	0006	0005	0005	0005	0005	0005	0005	0004
3,7	0,0004	0004	0004	0004	0004	0004	0003	0003	0003	0003
3,8	0,0003	0003	0003	0003	0002	0002	0002	0002	0002	0002
3,9	0,0002	0002	0002	0002	0002	0002	0002	0002	0001	0001
4,0	0,0001	0001	0001	0001	0001	0001	0001	0001	0001	0001
4,1	0,0001	0001	0001	0001	0001	0001	0001	0001	0001	0001
4,2	0,0001	0001	0001	0001						

Es gilt: $\varphi(-x) = \varphi(x)$

Anmerkung: Alle nicht aufgeführten Werte sind (auf vier Dezimalstellen gerundet) 0,0000.

$\varphi(1,24) = 0,1849$ $\varphi(-0,96) = \varphi(0,96) = 0,2516$

Funktionswerte Φ(x) der Standardnormalverteilung

$$\Phi(x) = \int_{-\infty}^{x} \varphi(z)\, dz$$

x	0	1	2	3	4	5	6	7	8	9
0,0	0,5000	5040	5080	5120	5160	5200	5239	5279	5319	5359
0,1	0,5398	5438	5478	5517	5557	5596	5636	5675	5714	5754
0,2	0,5793	5832	5871	5910	5948	5987	6026	6064	6103	6141
0,3	0,6179	6217	6255	6293	6331	6368	6406	6443	6480	6517
0,4	0,6555	6591	6628	6664	6700	6736	6772	6808	6844	6879
0,5	0,6915	6950	6985	7019	7054	7088	7123	7157	7190	7224
0,6	0,7258	7291	7324	7357	7389	7422	7454	7486	7518	7549
0,7	0,7580	7612	7642	7673	7704	7734	7764	7794	7823	7852
0,8	0,7881	7910	7939	7967	7996	8023	8051	8079	8106	8133
0,9	0,8159	8186	8212	8238	8264	8289	8315	8340	8365	8389
1,0	0,8413	8438	8461	8485	8508	8531	8554	8577	8599	8621
1,1	0,8643	8665	8686	8708	8729	8749	8770	8790	8810	8830
1,2	0,8849	8869	8888	8907	8925	8944	8962	8980	8997	9015
1,3	0,9032	9049	9066	9082	9099	9115	9131	9147	9162	9177
1,4	0,9192	9207	9222	9236	9251	9265	9279	9292	9306	9319
1,5	0,9332	9345	9357	9370	9382	9394	9406	9418	9430	9441
1,6	0,9452	9463	9474	9485	9495	9505	9515	9525	9535	9545
1,7	0,9554	9564	9573	9582	9591	9599	9608	9616	9625	9633
1,8	0,9641	9649	9656	9664	9671	9678	9686	9693	9700	9706
1,9	0,9713	9719	9726	9732	9738	9744	9750	9756	9762	9767
2,0	0,9773	9778	9783	9788	9793	9798	9803	9808	9812	9817
2,1	0,9821	9826	9830	9834	9838	9842	9846	9850	9854	9857
2,2	0,9861	9865	9868	9871	9875	9878	9881	9884	9887	9890
2,3	0,9893	9896	9898	9901	9904	9906	9909	9911	9913	9916
2,4	0,9918	9920	9922	9925	9927	9929	9931	9932	9934	9936
2,5	0,9938	9940	9941	9943	9945	9946	9948	9949	9951	9952
2,6	0,9953	9955	9956	9957	9959	9960	9961	9962	9963	9964
2,7	0,9965	9966	9967	9968	9969	9970	9971	9972	9973	9974
2,8	0,9974	9975	9976	9977	9977	9978	9979	9980	9980	9981
2,9	0,9981	9982	9983	9983	9984	9984	9985	9985	9986	9986
3,0	0,9987	9987	9987	9988	9988	9989	9989	9989	9990	9990
3,1	0,9990	9991	9991	9991	9992	9992	9992	9992	9993	9993
3,2	0,9993	9993	9994	9994	9994	9994	9994	9995	9995	9995
3,3	0,9995	9995	9995	9996	9996	9996	9996	9996	9996	9997
3,4	0,9997	9997	9997	9997	9997	9997	9997	9997	9997	9998
3,5	0,9998	9998	9998	9998	9998	9998	9998	9998	9998	9998
3,6	0,9998	9998	9999	9999	9999	9999	9999	9999	9999	9999
3,7	0,9999	9999	9999	9999	9999	9999	9999	9999	9999	9999
3,8	0,9999	9999	9999	9999	9999	9999	9999	9999	9999	9999
3,9	1,0000									

Es gilt: $\Phi(-x) = 1 - \Phi(x)$

Anmerkung: Alle nicht aufgeführten Werte sind (auf vier Dezimalstellen gerundet) 1,0000.
$\Phi(1{,}24) = 0{,}8925$ $\Phi(-0{,}96) = 1 - \Phi(0{,}96) = 1 - 0{,}8315 = 0{,}1685$

Binomiale Wahrscheinlichkeiten

$b(n; p; k) = P(X = k) = \binom{n}{k} \cdot p^k \cdot (1-p)^{n-k}$

n	k	p										k	n
		0,05	0,10	$\frac{1}{6}$	0,20	0,25	0,30	$\frac{1}{3}$	0,40	0,45	0,50		
5	0	0,7738	5905	4019	3277	2373	1681	1317	0778	0503	0313	5	5
	1	0,2036	3281	4019	4096	3955	3602	3292	2592	2059	1563	4	
	2	0,0214	0729	1608	2048	2637	3087	3292	3456	3369	3125	3	
	3	0,0011	0081	0322	0512	0879	1323	1646	2304	2757	3125	2	
	4		0005	0032	0064	0146	0284	0412	0768	1128	1563	1	
	5			0001	0003	0010	0024	0041	0102	0185	0313	0	
10	0	0,5987	3487	1615	1074	0563	0282	0173	0060	0025	0010	10	10
	1	0,3151	3874	3230	2684	1877	1211	0867	0403	0207	0098	9	
	2	0,0746	1937	2907	3020	2816	2335	1951	1209	0763	0439	8	
	3	0,0105	0574	1550	2013	2503	2668	2601	2150	1665	1172	7	
	4	0,0010	0112	0543	0881	1460	2001	2276	2508	2384	2051	6	
	5	0,0001	0015	0130	0264	0584	1029	1366	2007	2340	2461	5	
	6		0001	0022	0055	0162	0368	0569	1115	1596	2051	4	
	7			0002	0008	0031	0090	0163	0425	0746	1172	3	
	8				0001	0004	0014	0030	0106	0229	0439	2	
	9						0001	0003	0016	0042	0098	1	
	10								0001	0003	0010	0	
15	0	0,4633	2059	0649	0352	0134	0047	0023	0005	0001	0000	15	15
	1	0,3658	3432	1947	1319	0668	0305	0171	0047	0016	0005	14	
	2	0,1348	2669	2726	2309	1559	0916	0599	0219	0090	0032	13	
	3	0,0307	1285	2363	2501	2252	1700	1299	0634	0318	0139	12	
	4	0,0049	0428	1418	1876	2252	2186	1948	1268	0780	0417	11	
	5	0,0006	0105	0624	1032	1651	2061	2143	1859	1404	0916	10	
	6		0019	0208	0430	0917	1472	1786	2066	1914	1527	9	
	7		0003	0053	0138	0393	0811	1148	1771	2013	1964	8	
	8			0011	0035	0131	0348	0574	1181	1647	1964	7	
	9			0002	0007	0034	0116	0223	0612	1048	1527	6	
	10				0001	0007	0030	0067	0245	0515	0916	5	
	11					0001	0006	0015	0074	0191	0417	4	
	12						0001	0003	0016	0052	0139	3	
	13								0003	0010	0032	2	
	14									0001	0005	1	
20	0	3585	1216	0261	0115	0032	0008	0003	0000	0000	0000	20	20
	1	3774	2702	1043	0576	0211	0068	0030	0005	0001	0000	19	
	2	1887	2852	1982	1369	0669	0278	0143	0031	0008	0002	18	
	3	0596	1901	2379	2054	1339	0716	0429	0123	0040	0011	17	
	4	0133	0898	2022	2182	1897	1304	0911	0350	0139	0046	16	
	5	0022	0319	1294	1746	2023	1789	1457	0746	0365	0148	15	
	6	0003	0089	0647	1091	1686	1916	1821	1244	0746	0370	14	
	7		0020	0259	0545	1124	1643	1821	1659	1221	0739	13	
	8		0004	0084	0222	0609	1144	1480	1797	1623	1201	12	
	9		0001	0022	0074	0271	0654	0987	1597	1771	1602	11	
	10			0005	0020	0099	0308	0543	1171	1593	1762	10	
	11			0001	0005	0030	0120	0247	0710	1185	1602	9	
	12				0001	0008	0039	0092	0355	0727	1201	8	
n	k	0,95	0,90	$\frac{5}{6}$	0,80	0,75	0,70	$\frac{2}{3}$	0,60	0,55	0,50	k	n
						p							

Binomiale Wahrscheinlichkeiten

$b(n; p; k) = P(X = k) = \binom{n}{k} \cdot p^k \cdot (1-p)^{n-k}$

n	k					p						k	n
		0,05	0,10	$\frac{1}{6}$	0,20	0,25	0,30	$\frac{1}{3}$	0,40	0,45	0,50		
20	13					0002	0010	0028	0146	0366	0739	7	20
	14						0002	0007	0049	0150	0370	6	
	15							0001	0013	0049	0148	5	
	16								0003	0013	0046	4	
	17									0002	0011	3	
	18										0002	2	
50	0	0,0769	0052	0001	0000	0000	0000	0000	0000	0000	0000	50	50
	1	0,2025	0286	0011	0002	0000	0000	0000	0000	0000	0000	49	
	2	0,2611	0779	0054	0011	0001	0000	0000	0000	0000	0000	48	
	3	0,2199	1386	0172	0044	0004	0000	0000	0000	0000	0000	47	
	4	0,1360	1809	0405	0128	0016	0001	0000	0000	0000	0000	46	
	5	0,0658	1849	0745	0295	0049	0006	0001	0000	0000	0000	45	
	6	0,0260	1541	1118	0554	0123	0018	0004	0000	0000	0000	44	
	7	0,0086	1076	1405	0870	0259	0048	0012	0000	0000	0000	43	
	8	0,0024	0643	1510	1169	0463	0110	0033	0002	0000	0000	42	
	9	0,0006	0333	1410	1364	0721	0220	0077	0005	0000	0000	41	
	10	0,0001	0152	1156	1398	0985	0386	0157	0014	0001	0000	40	
	11		0061	0841	1271	1194	0602	0286	0035	0004	0000	39	
	12		0022	0546	1033	1294	0838	0465	0076	0011	0001	38	
	13		0007	0319	0755	1261	1050	0679	0147	0027	0003	37	
	14		0002	0169	0499	1110	1189	0898	0260	0059	0008	36	
	15		0001	0081	0299	0888	1223	1077	0415	0116	0020	35	
	16			0035	0164	0648	1147	1178	0606	0207	0044	34	
	17			0014	0082	0432	0983	1178	0808	0339	0087	33	
	18			0005	0037	0264	0772	1080	0987	0508	0160	32	
	19			0002	0016	0148	0558	0910	1109	0700	0270	31	
	20			0001	0006	0077	0370	0705	1146	0888	0419	30	
	21				0002	0036	0227	0503	1091	1038	0598	29	
	22				0001	0016	0128	0332	0959	1119	0788	28	
	23					0006	0067	0202	0778	1115	0960	27	
	24					0002	0032	0114	0584	1026	1080	26	
	25					0001	0014	0059	0405	0873	1123	25	
	26						0006	0028	0259	0687	1080	24	
	27						0002	0013	0154	0500	0960	23	
	28						0001	0005	0084	0336	0788	22	
	29							0002	0043	0208	0598	21	
	30							0001	0020	0119	0419	20	
	31								0009	0063	0270	19	
	32								0003	0031	0160	18	
	33								0001	0014	0087	17	
	34									0006	0044	16	
	35									0002	0020	15	
	36									0001	0008	14	
	37										0003	13	
	38										0001	12	
n	k	0,95	0,90	$\frac{5}{6}$	0,80	0,75	0,70	$\frac{2}{3}$	0,60	0,55	0,50	k	n
						p							

Anmerkung: Alle nicht aufgeführten Werte sind (bei Rundung auf vier Dezimalstellen) 0,0000.
$b(50; 0{,}3; 13) = 0{,}1050 \quad b(50; 0{,}7; 37) = 0{,}1050$

Summierte binomiale Wahrscheinlichkeiten

$$B(n; p; k) = P(X \leq k) = \sum_{i=0}^{k} \binom{n}{i} \cdot p^i \cdot (1-p)^{n-i}$$

n	k	p										k	n
		0,05	0,10	$\frac{1}{6}$	0,20	0,25	0,30	$\frac{1}{3}$	0,40	0,45	0,50		
5	0	0,7738	5905	4019	3277	2373	1681	1317	0778	0503	0313	4	5
	1	0,9774	9185	8038	7373	6328	5282	4609	3370	2562	1875	3	
	2	0,9988	9914	9645	9421	8965	8369	7901	6826	5931	5000	2	
	3		9995	9967	9933	9844	9692	9547	9130	8688	8125	1	
	4			9999	9997	9990	9976	9959	9898	9815	9688	0	
10	0	0,5987	3487	1615	1074	0563	0282	0173	0060	0025	0010	9	10
	1	0,9139	7361	4845	3758	2440	1493	1040	0464	0233	0107	8	
	2	0,9885	9298	7752	6778	5256	3828	2991	1673	0996	0547	7	
	3	0,9990	9872	9303	8791	7759	6496	5593	3823	2660	1719	6	
	4	0,9999	9984	9845	9672	9219	8497	7869	6331	5044	3770	5	
	5		9999	9976	9936	9803	9527	9234	8338	7384	6230	4	
	6			9997	9991	9965	9894	9803	9452	8980	8281	3	
	7				9999	9996	9984	9966	9877	9726	9453	2	
	8						9999	9996	9983	9955	9893	1	
	9								9999	9997	9990	0	
15	0	0,4633	2059	0649	0352	0134	0047	0023	0005	0001	0000	14	15
	1	0,8290	5490	2596	1671	0802	0353	0194	0052	0017	0005	13	
	2	0,9638	8159	5322	3980	2361	1268	0794	0271	0107	0037	12	
	3	0,9945	9444	7685	6482	4613	2969	2092	0905	0424	0176	11	
	4	0,9994	9873	9102	8358	6865	5155	4041	2173	1204	0592	10	
	5	0,9999	9978	9726	9389	8516	7216	6184	4032	2608	1509	9	
	6		9997	9934	9819	9434	8689	7970	6098	4522	3036	8	
	7			9987	9958	9827	9500	9118	7869	6535	5000	7	
	8			9998	9992	9958	9848	9692	9050	8182	6964	6	
	9				9999	9992	9963	9915	9662	9231	8491	5	
	10					9999	9993	9982	9907	9745	9408	4	
	11						9999	9997	9981	9937	9824	3	
	12								9997	9989	9963	2	
	13									9999	9995	1	
20	0	0,3585	1216	0261	0115	0032	0008	0003	0000	0000	0000	19	20
	1	0,7358	3917	1304	0692	0243	0076	0033	0005	0001	0000	18	
	2	0,9245	6769	3287	2061	0913	0355	0176	0036	0009	0002	17	
	3	0,9841	8670	5665	4114	2252	1071	0604	0160	0049	0013	16	
	4	0,9974	9568	7687	6296	4148	2375	1515	0510	0189	0059	15	
	5	0,9997	9887	8982	8042	6172	4164	2972	1256	0553	0207	14	
	6		9976	9629	9133	7858	6080	4793	2500	1299	0577	13	
	7		9996	9887	9679	8982	7723	6615	4159	2520	1316	12	
	8		9999	9972	9900	9591	8867	8095	5956	4143	2517	11	
	9			9994	9974	9861	9520	9081	7553	5914	4119	10	
	10			9999	9994	9961	9829	9624	8725	7507	5881	9	
	11				9999	9991	9949	9870	9435	8692	7483	8	
	12					9998	9987	9963	9790	9420	8684	7	
	13						9997	9991	9935	9786	9423	6	
	14							9998	9984	9936	9793	5	
	15								9997	9985	9941	4	
	16									9997	9987	3	
	17										9998	2	
n	k	0,95	0,90	$\frac{5}{6}$	0,80	0,75	0,70	$\frac{2}{3}$	0,60	0,55	0,50	k	n
		p											

Summierte binomiale Wahrscheinlichkeiten

$$B(n; p; k) = P(X \leq k) = \sum_{i=0}^{k} \binom{n}{i} \cdot p^i \cdot (1-p)^{n-i}$$

n	k	p										k	n
		0,05	0,10	$\frac{1}{6}$	0,20	0,25	0,30	$\frac{1}{3}$	0,40	0,45	0,50		
2	0	0,2774	0718	0105	0038	0008	0001	0000	0000	0000	0000	24	25
	1	0,6424	2712	0629	0274	0070	0016	0005	0001	0000	0000	23	
	2	0,8729	5371	1887	0982	0321	0090	0035	0004	0001	0000	22	
	3	0,9659	7636	3816	2340	0962	0332	0149	0024	0005	0001	21	
	4	0,9928	9020	5937	4207	2137	0905	0462	0095	0023	0005	20	
	5	0,9988	9666	7720	6167	3783	1935	1120	0294	0086	0020	19	
	6	0,9998	9905	8908	7800	5611	3407	2215	0736	0258	0073	18	
	7		9977	9553	8909	7265	5118	3703	1536	0639	0216	17	
	8		9995	9843	9532	8506	6769	5376	2735	1340	0539	16	
	9		9999	9953	9827	9287	8106	6956	4246	2424	1148	15	
	10			9988	9944	9703	9022	8220	5858	3843	2122	14	
	11			9997	9985	9893	9558	9082	7323	5426	3450	13	
	12			9999	9996	9966	9825	9585	8462	6937	5000	12	
	13				9999	9991	9940	9836	9222	8173	6550	11	
	14					9998	9982	9944	9656	9040	7878	10	
	15						9995	9984	9868	9560	8852	9	
	16						9999	9996	9957	9826	9461	8	
	17							9999	9988	9942	9784	7	
	18								9997	9984	9927	6	
	19								9999	9996	9980	5	
	20									9999	9995	4	
	21										9999	3	
50	0	0,0769	0052	0001	0000	0000	0000	0000	0000	0000	0000	49	50
	1	0,2794	0338	0012	0002	0000	0000	0000	0000	0000	0000	48	
	2	0,5405	1117	0066	0013	0001	0000	0000	0000	0000	0000	47	
	3	0,7604	2503	0238	0057	0005	0000	0000	0000	0000	0000	46	
	4	0,8964	4312	0643	0185	0021	0002	0000	0000	0000	0000	45	
	5	0,9622	6161	1388	0480	0070	0007	0001	0000	0000	0000	44	
	6	0,9882	7702	2506	1034	0194	0025	0005	0000	0000	0000	43	
	7	0,9968	8779	3911	1904	0453	0073	0017	0000	0000	0000	42	
	8	0,9992	9421	5421	3073	0916	0183	0050	0002	0000	0000	41	
	9	0,9998	9755	6830	4437	1637	0402	0127	0008	0001	0000	40	
	10		9906	7986	5836	2622	0789	0284	0022	0002	0000	39	
	11		9968	8827	7107	3816	1390	0570	0057	0006	0000	38	
	12		9990	9373	8139	5110	2229	1035	0133	0018	0002	37	
	13		9997	9693	8894	6370	3279	1715	0280	0045	0005	36	
	14		9999	9862	9393	7481	4468	2612	0540	0104	0013	35	
	15			9943	9692	8369	5692	3690	0955	0220	0033	34	
	16			9978	9856	9017	6839	4868	1561	0427	0077	33	
	17			9992	9937	9449	7822	6046	2369	0765	0164	32	
	18			9997	9975	9713	8594	7126	3356	1273	0325	31	
n	k	0,95	0,90	$\frac{5}{6}$	0,80	0,75	0,70	$\frac{2}{3}$	0,60	0,55	0,50	k	n
						p							

Rekursionsformel: $B(n; p; k) = B(n; p; k-1) + b(n; p; k)$

Anmerkungen: Alle nicht aufgeführten Werte sind (bei Rundung auf vier Dezimalstellen) 1,0000.
Für schwächer unterlegte Tabelleneingänge ($p \geq 0{,}5$) gilt:
$B(n; p; k) = 1 - $ (angegebener Wert)
$B(25; 0{,}25; 7) = 0{,}7265$ $\quad B(20; 0{,}70; 11) = 1 - 0{,}8867 = 0{,}1133$

Summierte binomiale Wahrscheinlichkeiten

$$B(n;p;k) = P(X \leq k) = \sum_{i=0}^{k} \binom{n}{i} \cdot p^i \cdot (1-p)^{n-i}$$

n	k	0,05	0,10	$\frac{1}{6}$	0,20	0,25	0,30	$\frac{1}{3}$	0,40	0,45	0,50	k	n
50	19				9999	9991	9861	9152	8036	4465	1974	0595	30	50
	20					9997	9937	9522	8741	5610	2862	1013	29	
	21					9999	9974	9749	9244	6701	3900	1611	28	
	22						9990	9877	9576	7660	5019	2399	27	
	23						9996	9944	9778	8438	6134	3359	26	
	24						9999	9976	9892	9022	7160	4439	25	
	25							9991	9951	9427	8034	5561	24	
	26							9997	9979	9686	8721	6641	23	
	27							9999	9992	9840	9220	7601	22	
	28								9997	9924	9556	8389	21	
	29								9999	9966	9765	8987	20	
	30									9986	9884	9405	19	
	31									9995	9947	9675	18	
	32									9998	9978	9836	17	
	33									9999	9991	9923	16	
	34										9997	9967	15	
	35										9999	9987	14	
	36											9995	13	
	37											9998	12	
100	0	0,0059	0000	0000	0000	0000	0000	0000	0000	0000	0000	99	100
	1	0,0371	0003	0000	0000	0000	0000	0000	0000	0000	0000	98	
	2	0,1183	0019	0000	0000	0000	0000	0000	0000	0000	0000	97	
	3	0,2578	0078	0000	0000	0000	0000	0000	0000	0000	0000	96	
	4	0,4360	0237	0001	0000	0000	0000	0000	0000	0000	0000	95	
	5	0,6160	0576	0004	0000	0000	0000	0000	0000	0000	0000	94	
	6	0,7660	1172	0013	0001	0000	0000	0000	0000	0000	0000	93	
	7	0,8720	2061	0038	0003	0000	0000	0000	0000	0000	0000	92	
	8	0,9369	3209	0095	0009	0000	0000	0000	0000	0000	0000	91	
	9	0,9718	4513	0231	0023	0000	0000	0000	0000	0000	0000	90	
	10	0,9885	5832	0427	0057	0001	0000	0000	0000	0000	0000	89	
	11	0,9957	7030	0777	0126	0004	0000	0000	0000	0000	0000	88	
	12	0,9985	8018	1297	0253	0010	0000	0000	0000	0000	0000	87	
	13	0,9995	8761	2000	0469	0025	0001	0000	0000	0000	0000	86	
	14	0,9999	9274	2874	0804	0054	0002	0000	0000	0000	0000	85	
	15		9601	3877	1285	0111	0004	0000	0000	0000	0000	84	
	16		9794	4942	1923	0211	0010	0001	0000	0000	0000	83	
	17		9900	5994	2712	0376	0022	0002	0000	0000	0000	82	
	18		9954	6965	3621	0630	0045	0005	0000	0000	0000	81	
	19		9980	7803	4602	0995	0089	0011	0000	0000	0000	80	
	20		9992	8481	5595	1488	0165	0024	0000	0000	0000	79	
	21		9997	8998	6540	2114	0288	0048	0000	0000	0000	78	
	22		9999	9370	7389	2864	0479	0091	0001	0000	0000	77	
	23			9621	8109	3711	0755	0164	0003	0000	0000	76	
	24			9783	8686	4617	1136	0281	0006	0000	0000	75	
	25			9881	9125	5535	1631	0458	0012	0000	0000	74	
	26			9938	9442	6417	2244	0715	0024	0001	0000	73	
	27			9969	9658	7224	2964	1066	0046	0002	0000	72	
	28			9985	9800	7925	3768	1524	0084	0004	0000	71	
n	k	0,95	0,90	$\frac{5}{6}$	0,80	0,75	0,70	$\frac{2}{3}$	0,60	0,55	0,50	k	n

p

Summierte binomiale Wahrscheinlichkeiten

$$B(n;\,p;\,k) = P(X \leq k) = \sum_{i=0}^{k} \binom{n}{i} \cdot p^i \cdot (1-p)^{n-i}$$

n	k	p										k	n
		0,05	0,10	$\frac{1}{6}$	0,20	0,25	0,30	$\frac{1}{3}$	0,40	0,45	0,50		
100	29			9993	9888	8505	4623	2093	0148	0008	0000	70	100
	30			9997	9939	8962	5491	2766	0248	0015	0000	69	
	31			9999	9969	9307	6331	3525	0398	0030	0001	68	
	32				9985	9554	7107	4344	0615	0055	0002	67	
	33				9993	9724	7793	5188	0913	0098	0004	66	
	34				9997	9836	8371	6019	1303	0166	0009	65	
	35				9999	9906	8839	6803	1795	0272	0018	64	
	36				9999	9948	9201	7511	2386	0429	0033	63	
	37					9973	9470	8123	3068	0651	0060	62	
	38					9986	9660	8630	3822	0951	0105	61	
	39					9993	9790	9034	4621	1343	0176	60	
	40					9997	9875	9341	5433	1831	0284	59	
	41					9999	9928	9566	6225	2415	0443	58	
	42					9999	9960	9724	6967	3087	0666	57	
	43						9979	9831	7635	3828	0967	56	
	44						9989	9900	8211	4613	1356	55	
	45						9995	9943	8689	5413	1841	54	
	46						9997	9969	9070	6196	2421	53	
	47						9999	9983	9362	6931	3087	52	
	48						9999	9991	9577	7596	3822	51	
	49							9996	9729	8173	4602	50	
	50							9998	9832	8654	5398	49	
	51							9999	9900	9040	6178	48	
	52								9942	9338	6914	47	
	53								9968	9559	7579	46	
	54								9983	9716	8159	45	
	55								9991	9824	8644	44	
	56								9996	9894	9033	43	
	57								9998	9939	9334	42	
	58								9999	9966	9557	41	
	59									9982	9716	40	
	60									9991	9824	39	
	61									9995	9895	38	
	62									9998	9940	37	
	63									9999	9967	36	
	64										9982	35	
	65										9991	34	
	66										9996	33	
	67										9998	32	
	68										9999	31	
n	k	0,95	0,90	$\frac{5}{6}$	0,80	0,75	0,70	$\frac{2}{3}$	0,60	0,55	0,50	k	n
		p											

Rekursionsformel: $B(n;\,p;\,k) = B(n;\,p;\,k-1) + b(n;\,p;\,k)$

Anmerkungen: Alle nicht aufgeführten Werte sind (bei Rundung auf vier Dezimalstellen) 1,0000.
Für schwächer unterlegte Tabelleneingänge ($p \geq 0{,}5$) gilt:
$B(n;\,p;\,k) = 1 - $ (angegebener Wert)

$B(50;\,0{,}40;\,21) = 0{,}6701 \qquad B(100;\,\tfrac{2}{3};\,66) = 1 - 0{,}5188 = 0{,}4812$

Summierte binomiale Wahrscheinlichkeiten

$B(n; p; k) = P(X \leq k) = \sum_{i=0}^{k} \binom{n}{i} \cdot p^i \cdot (1-p)^{n-i}$

n	k	p										k	n
		0,05	0,10	$\frac{1}{6}$	0,20	0,25	0,30	$\frac{1}{3}$	0,40	0,45	0,50		
200	5	0,0623	0000	0000	0000	0000	0000	0000	0000	0000	0000	194	200
	9	0,4547	0035	0000	0000	0000	0000	0000	0000	0000	0000	190	
	10	0,5831	0081	0000	0000	0000	0000	0000	0000	0000	0000	189	
	14	0,9219	0929	0000	0000	0000	0000	0000	0000	0000	0000	185	
	15	0,9556	1431	0001	0000	0000	0000	0000	0000	0000	0000	184	
	19	0,9973	4655	0027	0000	0000	0000	0000	0000	0000	0000	180	
	20	0,9988	5591	0052	0001	0000	0000	0000	0000	0000	0000	179	
	24		8551	0426	0020	0000	0000	0000	0000	0000	0000	175	
	25		8995	0468	0036	0000	0000	0000	0000	0000	0000	174	
	29		9837	2366	0283	0002	0000	0000	0000	0000	0000	170	
	30		9905	3007	0430	0004	0000	0000	0000	0000	0000	169	
	34		9992	5943	1656	0044	0000	0000	0000	0000	0000	165	
	35		9996	6658	2151	0073	0000	0000	0000	0000	0000	164	
	39			8777	4718	0405	0005	0000	0000	0000	0000	160	
	40			9106	5422	0578	0009	0000	0000	0000	0000	159	
	44			9801	7887	1852	0072	0003	0000	0000	0000	155	
	45			9872	8349	2331	0111	0005	0000	0000	0000	154	
	49			9983	9506	4729	0506	0042	0000	0000	0000	150	
	50			9990	9655	5379	0695	0067	0000	0000	0000	149	
	54			9999	9934	7707	1988	0323	0001	0000	0000	145	
	55				9959	8162	2455	0453	0002	0000	0000	144	
	59				9995	9375	4733	1409	0013	0000	0000	140	
	60				9997	9546	5348	1778	0021	0000	0000	139	
	64					9897	7579	3755	0119	0001	0000	135	
	65					9932	8028	4338	0173	0002	0000	134	
	69					9990	9272	6670	0639	0016	0000	130	
	70					9994	9458	7192	0844	0026	0000	129	
	74					9999	9862	8794	2142	0133	0001	125	
	75						9906	9065	2590	0191	0003	124	
	79						9984	9716	4732	0673	0018	120	
	80						9990	9799	5307	0881	0028	119	
	84						9999	9958	7428	2175	0141	115	
	85						9999	9973	7868	2617	0200	114	
	89							9996	9143	4726	0687	110	
	90							9998	9345	5293	0894	109	
	94								9812	7392	2184	105	
	95								9869	7831	2623	104	
	99								9974	9113	4718	100	
	100								9983	9319	5282	99	
	104								9998	9801	7377	95	
	105								9999	9860	7816	94	
	109									9971	9105	90	
	110									9982	9313	89	
	114									9997	9800	85	
	115									9998	9859	84	
	120										9982	79	
	124										9998	75	
n	k	0,95	0,90	$\frac{5}{6}$	0,80	0,75	0,70	$\frac{2}{3}$	0,60	0,55	0,50	k	n
		p											

Anmerkung: Die Tabelle für n = 200 umfasst nur Werte für ausgewählte k.

Zufallszahlen (Zufallsziffern)

	1	2	3	4	5	6	7	8	9	10
1	15417	74829	98508	69237	70467	34085	49284	97138	93989	14949
2	83541	78590	79977	76459	34698	24757	68161	59220	38860	27550
3	83363	57671	82647	01759	08377	43949	09336	91279	73510	94567
4	31376	08426	01496	05707	94894	51621	17306	72636	71629	65120
5	65922	79156	22950	71072	80501	93759	85577	84671	99144	71309
6	44623	21571	22510	26078	22919	38014	74812	75848	14865	50707
7	65805	75499	92585	36047	08728	64845	56179	30677	13952	17741
8	93688	06385	99106	44950	47682	71020	63928	07473	53143	55538
9	36787	35165	41625	81646	10310	18362	67818	15497	41543	68104
10	15064	84305	26024	71232	77282	57088	66469	20092	17124	70810
11	73781	85945	09081	98055	11526	90691	15615	44830	97017	51826
12	26695	95847	07129	28755	21654	98159	84790	02153	33476	10877
13	92757	35124	39446	30201	90983	42613	50124	74041	92437	45890
14	92185	74853	27243	31847	74204	32685	96841	84106	47671	14727
15	74354	56786	84156	93849	83624	23295	97223	26876	02040	63305
16	59197	20737	18935	21679	94861	04571	56572	75516	57795	48323
17	00301	81564	88863	39162	51300	15466	18098	65846	32016	03620
18	79322	69113	50376	37006	39588	17941	64241	03042	54301	76495
19	46896	84356	67893	61217	22292	19955	36594	99542	15739	82020
20	94311	89493	04724	34761	58674	03370	17343	26488	94584	46804
21	50139	41011	19852	14712	60801	27399	53433	69217	37252	89608
22	45743	91990	91000	17480	50573	15265	91344	09868	74933	62735
23	64269	55393	37855	01869	02917	41863	10742	37109	41323	47310
24	14329	42915	01173	78025	73717	67185	18782	76148	61642	54586
25	49164	91933	42306	12947	01680	45921	88522	76925	16524	13480
26	63507	03320	12293	81871	22119	18613	96294	01829	03841	12788
27	31103	31984	50959	85256	56765	26668	31216	90250	52790	14013
28	87752	40845	96402	26261	18016	31328	95484	70209	78843	49634
29	34521	61518	86842	34276	64020	93595	76699	52993	42374	80862
30	60134	98695	05002	46655	66145	24412	88072	66297	79074	68815
31	06229	07384	52698	19903	35072	80833	77731	32709	10017	57464
32	97059	41147	74463	97601	67734	87007	24499	60309	99660	83221
33	46371	28520	24589	60795	36960	23796	31257	24457	83745	44343
34	36473	18603	18977	92183	12326	22106	98444	22002	84542	16639
35	30237	29527	99532	55131	81820	29715	39847	04796	12701	42349
36	85103	14708	27584	63442	78297	59167	66366	27044	64303	36958
37	25504	74076	31828	91636	76100	09238	08552	22605	50630	87013
38	96337	29252	08527	81256	02940	50825	10377	25971	61687	84186
39	56182	11865	71079	42516	97923	78872	42229	85906	56823	18838
40	90510	47483	96598	80450	30750	23532	55980	07279	83210	37192
41	26941	53548	17715	25011	21995	34264	07656	16232	34813	85433
42	13867	18774	01197	56723	35424	34840	15440	36266	25140	63227
43	15506	06973	81097	06518	25041	90625	58504	94562	29230	80827
44	08853	11983	82717	43617	57257	51678	90141	15501	90364	28763
45	73816	06882	91562	90555	49994	59448	03989	57337	17294	04923
46	70690	10003	56510	65010	16265	67211	03482	32463	07107	73883
47	68116	60841	10401	84722	60367	02492	20459	45129	23698	28483
48	90170	43107	71912	82744	94495	03554	53599	39307	68249	61059
49	80718	79591	75982	59376	63561	29768	26545	58682	97275	83963
50	57437	92583	48514	37163	60580	79939	22006	43375	64739	23795

Matrizen und Determinanten

Begriffe

$a_{ik}, r \in \mathbb{R}; i, k, m, n \in \mathbb{N}^*$

Matrix	Eine rechteckige Anordnung von $m \cdot n$ Zahlen (z. B. der Koeffizienten eines linearen Gleichungssystems) in m Zeilen und n Spalten der folgenden Form wird **Matrix** vom Typ $(m; n)$ bzw. $(m; n)$-**Matrix** genannt: $$A = A_{(m;n)} = (a_{ik})_{(m;n)} = \begin{pmatrix} a_{11} & a_{12} & \cdots & a_{1n} \\ a_{21} & a_{22} & \cdots & a_{2n} \\ \cdots & \cdots & & \cdots \\ a_{m1} & a_{m2} & \cdots & a_{mn} \end{pmatrix}$$ Die Zahlen a_{ik} heißen *Elemente (Komponenten)* von **A**. Eine Matrix vom Typ $(m; n)$ kann als Zusammenstellung von m Zeilenvektoren bzw. n Spaltenvektoren aufgefasst werden. **Elementare Matrizenumformungen:** (1) Vertauschen zweier Zeilen (2) Multiplizieren (Vervielfachen) der Elemente einer Zeile mit einer von null verschiedenen reellen Zahl r (3) Addieren einer Zeile zu einer anderen
Zeilen- und Spaltenvektoren	Die $(1; n)$-Matrizen stellen **Zeilenvektoren**, die $(m; 1)$-Matrizen **Spaltenvektoren** dar. Speziell entsprechen die $(3; 1)$-Matrizen den Vektoren des (dreidimensionalen) Raumes und die $(2; 1)$-Matrizen den Vektoren der Ebene.
Rang einer Matrix	Unter dem Rang r einer Matrix $A_{(m;n)}$ versteht man die Maximalzahl linear unabhängiger Zeilenvektoren (bzw. Spaltenvektoren). Bei elementaren Matrizenumformungen bleibt der Rang einer Matrix unverändert.
erweiterte Matrix	Aus $A = A_{(m;n)} = (a_{ik})_{(m;n)}$ und $B = B_{(m;p)} = (b_{ik})_{(m;p)}$ ergibt sich die **erweiterte Matrix A|B** folgendermaßen: $$A|B = \left(\begin{array}{cccc|cccc} a_{11} & a_{12} & \cdots & a_{1n} & b_{11} & b_{12} & \cdots & b_{1p} \\ a_{21} & a_{22} & \cdots & a_{2n} & b_{21} & b_{22} & \cdots & b_{2p} \\ \cdots & \cdots & & \cdots & \cdots & \cdots & & \cdots \\ a_{m1} & a_{m2} & \cdots & a_{mn} & b_{m1} & b_{m2} & \cdots & b_{mp} \end{array}\right)$$ Die Matrizen **A**, **B** und **A|B** haben die gleiche Zeilenzahl m.

Quadratische Matrizen

$a_{ik} \in \mathbb{R}; i, k, m, n \in \mathbb{N}^*$

Stimmen Zeilen- und Spaltenzahl einer Matrix $A = A_{(m;n)} = (a_{ik})_{(m;n)}$ überein (d. h., gilt $m = n$), so spricht man von einer **quadratischen Matrix** vom Typ $(n; n)$ oder der **Ordnung** n.

Die Elemente $a_{11}, a_{22}, \ldots, a_{nn}$ bilden die *Hauptdiagonale* der Matrix.

obere Dreiecksmatrix	$a_{ik} = 0$ für alle $i > k$ (Alle Elemente unterhalb der Hauptdiagonalen sind gleich null.)
untere Dreiecksmatrix	$a_{ik} = 0$ für alle $i < k$ (Alle Elemente oberhalb der Hauptdiagonalen sind gleich null.)
Diagonalmatrix	$a_{ik} = 0$ für alle $i \neq k$ (Alle Elemente außerhalb der Hauptdiagonalen sind gleich null.)
Einheitsmatrix E	$a_{ik} = \begin{cases} 1 & \text{für } i = k \\ 0 & \text{für } i \neq k \end{cases}$ (Diagonalmatrix, deren Elemente in der Hauptdiagonalen 1 sind)

transponierte Matrix	Werden in einer quadratischen Matrix **A** die Zeilen mit den entsprechenden Spalten vertauscht, so erhält man die **(zu A) transponierte Matrix A^T**. Es gilt: $(A^T)^T = A$
Nullmatrix O	$a_{ik} = 0$ für alle i, k (Matrix beliebigen Typs, bei der alle Elemente gleich null sind)
inverse Matrix A^{-1}	Die zu $A = A_{(n;\,n)}$ **inverse Matrix A^{-1}** existiert genau dann, wenn der Rang von **A** gleich n ist, und für die Matrizenmultiplikation gilt: $A \cdot A^{-1} = A^{-1} \cdot A = E$ $\qquad (A^{-1})^{-1} = A \qquad (A^{-1})^T = (A^T)^{-1}$

Rechnen mit Matrizen

$a_{ik}, b_{ik}, c_{ik}, r, s \in \mathbb{R};\ i, k, m, n, p \in \mathbb{N}^*$

Addition/ Subtraktion	Für $A = A_{(m;\,n)} = (a_{ik})_{(m;\,n)}$ und $B = B_{(m;\,n)} = (b_{ik})_{(m;\,n)}$ gilt: $A \pm B = C$ mit $C = C_{(m;\,n)} = (c_{ik})_{(m;\,n)}$ und $c_{ik} = a_{ik} \pm b_{ik}$ Eine Addition (Subtraktion) ist nur für Matrizen gleichen Typs erklärt, sie erfolgt elementweise. *Rechenregeln (Eigenschaften):* $A + B = B + A \qquad\qquad (A + B)^T = A^T + B^T \qquad\qquad A + O = A$ $(A + B) + C = A + (B + C) \qquad\qquad\qquad\qquad\qquad\qquad\quad A - A = O$
Vielfachbildung (Multiplikation mit einer reellen Zahl)	Für eine Matrix $A = A_{(m;\,n)} = (a_{ik})_{(m;\,n)}$ und eine reelle Zahl r gilt: $rA = C$ mit $C = C_{(m;\,n)} = (c_{ik})_{(m;\,n)}$ und $c_{ik} = r a_{ik}$ Die Vielfachbildung ist unabhängig vom Typ der Matrix, sie erfolgt elementweise. *Rechenregeln (Eigenschaften):* $(r + s)A = rA + sA \qquad\qquad r(sA) = (rs)A \qquad\qquad 1A = A$ $r(A + B) = rA + rB \qquad\qquad\qquad\qquad\qquad\qquad\qquad 0A = O$
Multiplikation	Für $A = A_{(m;\,p)} = (a_{ik})_{(m;\,p)}$ und $B = B_{(p;\,n)} = (b_{ik})_{(p;\,n)}$ gilt: $A \cdot B = C$ mit $C = C_{(m;\,n)} = (c_{ik})_{(m;\,n)}$ und $c_{ik} = \sum_{j=1}^{p} a_{ij} b_{jk}$ Das Produkt $A \cdot B$ ist nur für *verkettete* Matrizen definiert, d.h. nur für den Fall, dass die Spaltenzahl von **A** gleich der Zeilenzahl von **B** ist.
falksches Schema	Als Hilfsmittel zur Berechnung von $A \cdot B$ kann das folgende Schema dienen: $\begin{array}{cccc\|cccc} & & & & b_{11} & \ldots & b_{1k} & \ldots & b_{1n} \\ & A \cdot B & & & \ldots & & \ldots & & \ldots \\ & & & & b_{p1} & \ldots & b_{pk} & \ldots & b_{pn} \\ \hline a_{11} & \ldots & a_{1p} & & c_{11} & \ldots & c_{1k} & \ldots & c_{1n} \\ \ldots & & \ldots & & \ldots & & \ldots & & \ldots \\ a_{i1} & \ldots & a_{ip} & & c_{i1} & \ldots & c_{ik} & \ldots & c_{in} \\ \ldots & & \ldots & & \ldots & & \ldots & & \ldots \\ a_{m1} & \ldots & a_{mp} & & c_{m1} & \ldots & c_{mk} & \ldots & c_{mn} \end{array}$ mit $c_{ik} = a_{i1} b_{1k} + \ldots + a_{ip} b_{pk}$ *Anmerkung:* Jede Zeile von **A** wird mit jeder Spalte von **B** so multipliziert wie das beim Skalarprodukt der entsprechenden Vektoren der Fall wäre. *Rechenregeln (Eigenschaften):* $(A \cdot B) \cdot C = A \cdot (B \cdot C) \qquad (A + B) \cdot C = A \cdot C + B \cdot C \qquad (rA) \cdot (sB) = rs(A \cdot B)$ $(A \cdot B)^T = B^T \cdot A^T \qquad\quad (A \cdot B)^{-1} = B^{-1} \cdot A^{-1}$ Im Allgemeinen ist $A \cdot B \neq B \cdot A$, d.h., die Matrizenmultiplikation ist nicht kommutativ.

Determinanten

$a_{ik} \in \mathbb{R}; i, k, n \in \mathbb{N}^*$

Begriff	Eine (n-reihige) **Determinante** ist eine Funktion, die jeder quadratischen Matrix $A = A_{(n;\,n)} = (a_{ik})$ eindeutig eine reelle Zahl zuordnet. $\det A = |A| = \begin{vmatrix} a_{11} & a_{12} & \cdots & a_{1n} \\ a_{21} & a_{22} & \cdots & a_{2n} \\ \cdots & \cdots & & \cdots \\ a_{n1} & a_{n2} & \cdots & a_{nn} \end{vmatrix}$
Unterdeterminante	Die Unterdeterminante $\det A_{ik}$ (des Elements a_{ik}) von $\det A$ ergibt sich durch Streichen der i-ten Zeile und der k-ten Spalte der zu $\det A$ gehörenden Matrix $A = (a_{ik})$.
zweireihige Determinanten	$|A| = \begin{vmatrix} a_{11} & a_{12} \\ a_{21} & a_{22} \end{vmatrix} = a_{11}a_{22} - a_{12}a_{21}$
dreireihige Determinanten	$|A| = \begin{vmatrix} a_{11} & a_{12} & a_{13} \\ a_{21} & a_{22} & a_{23} \\ a_{31} & a_{32} & a_{33} \end{vmatrix} = a_{11}\begin{vmatrix} a_{22} & a_{23} \\ a_{32} & a_{33} \end{vmatrix} - a_{12}\begin{vmatrix} a_{21} & a_{23} \\ a_{31} & a_{33} \end{vmatrix} + a_{13}\begin{vmatrix} a_{21} & a_{22} \\ a_{31} & a_{32} \end{vmatrix}$ Berechnung mithilfe der **Regel von SARRUS**: $\begin{vmatrix} a_{11} & a_{12} & a_{13} \\ a_{21} & a_{22} & a_{23} \\ a_{31} & a_{32} & a_{33} \end{vmatrix} \begin{matrix} a_{11} & a_{12} \\ a_{21} & a_{22} \\ a_{31} & a_{32} \end{matrix}$ $a_{11}a_{22}a_{33} + a_{12}a_{23}a_{31} + a_{13}a_{21}a_{32}$ $- a_{12}a_{21}a_{33} - a_{11}a_{23}a_{32} - a_{13}a_{22}a_{31}$
n-reihige Determinanten	Eine n-reihige Determinante kann nach jeder Zeile oder Spalte mithilfe von Unterdeterminanten entwickelt werden. *Beispiel:* Entwicklung nach den Elementen der ersten Zeile $\|A\| = \sum_{i=1}^{n} (-1)^{i+1} a_{1i} \|A_{1i}\|$

Lineare Gleichungssysteme

Grundbegriffe und Schreibweisen

$a_{ik}, b_i, x_i \in \mathbb{R}; i, k, m, n \in \mathbb{N}^*$

Begriff des linearen Gleichungssystems	Ein System aus m linearen Gleichungen mit n Variablen $x_1, x_2, \ldots, x_n$ wird **lineares Gleichungssystem** genannt. Jedes derartige Gleichungssystem lässt sich in folgender Form darstellen: $a_{11}x_1 + a_{12}x_2 + \ldots + a_{1n}x_n = b_1$ $a_{21}x_1 + a_{22}x_2 + \ldots + a_{2n}x_n = b_2$ $\ldots \qquad \qquad \qquad \qquad \ldots$ $a_{m1}x_1 + a_{m2}x_2 + \ldots + a_{mn}x_n = b_m$
homogenes System	Ein lineares Gleichungssystem aus m Gleichungen mit n Variablen (kurz: lineares $(m; n)$-Gleichungssystem), bei dem alle Konstanten b_i (Absolutglieder) den Wert 0 haben, heißt **homogen**.
inhomogenes System	Sind nicht alle Absolutglieder gleich null, so wird das System **inhomogen** genannt.
Äquivalenzumformungen	Die Lösungsmenge eines linearen Gleichungssystems bleibt bei folgenden Umformungen unverändert: (1) Vertauschen von Gleichungen (2) Multiplizieren einer Gleichung mit einer von null verschiedenen (reellen) Zahl (3) Addieren (des Vielfachen) einer Gleichung zu (dem Vielfachen) einer anderen

Matrixschreibweise	Unter Verwendung von Matrizen ergibt sich als weitere Schreibweise die folgende: $\mathbf{A} \cdot \vec{x} = \vec{b}$ bzw. $\begin{pmatrix} a_{11} & a_{12} & \dots & a_{1n} \\ a_{21} & a_{22} & \dots & a_{2n} \\ \dots & \dots & \dots & \dots \\ a_{m1} & a_{m2} & \dots & a_{mn} \end{pmatrix} \cdot \begin{pmatrix} x_1 \\ x_2 \\ \dots \\ x_n \end{pmatrix} = \begin{pmatrix} b_1 \\ b_2 \\ \dots \\ b_m \end{pmatrix}$ Die Matrix $\mathbf{A} = \mathbf{A}_{(m;\,n)} = (a_{ik})$ heißt **Koeffizientenmatrix** des linearen $(m;\,n)$-Gleichungssystems, die Matrix $\mathbf{S} = \mathbf{S}_{(m;\,n+1)} = \mathbf{A}\,|\,\vec{b}$ wird **erweiterte Koeffizientenmatrix** bzw. **Systemmatrix** genannt.
Vektorschreibweise	Ein lineares $(m;\,n)$-Gleichungssystem kann mithilfe von (Spalten-)Vektoren folgendermaßen dargestellt werden: $\vec{a}_1 x_1 + \vec{a}_2 x_2 + \dots + \vec{a}_n x_n = \vec{b}$ $\vec{a}_i$ i-ter Spaltenvektor $\vec{b}$ Konstantenvektor

Lösungsverfahren

$a_{ik},\ b_i,\ c_i \in \mathbb{R};\ i,\ k,\ m,\ n \in \mathbb{N}^*$

Determinantenverfahren	Lineare $(n;\,n)$-Gleichungssysteme können mithilfe des Determinantenverfahrens gelöst werden. Dabei werden folgende Determinanten betrachtet: $|\mathbf{A}| = \begin{vmatrix} a_{11} & a_{12} & \dots & a_{1i} & \dots & a_{1n} \\ a_{21} & a_{22} & \dots & a_{2i} & \dots & a_{2n} \\ \dots & \dots & \dots & \dots & \dots & \dots \\ a_{n1} & a_{n2} & \dots & a_{ni} & \dots & a_{nn} \end{vmatrix}$ $|\mathbf{A}_i| = \begin{vmatrix} a_{11} & a_{12} & \dots & b_1 & \dots & a_{1n} \\ a_{21} & a_{22} & \dots & b_2 & \dots & a_{2n} \\ \dots & \dots & \dots & \dots & \dots & \dots \\ a_{n1} & a_{n2} & \dots & b_n & \dots & a_{nn} \end{vmatrix}$ $|\mathbf{A}|$ ist die Koeffizientendeterminante; $|\mathbf{A}_i|$ ergibt sich, wenn in $|\mathbf{A}|$ die i-te Spalte durch den Konstantenvektor $\vec{b}$ ersetzt wird. Ist die Koeffizientendeterminante nicht null, erhält man als Lösung: $x_i = \dfrac{|\mathbf{A}_i|}{|\mathbf{A}|}$ **(cramersche Regel)**
Lösbarkeitskriterien	*Homogenes Gleichungssystem:* $|\mathbf{A}| \neq 0 \Rightarrow$ eindeutig lösbar (Nullvektor als triviale Lösung) $|\mathbf{A}| = 0 \Rightarrow$ unendlich viele Lösungen *Inhomogenes Gleichungssystem:* $|\mathbf{A}| \neq 0$ $\Rightarrow$ eindeutig lösbar (cramersche Regel) $|\mathbf{A}| = 0$ und $|\mathbf{A}_i| = 0$ für alle i $\Rightarrow$ unendlich viele Lösungen $|\mathbf{A}| = 0$ und nicht alle $|\mathbf{A}_i|$ gleich 0 $\Rightarrow$ keine Lösung

gaußsches Eliminierungsverfahren	Das gegebene lineare Gleichungssystem wird durch äquivalente Umformungen (bzw. Umformen der Koeffizientenmatrix $\mathbf{A}$ in eine obere Dreiecksmatrix) in **Staffel-** bzw. **Dreiecksform** gebracht. Im Fall $m = n$ hat diese die folgende Gestalt:
	
	$a_{11}x_1 + a_{12}x_2 + \dots + a_{1n}x_n = b_1$
	        $a'_{22}x_2 + \dots + a'_{2n}x_n = b'_2$
	                      $\dots$
	                        $a'_{nn}x_n = b'_n$
	
	Hieraus ergibt sich als erste Lösung $x_n = \dfrac{b'_n}{a'_{nn}}$, und durch rückwärtiges Einsetzen können sukzessive die Werte der Variablen x_{n-1} bis x_1 berechnet werden.

Lösbarkeitskriterien	*Homogenes Gleichungssystem:* Rang $\mathbf{A} = n \Rightarrow$ eindeutig lösbar (Nullvektor als triviale Lösung) Rang $\mathbf{A} < n \Rightarrow$ unendlich viele Lösungen *Inhomogenes Gleichungssystem:* Rang $\mathbf{A}$ = Rang $\mathbf{S} = n \Rightarrow$ eindeutig lösbar Rang $\mathbf{A}$ = Rang $\mathbf{S} < n \Rightarrow$ unendlich viele Lösungen Rang $\mathbf{A}$ < Rang $\mathbf{S}$ $\Rightarrow$ keine Lösung

Ausgewählte Computeralgebra-Befehle

	TI-89Plus/TI-92Plus	DERIVE	MATHCAD 8
Ausmultiplizieren	expand(*Term*)	EXPAND(*Term*)	*Term* entwickeln→ **M**
Polynomdivision	expand(*Term*)	EXPAND(*Term*)	*Term* konvert,teilbruch,*Var*→ **M**
Faktorisieren	factor(*Term*)	FACTOR(*Term*)	*Term* faktor→ **M**
Lösen einer Gleichung	solve(*Gl*,*Var*)	SOLVE(*Gl*,*Var*)	*Term* auflösen,*Var*→ **M**
Lösen eines Gleichungssystems	solve(*Gl1*and*Gl2*and… and*Gl n*,{*Var1*,…*Var n*})	SOLVE([*Gl1*,…,*Gl n*], [*Var1*,…,*Var n*])	*Lösungsblock* suchen(*Var1*,…,*Var n*)
Ersetzen einer Variablen	*Term* ⎮ *Var*=*Wert*	SUBST(*Term*,*Var*,*Wert*)	*Term* ersetzen,*Var*=*Wert*→ **M**
größte ganze Zahl ≤ *Term*	floor(*Term*)	FLOOR(*Term*)	floor(*Term*)
kleinste ganze Zahl ≥ *Term*	ceil(*Term*)	CEILING(*Term*)	ceil(*Term*)
Wertetabelle	Table(*Term*)	TABLE(*Term*, *Var*,min,max)	*Var* ⎡ : ⎤ ⎡ ; ⎤ min max *Term*=
Nullstellen einer Funktion	zeros(*Term*,*Var*)	SOLVE(*Gl*,*Var*) oder *Term*∗ CHI (a, *Var*, b)	*Schätzwert* wurzel (*Term*,*Var*)
abschnittsweise definierte Funktion	when(*Bed*,*wahr*,*falsch*)	IF(*Bed*,*wahr*,*falsch*)	wenn(*Bed*,*wahr*,*falsch*)
Ableitung einer Funktion	⎡d⎤ (*Term*,*Var*)	DIF(*Term*,*Var*)	$\frac{d}{dVar}$ *Term* **M**
höhere Ableitungen	⎡d⎤ (*Term*,*Var*,*Grd*)	DIF(*Term*,*Var*,*Grd*)	$\frac{d^n}{dVar}$ *Term* **M**
unbestimmtes Integral	⎡∫⎤ (*Term*,*Var*)	INT(*Term*,*Var*)	∫ (*Term*,*Var*) **M**
bestimmtes Integral	⎡∫⎤ (*Term*,*Var*,a,b)	INT(*Term*,*Var*,a,b)	$\int_a^b$ (*Term*,*Var*,a,b) **M**
Betrag eines Vektors	norm(*Vek*)	ABS(*Vekt*)	|*Vekt*|
Skalarprodukt	dotP(*Vekt1*,*Vekt2*)	(Zeilen-) *Vekt*∗(Zeilen-) *Vekt*	*Vekt*∗*Vekt*
Vektorprodukt	crossP(*Vekt1*, *Vekt2*)	CROSS(*Vekt1*, *Vekt2*)	*Vekt*×*Vekt* **M**
Determinante einer Matrix	det(*Matr*)	DET(*Matr*)	|*Matr*|
transponierte Matrix	*Matr*^{T} **M**	*Matr*`	*Matr*^{T} **M**
inverse Matrix	*Matr*$^{-1}$	*Matr*$^{-1}$	*Matr*$^{-1}$
Matrix in Diagonalform	rref(*Matr*)	ROW_REDUCE(*Matr*)	zref(*Matr*)
Zufallszahl Z mit $0 < Z \leq n$	rand(*n*)	RANDOM(*n*)+1	floor(rnd(*n*)+1
arithmetisches Mittel	mean({Z_1,…,Z_n})	AVERAGE(Z_1,…,Z_n)	mittelwert(*Matr*)
Standardabweichung	stdDev({Z_1,…,Z_n})	STDEV(Z_1,…,Z_n)	stdev(*Matr*)
Binomialkoeffizient $\binom{n}{k}$	nCr(*n*,*k*)	COMB(*n*,*k*)	combin(*n*,*k*)

In Abhängigkeit vom CAS (Computeralgebrasystem) können die Befehle eingegeben oder über ein Menü aktiviert werden. Sie sind mit einem **M** gekennzeichnet, wenn sie ausschließlich über Menüs verwendet werden können. Die Syntax enthält den Namen des Befehls und in Kursivschrift die mit einzugebenden Parameter.

Physik

Konstanten, Größen und Einheiten

Physikalische Konstanten (nach CODATA)

Fundamentale Naturkonstanten		
Größe	Formelzeichen	Wert
absoluter Nullpunkt	T_a	0 K = −273,15 °C
atomare Masseeinheit	u	$1,660\,540 \cdot 10^{-27}$ kg
Lichtgeschwindigkeit im Vakuum	c	$2,997\,924\,58 \cdot 10^{8}$ m·s^{-1}
AVOGADRO-Konstante (AVOGADRO-Zahl)	N_A	$6,022\,142 \cdot 10^{23}$ ·mol^{-1}
BOLTZMANN-Konstante	k	$1,380\,650 \cdot 10^{-23}$ J·K^{-1}
COMPTON-Wellenlänge des Elektrons	λ_C	$2,426\,310 \cdot 10^{-12}$ m
FARADAY-Konstante	F	$9,648\,534 \cdot 10^{4}$ A·s·mol^{-1}
LOSCHMIDT-Konstante	N_L	$2,686\,778 \cdot 10^{25}$ m^{-3}
plancksches Wirkungsquantum (PLANCK-Konstante)	h	$6,626\,069 \cdot 10^{-34}$ J·s
RYDBERG-Konstante	R_H	$1,097\,373 \cdot 10^{7}$ m^{-1}
RYDBERG-Frequenz	R_y	$3,289\,841 \cdot 10^{15}$ Hz
STEFAN-BOLTZMANN-Konstante	σ	$5,670\,400 \cdot 10^{-8}$ W·m^{-2}·K^{-4}
Solarkonstante für die Erde	S	$1,367 \cdot 10^{3}$ W·m^{-2}
Tripelpunkt von Wasser	T_{tr}	273,16 K = 0,01 °C
universelle Gaskonstante	R	$8,314\,472$ J·K^{-1}·mol^{-1}
wiensche Konstante	k	$2,897\,769 \cdot 10^{-3}$ m·K
Feldkonstanten		
Gravitationskonstante	G, γ	$6,673 \cdot 10^{-11}$ m^{3}·kg^{-1}·s^{-2}
elektrische Feldkonstante	ε_0	$8,854\,188 \cdot 10^{-12}$ A·s·V^{-1}·m^{-1}
magnetische Feldkonstante	μ_0	$4\pi \cdot 10^{-7}$ V·s·A^{-1}·m^{-1} = $1,256\,637 \cdot 10^{-6}$ V·s·A^{-1}·m^{-1}
Normgrößen		
molares Normvolumen	V_0	22,414 l·mol^{-1}
Normdruck	p_0	101 325 Pa = 1,013 25 bar
Normfallbeschleunigung (Ortsfaktor)	g_0	9,806 65 m·s^{-2} ≈ 9,81 m·s^{-2}
Normtemperatur	T_0, ϑ_0	T_0 = 273,15 K ϑ_0 = 0 °C
Elementarteilchen		
Elektron Ladung (Elementarladung)	e	$1,602\,176\,46 \cdot 10^{-19}$ C
Ruhemasse	m_e	$9,109\,381\,88 \cdot 10^{-31}$ kg
spezifische Ladung	$\dfrac{e}{m_e}$	$1,758\,820 \cdot 10^{11}$ C·kg^{-1}
Neutron Ruhemasse	m_n	$1,674\,927\,16 \cdot 10^{-27}$ kg
Proton Ruhemasse	m_p	$1,672\,621\,58 \cdot 10^{-27}$ kg

Basiseinheiten des internationalen Einheitensystems (SI)

Name	Zeichen	Definition
Meter	m	Das Meter ist die Länge der Strecke, die Licht im Vakuum während der Dauer von 1/299 792 458 Sekunden durchläuft.
Kilogramm	kg	Das Kilogramm ist gleich der Masse des internationalen Kilogrammprototyps.
Sekunde	s	Die Sekunde ist das 9 192 631 770-Fache der Periodendauer der dem Übergang zwischen den beiden Hyperfeinstrukturniveaus des Grundzustandes von Atomen des Nuklids Cs-133 (Caesium) entsprechenden Strahlung.
Ampere	A	Das Ampere ist die Stärke eines konstanten elektrischen Stromes, der durch zwei parallele, geradlinige, unendlich lange und im Vakuum im Abstand von einem Meter voneinander angeordnete Leiter von vernachlässigbar kleinem, kreisförmigen Querschnitt fließend, zwischen diesen Leitern je einem Meter Leiterlänge die Kraft von $2 \cdot 10^{-7}$ Newton hervorrufen würde.
Kelvin	K	Das Kelvin ist der 273,16te Teil der thermodynamischen Temperatur des Tripelpunktes des Wassers.
Mol	mol	Das Mol ist die Stoffmenge eines Systems, das aus ebensoviel Einzelteilchen besteht, wie Atome in 0,012 Kilogramm des Kohlenstoffnuklids ^{12}C enthalten sind.
Candela	cd	Die Candela ist die Lichtstärke in einer bestimmten Richtung einer Strahlungsquelle, die monochromatische Strahlung der Frequenz $540 \cdot 10^{12}$ Hertz aussendet und deren Strahlstärke in dieser Richtung 1/683 Watt durch ein Steradiant beträgt.

Ausgewählte Größen und Einheiten im Überblick

Größe	Formelzeichen	Einheiten und Einheitenzeichen		Beziehungen zwischen den Einheiten	
Aktivität (↗ S. 110)	A	Becquerel	Bq	1 Bq	$= 1\,s^{-1}$
Äquivalentdosis (↗ S. 110)	H	Sievert rem	Sv rem	1 Sv 1 rem	$= 1\,J \cdot kg^{-1}$ $= 10^{-2}\,Sv$
Arbeit (↗ S. 89, 90) elektrische (↗ S. 98)	W	Joule Newtonmeter Wattsekunde Kilowattstunde	J N·m W·s kW·h	1 J 1 kW·h	$= 1\,kg \cdot m^2 \cdot s^{-2}$ $= 1\,N \cdot m$ $= 1\,W \cdot s$ $= 3{,}6 \cdot 10^6\,W \cdot s$
Beleuchtungsstärke (↗ S. 108)	E	Lux	lx	1 lx	$= 1\,lm \cdot m^{-2}$
Beschleunigung (↗ S. 85 f.)	a, g	Meter durch Quadratsekunde	$m \cdot s^{-2}$	$1\,m \cdot s^{-2}$	$= 1\,N \cdot kg^{-1}$
Brennweite (↗ S. 107)	f	Meter	m		
Brechwert (Brechkraft) (↗ S. 107)	D	Dioptrie	dpt	1 dpt	$= 1\,m^{-1}$

Konstanten, Größen und Einheiten

Größe	Formel-zeichen	Einheiten und Einheitenzeichen		Beziehungen zwischen den Einheiten	
Dichte (Massendichte) (↗ S. 74, 90)	ϱ	Kilogramm durch Kubikmeter Gramm durch Kubikzentimeter	$kg \cdot m^{-3}$ $g \cdot cm^{-3}$	$1\,kg \cdot m^{-3}$ $1\,g \cdot cm^{-3}$	$= 10^{-3}\,g \cdot cm^{-3}$ $= 10^{3}\,kg \cdot m^{-3}$
Drehimpuls (↗ S. 89)	L	Newtonmetersekunde	$N \cdot m \cdot s$	$1\,N \cdot m \cdot s$	$= 1\,kg \cdot m^{2} \cdot s^{-1}$
Drehmoment (Kraft-moment) (↗ S. 84)	M	Newtonmeter	$N \cdot m$	$1\,N \cdot m$	$= 1\,kg \cdot m^{2} \cdot s^{-2}$
Drehzahl (↗ S. 87)	n	durch Sekunde	s^{-1}	$1\,s^{-1}$	$= 60\,min^{-1}$
Druck (↗ S. 90)	p	Pascal Bar Atmosphäre Torr (Millimeter Quecksilber-säule) Meter Wassersäule	Pa bar at mmHg mWs	1 Pa 1 bar 1 at 1 Torr 1 mWs	$= 1\,N \cdot m^{-2}$ $= 10^{5}\,Pa$ $= 9{,}81 \cdot 10^{4}\,Pa$ $= 0{,}981\,bar$ $= 133{,}32\,Pa$ $= 9{,}81 \cdot 10^{3}\,Pa$

Energie (↗ S. 89, 92, 102, 110)
  innere (↗ S. 95)
  elektrische (↗ S. 101)
	E, U	Joule
		Newtonmeter
		Wattsekunde
		Elektronenvolt
		Steinkohleneinheit
			J
			$N \cdot m$
			$W \cdot s$
			eV
			SKE
				1 J
				
				1 eV
				1 kg SKE
					$= 1\,kg \cdot m^{2} \cdot s^{-2}$
					$= 1\,N \cdot m$
					$= 1\,W \cdot s$
					$= 1{,}602\,177 \cdot 10^{-19}\,J$
					$= 29{,}3\,MJ$

Energiedosis (↗ S. 110)	D	Gray	Gy	1 Gy	$= 1\,J \cdot kg^{-1}$ $= 1\,m^{2} \cdot s^{-2}$
Enthalpie (↗ S. 95)	H	Joule	J	1 J	$= 1\,kg \cdot m^{2} \cdot s^{-2}$
Entropie (↗ S. 95)	S	Joule durch Kelvin	$J \cdot K^{-1}$	$1\,J \cdot K^{-1}$	$= 1\,kg \cdot m^{2} \cdot s^{-2} \cdot K^{-1}$
Feldstärke, elektrische (↗ S. 100)	E	Volt durch Meter	$V \cdot m^{-1}$	$1\,V \cdot m^{-1}$	$= 1\,kg \cdot m \cdot s^{-3} \cdot A^{-1}$ $= 1\,N \cdot C^{-1}$
Feldstärke, magnetische (↗ S. 102)	H	Ampere durch Meter	$A \cdot m^{-1}$	$1\,A \cdot m^{-1}$	$= 1\,kg \cdot m \cdot s^{-3} \cdot V^{-1}$ $= 1\,N \cdot Wb^{-1}$
Fläche, Flächeninhalt	A	Quadratmeter Hektar Ar	m^{2} ha a	$1\,m^{2}$ 1 ha 1 a	$= 10^{2}\,dm^{2}$ $= 10^{4}\,cm^{2}$ $= 10^{4}\,m^{2}$ $= 10^{2}\,m^{2}$
Fluss, elektrischer (↗ S. 100)	Ψ	Coulomb	C	1 C	$= 1\,A \cdot s$
Fluss, magnetischer (↗ S. 102)	Φ	Weber	Wb	1 Wb	$= 1\,V \cdot s$ $= 1\,m^{2} \cdot kg \cdot s^{-2} \cdot A^{-1}$
Flussdichte, elektrische (↗ S. 100)	D	Coulomb durch Quadratmeter	$C \cdot m^{-2}$	$1\,C \cdot m^{-2}$	$= 1\,A \cdot s \cdot m^{-2}$
Flussdichte, magne-tische (↗ S. 102)	B	Tesla	T	1 T	$= 1\,Wb \cdot m^{-2}$ $= 1\,V \cdot s \cdot m^{-2}$ $= 1\,N \cdot m^{-1} \cdot A^{-1}$
Frequenz (↗ S. 92, 106)	f	Hertz	Hz	1 Hz	$= 1\,s^{-1}$
Geschwindigkeit (↗ S. 85 ff.), Ausbreitungsgeschwin-digkeit (↗ S. 92, 105 f.)	v, u, c	Meter durch Sekunde Kilometer durch Stunde Knoten	$m \cdot s^{-1}$ $km \cdot h^{-1}$ kn	$1\,m \cdot s^{-1}$ $1\,km \cdot h^{-1}$ 1 kn	$= 3{,}6\,km \cdot h^{-1}$ $= 0{,}28\,m \cdot s^{-1}$ $= 1\,sm \cdot h^{-1}$ $= 1852\,m \cdot h^{-1}$

Größe	Formelzeichen	Einheiten und Einheitenzeichen		Beziehungen zwischen den Einheiten
Impuls (Bewegungsgröße) (↗ S. 87)	p	Kilogramm mal Meter durch Sekunde	$kg \cdot m \cdot s^{-1}$	$1\,kg \cdot m \cdot s^{-1} = 1\,N \cdot s$
Induktivität (↗ S. 103)	L	Henry	H	$1\,H = 1\,Wb \cdot A^{-1}$ $= 1\,m^2 \cdot kg \cdot s^{-2} \cdot A^{-2}$
Kapazität, elektrische (↗ S. 101)	C	Farad	F	$1\,F = 1\,A \cdot s \cdot V^{-1}$
Kraft (↗ S. 84 f.)	F	Newton	N	$1\,N = 1\,kg \cdot m \cdot s^{-2}$ $= 1\,J \cdot m^{-1}$
		Kilopond	kp	$1\,kp = 9{,}81\,N$
Kraftstoß (↗ S. 87)	I	Newton mal Sekunde	$N \cdot s$	$1\,N \cdot s = 1\,kg \cdot m \cdot s^{-1}$
Kreisfrequenz (↗ S. 106)	ω	durch Sekunde	s^{-1}	$1\,s^{-1} = 60\,min^{-1}$
Ladung, elektrische (↗ S. 100)	Q	Coulomb	C	$1\,C = 1\,A \cdot s$
Länge	l	Meter	m	Basiseinheit des SI (↗ S. 70) $1\,m = 10^3\,mm$
Lautstärkepegel (Lautstärke) (↗ S. 92)	L_N	Phon	phon	
Leistung (↗ S. 90, 96, 98, 103)	P	Watt	W	$1\,W = 1\,J \cdot s^{-1}$ $= 1\,V \cdot A$ $= 1\,kg \cdot m^2 \cdot s^{-3}$ $= 1\,N \cdot m \cdot s^{-1}$
Leitfähigkeit, elektrische (↗ S. 98)	$\gamma, \varkappa$	Siemens durch Meter	$S \cdot m^{-1}$	$1\,S \cdot m^{-1} = 1\,\Omega^{-1} \cdot m^{-1}$ $= 10^{-6}\,m \cdot \Omega^{-1} \cdot mm^{-2}$
Leuchtdichte (↗ S. 108)	L_V	Candela durch Quadratmeter	$cd \cdot m^{-2}$	
Leuchtkraft (↗ S. 113)	L	Joule durch Sekunde	$J \cdot s^{-1}$	$1\,J \cdot s^{-1} = 1\,W$
Lichtstärke (↗ S. 108)	I_V	Candela	cd	Basiseinheit des SI (↗ S. 70)
Lichtstrom (↗ S. 108)	Φ_V	Lumen	lm	$1\,lm = 1\,cd \cdot sr$
Masse (↗ S. 70)	m	Kilogramm Tonne	kg t	Basiseinheit des SI (↗ S. 70) $1\,t = 10^3\,kg$
Schwingungsdauer (Periodendauer) (↗ S. 105, 106)	T	Sekunde	s	↗ Zeit
Potenzial, elektrisches (↗ S. 98, 101)	φ	Volt	V	$1\,V = 1\,kg \cdot m^2 \cdot s^{-3} \cdot A^{-1}$
Schalldruckpegel (↗ S. 92)	L_A	Dezibel	dB	
Schallintensität (↗ S. 92)	I	Watt durch Quadratmeter	$W \cdot m^{-2}$	$1\,W \cdot m^{-2} = 1\,kg \cdot s^{-3}$
Spannung, elektrische (↗ S. 98)	U, u	Volt	V	$1\,V = 1\,kg \cdot m^2 \cdot s^{-3} \cdot A^{-1}$
Stoffmenge (↗ S. 70)	n	Mol	mol	Basiseinheit des SI (↗ S. 70)
Stromstärke, elektrische (↗ S. 70, 98)	I, i	Ampere	A	Basiseinheit des SI (↗ S. 70) $1\,A = 1\,kg \cdot m^2 \cdot s^{-3} \cdot V^{-1}$

Konstanten, Größen und Einheiten

Größe	Formel-zeichen	Einheiten und Einheitenzeichen		Beziehungen zwischen den Einheiten
Temperatur (↗ S. 70, 93)	T	Kelvin Grad Celsius Grad Fahrenheit Grad Réaumur	K °C °F °R	Basiseinheit des SI (↗ S. 70) 0 °C = 273,15 K 32 °F = 0 °C 212 °F = 100 °C 0 °R = 0 °C 80 °R = 100 °C
Trägheitsmoment (↗ S. 88)	J	Kilogramm mal Quadratmeter	$kg \cdot m^2$	$1\,kg \cdot m^2 = 1\,N \cdot m \cdot s^2$
Vergrößerung eines optischen Gerätes (↗ S. 107)	V		1	
Volumen	V	Kubikmeter Liter Registertonne	m^3 l RT	$1\,m^3 = 10^3\,dm^3 = 10^6\,cm^3$ $1\,l = 1\,dm^3$ $1\,RT = 2{,}832\,m^3$
Wärme, Wärmemenge (↗ S. 93 ff.)	Q	Joule Kalorie	J cal	$1\,J = 1\,N \cdot m$ $ = 1\,kg \cdot m^2 \cdot s^{-2}$ $ = 1\,W \cdot s$ $1\,cal = 4{,}19\,J$
Wärmekapazität (↗ S. 93)	C_{th}	Joule durch Kelvin	$J \cdot K^{-1}$	$1\,J \cdot K^{-1} = 1\,W \cdot s \cdot K^{-1}$
Wärmeleitwiderstand (↗ S. 93)	R_λ	Kelvin durch Watt	$K \cdot W^{-1}$	$1\,K \cdot W^{-1} = 1\,K \cdot s^3 \cdot kg^{-1} \cdot m^{-2}$
Wärmestrom (↗ S. 93)	Φ_{th}	Watt	W	$1\,W = 1\,J \cdot s^{-1}$
Weg (↗ S. 85 ff.)	s	Meter	m	↗ Länge
Wellenlänge (↗ S. 92, 105 f., 108 f.)	λ	Meter	m	↗ Länge
Widerstand, ohmscher (↗ S. 103)	R	Ohm	Ω	$1\,\Omega = 1\,V \cdot A^{-1}$ $ = 1\,S^{-1}$ $ = 1\,m^2 \cdot kg \cdot s^{-3} \cdot A^{-2}$
Widerstand, induktiver (↗ S. 103)	X_L	Ohm	Ω	$1\,\Omega = 1\,V \cdot A^{-1}$
Widerstand, kapazitiver (↗ S. 103)	X_C	Ohm	Ω	$1\,\Omega = 1\,V \cdot A^{-1}$
Winkel (↗ S. 87)	α, β γ, φ	Radiant Grad	rad °	$1\,rad = \frac{180°}{\pi} = 57{,}296°$ $1° = \frac{\pi}{180°}\,rad$ $ = 0{,}017\,45\,rad$
Winkelbeschleunigung (↗ S. 87)	α	durch Quadratsekunde	s^{-2}	$1\,s^{-2} = 3600\,min^{-2}$ $\phantom{1\,s^{-2}} = 1\,rad \cdot s^{-2}$
Winkelgeschwindigkeit (↗ S. 87)	ω	durch Sekunde	s^{-1}	$1\,s^{-1} = 60\,min^{-1}$ $\phantom{1\,s^{-1}} = 1\,rad \cdot s^{-1}$
Wirkungsgrad (↗ S. 90, 96, 104)	η		1 oder in %	
Zeit, Zeitspanne, Dauer (↗ S. 70)	t	Sekunde Minute Stunde Tag Jahr	s min h d a	Basiseinheit des SI (↗ S. 70) $1\,min = 60\,s$ $1\,h = 60\,min = 3600\,s$ $1\,d = 24\,h = 1440\,min$ $ = 86\,400\,s$ $1\,a = 365\,d$ oder $366\,d$

Wertetabellen

Dichte ϱ von festen Stoffen und Flüssigkeiten (↗ Ch, S. 114 – 123)   bei 20 °C und 101,3 kPa

feste Stoffe				Flüssigkeiten	
Stoff	ϱ in g·cm^{-3}	Stoff	ϱ in g·cm^{-3}	Stoff	ϱ in g·cm^{-3}
Aluminium	2,70	Kupfer	8,96	Aceton (Propanon)	0,79
Beton	1,8 … 2,4	Messing (30 % Zn)	8,5	Benzin	0,70 … 0,78
Blei	11,35	Papier	0,7 … 1,2	Benzol (Benzen)	0,87
Diamant	3,51	Platin	21,45	Dieselkraftstoff	0,84 … 0,88
Eis (bei 0 °C)	0,92	Polypropylenfolie	0,91	Erdöl	0,73 … 0,94
Eisen	7,86	Porzellan	2,2 … 2,5	Methanol	0,79
Glas (Fensterglas)	2,4 … 2,7	Schnee (pulvrig)	0,1	Quecksilber	13,53
Gold	19,32	Silber	10,50	Salpetersäure 50 %	1,31
Gummi	0,9 … 1,2	Silicium	2,33	65 %	1,40
Holz (lufttrocken)		Stahl	7,85	Salzsäure 37 %	1,18
Buche	0,73	Styropor	0,03	schweres Wasser	1,10
Eiche	0,86	Zement	3,1 … 3,2	Spiritus (Ethanol 96 %)	0,83
Fichte	0,47	Ziegel	1,2 … 1,9	Transformatorenöl	0,87
Konstantan	8,8	Zink	7,13	Wasser destilliert	1,00
Kork	0,2 … 0,3	Zinn	7,29	Meerwasser	1,02

Dichte ϱ von Gasen (↗ Ch, S. 114 – 123)   bei 0 °C und 101,3 kPa

Stoff	ϱ in kg·m^{-3}	Stoff	ϱ in kg·m^{-3}	Stoff	ϱ in kg·m^{-3}
Ammoniak	0,77	Kohlenstoffmonooxid	1,25	Sauerstoff	1,43
Chlor	3,21	Luft (trocken)	1,29	Stickstoff	1,25
Erdgas (trocken)	≈ 0,7	Methan	0,72	Wasserdampf (100 %)	0,61
Helium	0,18	Ozon	2,14	Wasserstoff	0,09
Kohlenstoffdioxid	1,98	Propan	2,02	Xenon	5,85

Reibungszahlen

Es sind Durchschnittswerte angegeben.

Stoff		Haftreibungszahl μ_0	Gleitreibungszahl μ	Rollreibungszahl μ_F (Fahrwiderstandszahl)
Beton auf Kies		0,8 … 0,9	–	–
Bremsbelag auf Stahl		–	0,6	–
Holz auf Holz		0,6	0,5	–
Reifen auf Asphalt	trocken	0,8	0,5	0,02
	nass	0,5	0,3	–
Stahl auf Eis		0,03	0,01	–
Stahl auf Stahl	trocken	0,15	0,10	0,002
	geschmiert	0,10	0,05	0,001

Luftwiderstandszahlen c_W (Luftwiderstandsbeiwerte)

Durchschnittswerte

Körper		c_W	Körper	c_W
Scheibe	→	1,1	Pkw	0,25 ... 0,45
Kugel	→	0,45	Omnibus	0,6 ... 0,7
Halbkugel	→	0,3 ... 0,4	Lkw	0,6 ... 1,0
Schale	→	1,3 ... 1,5	Motorrad	0,6 ... 0,7
Stromlinienkörper	→	0,06	Rennwagen	0,15 ... 0,2

Luftdruck in Abhängigkeit von der Höhe

bei Normalatmosphäre

Höhe in m	Druck in hPa	Höhe in m	Druck in hPa	Höhe in m	Druck in hPa
0	1013,25	2000	795,0	9000	307,4
100	1001,3	3000	701,1	10000	264,4
200	989,5	4000	616,4	12000	193,3
300	977,7	5000	540,2	14000	141,0
400	966,1	6000	471,8	16000	102,9
500	954,6	7000	410,6	18000	75,1
1000	898,8	8000	356,0	20000	54,8

Lautstärke L_N, Schalldruck p und Schallintensität I

bei 1000 Hz und Normbedingungen in Luft

Lautstärke in phon	Schalldruck in $N \cdot m^{-2}$	Schallintensität in $W \cdot m^{-2}$	Beispiel
0	$2 \cdot 10^{-5}$	10^{-12}	Hörschwelle
20	$2 \cdot 10^{-4}$	10^{-10}	übliche Wohngeräusche, Flüstern, ruhiger Garten
40	$2 \cdot 10^{-3}$	10^{-8}	leise Rundfunkmusik, normales Sprechen
60	$2 \cdot 10^{-2}$	10^{-6}	Unterhaltungslautstärke, Staubsauger
80	$2 \cdot 10^{-1}$	10^{-4}	üblicher Lärm im Straßenverkehr, laute Rundfunkmusik im Zimmer
100	2	10^{-2}	Presslufthammer, laute Autohupe
120	$2 \cdot 10$	1	Donner, Flugzeugpropeller in geringer Entfernung
140	$2 \cdot 10^2$	10^2	Schmerzschwelle, Gehörschädigung schon bei kurzzeitiger Einwirkung

Häufig wird die physiologische Größe Lautstärke durch die physikalische Größe Schallpegel (gemessen in dB) ersetzt.

Frequenzen der Töne der eingestrichenen Oktave

gleichmäßig temperierte Stimmung   Oktave: 12 Schritte mit einer Länge von je $\sqrt[12]{2} = 1,05946$

Ton	c'	d'	e'	f'	g'	a'	b'	h'	c''
relative Frequenzen	1,00000	1,12246	1,25992	1,33484	1,49831	1,68179	1,78180	1,88775	2,00000
absolute Frequenzen in Hz	261,63	293,67	329,63	349,23	392,00	440,00	466,16	493,88	523,25

Schallgeschwindigkeit c

feste Stoffe (bei 20 °C)		Flüssigkeiten (bei 20 °C)		Gase (bei 0 °C und 101,3 kPa)	
Stoff	c in m·s^{-1}	Stoff	c in m·s^{-1}	Stoff	c in m·s^{-1}
Aluminium	5100	Benzol (Benzen)	1330	Ammoniak	415
Beton	3800	Ethanol	1190	Helium	981
Holz (Eiche)	3380	Propantriol (Glyzerin)	1920	Kohlenstoffdioxid	258

Eis bei –4 °C	3250	Quecksilber	1430	Luft bei –20°C
				         bei 0°C
				         bei +20°C
					320
					332
					344

Stahl	4900	Toluol (Toluen)	1350	Sauerstoff	316
Ziegelstein	3500	Wasser bei 0°C bei 20°C	1407 1484	Wasserstoff	1280

Längenausdehnungskoeffizient α fester Stoffe

zwischen 0 °C und 100 °C

Stoff	α in 10^{-5} K^{-1}	Stoff	α in 10^{-5} K^{-1}	Stoff	α in 10^{-5} K^{-1}
Aluminium	2,4	Glas (Fensterglas)	1,0	Silber	2,0
Beton	1,2	Gold	1,4	Silicium	0,2
Blei	2,9	Konstantan	1,5	Stahl	1,2
Cadmium	3,1	Kupfer	1,6	Wolfram	0,4
Eis (bei 0 °C)	5,1	Messing	1,8	Ziegelstein	0,5
Eisen	1,2	Porzellan	0,4	Zinn	2,7

Volumenausdehnungskoeffizient γ von Flüssigkeiten

bei 20 °C

Stoff	γ in 10^{-3} K^{-1}	Stoff	γ in 10^{-3} K^{-1}	Stoff	γ in 10^{-3} K^{-1}
Aceton (Propanon)	1,4	Methanol	1,1	Schwefelsäure	0,6
Benzin	1,0	Petroleum	0,9	Toluol (Toluen)	1,1
Ethanol	1,1	Quecksilber	0,18	Wasser	0,21

Spezifische Wärmekapazität c von festen Stoffen und Flüssigkeiten

feste Stoffe zwischen 0 °C und 100 °C				Flüssigkeiten bei 20 °C	
Stoff	c in kJ·kg^{-1}·K^{-1}	Stoff	c in kJ·kg^{-1}·K^{-1}	Stoff	c in kJ·kg^{-1}·K^{-1}
Aluminium	0,90	Messing	0,38	Aceton	2,10
Beton	0,90	Porzellan	0,73	Benzol (Benzen)	1,70
Blei	0,13	Stahl	0,47	Ethanol	2,43
Eis (bei 0 °C)	2,09	Wolfram	0,13	Methanol	2,40
Glas	0,86	Ziegelstein	0,86	Petroleum	2,0
Konstantan	0,42	Zink	0,39	Quecksilber	0,14
Kupfer	0,39	Zinn	0,23	Wasser	4,19

Spezifische Wärmekapazität von Gasen bei konstantem Druck c_p und bei konstantem Volumen c_V, spezifische Gaskonstante R_s

bei 0 °C

Stoff	c_p in kJ·kg^{-1}·K^{-1}	c_V in kJ·kg^{-1}·K^{-1}	R_s in J·kg^{-1}·K^{-1}
Ammoniak	2,05	1,56	488
Helium	5,24	3,22	2077
Kohlenstoffdioxid	0,85	0,65	189
Luft	1,01	0,72	287
Sauerstoff	0,92	0,65	260
Stickstoff	1,04	0,75	297
Wasserdampf	1,86	1,40	462
Wasserstoff	14,28	10,13	4124

Der Quotient $c_p : c_V$ ergibt den Adiabatenkoeffizienten $\varkappa$.

Wärmeleitfähigkeit λ

bei 20 °C und 101,3 kPa

feste Stoffe				Flüssigkeiten		Gase	
Stoff	λ in W·m^{-1}·K^{-1}	Stoff	λ in W·m^{-1}·K^{-1}	Stoff	λ in W·m^{-1}·K^{-1}	Stoff	λ in W·m^{-1}·K^{-1}
Aluminium	234	Kupfer	398	Benzol (Benzen)	0,14	Helium	0,143
Beton	1,1	Stahl	41 … 58	Ethanol	0,2	Luft	0,025
Blei	35	Wolfram	169	Quecksilber	8,7	Sauerstoff	0,024
Eis (bei 0°C)	2,2	Ziegelstein	0,4 … 0,8	Terpentin	0,14	Stickstoff	0,024
Holz (Eiche)	0,2	Zinn	63	Wasser	0,6	Wasserstoff	0,17

Wärmeübergangskoeffizient α

Richtwerte

Körper	α in W·m^{-2}·K^{-1}
Außenfenster	12
Außenseite geschlossener Räume	23

Innenflächen geschlossener Räume
    Innenfenster, Wandflächen
    Fußboden, Decken
	
	8
	7

ruhendes Wasser um Rohre	350 … 600
siedendes Wasser an Metallflächen	3500 … 6000
siedendes Wasser in Rohren	4700 … 7000

Wärmedurchgangskoeffizient U

Richtwerte

Körper		U in W·m^{-2}·K^{-1}
Außenwand (Hohlziegel)	ungedämmt mit Dämmschicht (8 cm)	1,3 0,4
Glasscheiben	einfach doppelt (6 mm Abstand)	5,8 3,5
Ziegeldach	ungedämmt mit Dämmschicht (10 cm)	6,0 0,4

Schmelztemperatur ϑ_s (↗ Ch, S. 114 – 123) und spezifische Schmelzwärme q_s

Stoff	ϑ_s in °C	q_s in kJ·kg^{-1}	Stoff	ϑ_s in °C	q_s in kJ·kg^{-1}
Aluminum	660	396	Aceton	–94,7	82
Blei	327	24,8	Ethanol	–114,1	105
Eis	0	334	Methanol	–97,7	69
Eisen	1540	275	Quecksilber	–38,9	12
Kupfer	1083	205	Ammoniak	–78	339
Silber	961	104	Helium	–270	–
Stahl	≈ 1500	270	Sauerstoff	–218,4	14
Wolfram	3410	192,6	Stickstoff	–210	26
Zinn	232	59	Wasserstoff	–259,1	59

Siedetemperatur ϑ_v (↗ Ch, S. 114 – 123) und spezifische Verdampfungswärme q_v

Stoff	ϑ_v in °C	q_v in kJ·kg^{-1}	Stoff	ϑ_v in °C	q_v in kJ·kg^{-1}
Aluminium	2450	10 500	Aceton	56	525
Blei	1740	871	Benzol (Benzen)	80	394
Eisen	3000	6322	Ethanol	78	845
Gold	2970	1578	Quecksilber	356,6	285
Graphit	4830	–	Wasser	100	2256
Kupfer	2600	4650	Ammoniak	–33	1370
Silber	2210	2357	Kohlenstoffdioxid	–78	574
Wolfram	5500	4190	Stickstoff	–195,8	198
Zinn	2270	2386	Wasserstoff	–252,5	455

Maximale absolute Feuchte $\varrho_{w,max}$ bei verschiedener Temperatur

ϑ in °C	$\varrho_{w,\,max}$ in g·m^{-3}	ϑ in °C	$\varrho_{w,\,max}$ in g·m^{-3}	ϑ in °C	$\varrho_{w,\,max}$ in g·m^{-3}
–10	2,14	2	5,6	14	12,1
–8	2,54	4	6,4	16	13,6
–6	2,99	6	7,3	18	15,4
–4	3,51	8	8,3	20	17,3
–2	4,13	10	9,4	22	19,4
0	4,84	12	10,7	24	21,8

Heizwert H (unterer Heizwert) von Stoffen (spezifischer Heizwert)

Feste Stoffe	H in MJ·kg^{-1}	Flüssigkeiten	H in MJ·kg^{-1}	Gase	H in MJ·kg^{-1}
Braunkohle	8 … 15	Benzin	40 … 42 (30 … 32 MJ·l^{-1})	Erdgas	42 (31 MJ·m^{-3})
Braunkohlenbriketts	20	Diesel	43 (36 MJ·l^{-1})	Propan	47 (94 MJ·m^{-3})
Holz (trocken)	8 … 16	Heizöl	42,6 (37 MJ·l^{-1})	Stadtgas	28 (17 MJ·m^{-3})
Steinkohle	27 … 33	Petroleum	51 (41 MJ·l^{-1})	Wasserstoff	120 (11 MJ·m^{-3})

Druckabhängigkeit der Siedetemperatur von Wasser

Druck in kPa	Siedetemperatur in °C	Druck in kPa	Siedetemperatur in °C
50	81,34	105	101,0
60	85,95	200	120,2
70	89,96	300	133,5
80	93,51	400	143,6
90	96,71	500	151,8
100	99,63	800	170,4
101,325	100,00	1 000	180,0

Spezifischer elektrischer Widerstand ϱ und elektrische Leitfähigkeit γ bei 20 °C

Leiter	ϱ in $\Omega \cdot mm^2 \cdot m^{-1}$	γ in $\Omega^{-1} \cdot m^{-1}$	Isolatoren	ϱ in $\Omega \cdot mm^2 \cdot m^{-1}$	γ in $\Omega^{-1} \cdot m^{-1}$	andere Stoffe	ϱ in $\Omega \cdot mm^2 \cdot m^{-1}$	γ in $\Omega^{-1} \cdot m^{-1}$
Aluminium	0,028	$3{,}6 \cdot 10^7$	Bernstein	$> 10^{22}$	$< 10^{-16}$	Blut	$1{,}6 \cdot 10^6$	0,63
Eisen	0,10	$1{,}0 \cdot 10^7$	Glas	$10^{13} \ldots 10^{17}$	$10^{-11} \ldots 10^{-7}$	Fettgewebe	$3{,}3 \cdot 10^7$	0,03
Gold	0,022	$4{,}5 \cdot 10^7$	Glimmer	$10^{15} \ldots 10^{17}$	$10^{-11} \ldots 10^{-9}$	Kochsalzlösung (10 %)	$7{,}9 \cdot 10^4$	13
Konstantan	0,50	$2 \cdot 10^6$	Holz (trocken)	$10^{10} \ldots 10^{15}$	$10^{-9} \ldots 10^{-4}$	Kupfersulfatlösung (10 %)	$3{,}0 \cdot 10^5$	3,3
Kupfer	0,017	$5{,}9 \cdot 10^7$	Papier	$10^{15} \ldots 10^{16}$	$10^{-10} \ldots 10^{-9}$	Meerwasser	$5{,}0 \cdot 10^5$	2,0
Silber	0,016	$6{,}3 \cdot 10^7$	Polypropylenfolie	10^{11}	10^{-5}	Muskelgewebe	$2{,}0 \cdot 10^6$	0,50
Stahl	0,10…0,20	$5 \cdot 10^6 \ldots 10 \cdot 10^6$	Porzellan	10^{18}	10^{-12}	Salzsäure (10 %)	$1{,}5 \cdot 10^4$	67
Wolfram	0,053	$1{,}9 \cdot 10^7$	Wasser (destilliert)	10^{10}	10^{-4}	Schwefelsäure (10 %)	$2{,}5 \cdot 10^4$	40

HALL-Konstante R_H

Stoff	R_H in $10^{-11}\,m^3 \cdot C^{-1}$	Stoff	R_H in $10^{-11}\,m^3 \cdot C^{-1}$
Aluminium	−3,5	Palladium	−8,6
Cadmium	+5,9	Platin	−2,0
Gold	−7,2	Silber	−8,9
Kupfer	−5,2	Zink	+6,4

Austrittsarbeit W_A von Elektronen aus Metallen

Stoff	W_A in eV	Stoff	W_A in eV	Stoff	W_A in eV
Aluminium	4,20	Cadmium	4,04	Platin	5,36
Barium	2,52	Caesium	1,94	Wolfram	4,54
Barium auf Wolframoxid	1,3	Caesium auf Wolfram	1,4	Zink	4,27

Permittivitätszahl (relative Permittivität) ε_r bei 20 °C

Stoff	ε_r	Stoff	ε_r	Stoff	ε_r
Bernstein	2,8	Luft	1,0006	Porzellan	5 ... 6,5
Glas	5 ... 16	Methanol	34	Transformatorenöl	2,2 ... 2,5
Glimmer	5 ... 9	Papier	1,2 ... 3,0	Vakuum	1
Holz	3 ... 10	Paraffin	2,0	Wasser	81
keramische Werkstoffe	10 ... 50000	Polypropylenfolie	2,2	Wasserstoff	1,0003

Permeabilitätszahl (relative Permeabilität) μ_r bei 20 °C

diamagnetische Stoffe		paramagnetische Stoffe		ferromagnetische Stoffe	
Stoff	μ_r	Stoff	μ_r	Stoff	μ_r
Antimon	0,999884	Aluminium	1,00002	Cobalt	80 ... 200
Gold	0,999971	Chromium	1,00028	Dynamoblech	200 ... 3000
Quecksilber	0,999966	Eisen(III)-chlorid	1,003756	Eisen	250 ... 680
Wasser	0,999991	Luft	1,00000037	Nickel	280 ... 2500
Zink	0,999986	Platin	1,0002	Sonderlegierungen	bis 900000

Brechzahl n und Lichtgeschwindigkeit c

Stoff	n	c in km·s^{-1}
Benzol (Benzen)	1,50	200000
Diamant	2,42	124000
Eis	1,31	229000
Flintglas leicht	1,61	186000
schwer	1,75	171000
Flussspat	1,43	210000
Glimmer	1,58	190000
Kalkspat ordentlich	1,66	181000
außerordentlich	1,49	201000
Kanadabalsam	1,54	195000
Kronglas leicht	1,51	199000
schwer	1,61	186000
Luft	1,000292	299711
Plexiglas	1,49	201000
Polystyrol	1,59	189000
Quarzglas	1,46	205000
Schwefelkohlenstoff	1,63	184000
Wasser	1,33	225000

Spektrallinien einiger Elemente

Element	λ in nm
Argon	404,44 420,01 425,94 434,81
Barium	455,40 493,41 553,55
Helium	471,32 501,57
Natrium	588,995 (D$_2$) 589,592 (D$_1$)
Neon	540,06 588,19 638,30
Quecksilber	435,83 578,97 579,01
Wasserstoff (BALMER-Serie)	410,17 (H$_\delta$) 434,05 (H$_\gamma$) 486,13 (H$_\beta$) 656,28 (H$_\alpha$)
Zink	468,01 472,22 481,05

Spektrum elektromagnetischer Wellen

Bezeichnung	Frequenz in Hz	Wellenlänge in m
Wechselstrom	bis $3 \cdot 10^4$	bis 10^4
hertzsche Wellen		
Langwellen (LW)	$3 \cdot 10^4 \ldots 3 \cdot 10^5$	$10^4 \ldots 10^3$
Mittelwellen (MW)	$3 \cdot 10^5 \ldots 3 \cdot 10^6$	$10^3 \ldots 10^2$
Kurzwellen (KW)	$3 \cdot 10^6 \ldots 3 \cdot 10^7$	$10^2 \ldots 10$
Ultrakurzwellen (UKW, VHF, UHF)	$3 \cdot 10^7 \ldots 3 \cdot 10^9$	$10 \ldots 0{,}1$
Mikrowellen	$3 \cdot 10^9 \ldots 10^{12}$	$0{,}1 \ldots 3 \cdot 10^{-4}$
Lichtwellen		
infrarotes Licht	$10^{12} \ldots 3{,}8 \cdot 10^{14}$	$3 \cdot 10^{-4} \ldots 7{,}8 \cdot 10^{-7}$
sichtbares Licht	$3{,}8 \cdot 10^{14} \ldots 7{,}7 \cdot 10^{14}$	$780 \cdot 10^{-9} \ldots 390 \cdot 10^{-9}$ (780 nm ... 390 nm)
rotes Licht	$3{,}8 \cdot 10^{14} \ldots 4{,}8 \cdot 10^{14}$	$780 \cdot 10^{-9} \ldots 620 \cdot 10^{-9}$ (780 nm ... 620 nm)
oranges Licht	$4{,}8 \cdot 10^{14} \ldots 5{,}0 \cdot 10^{14}$	$620 \cdot 10^{-9} \ldots 600 \cdot 10^{-9}$ (620 nm ... 600 nm)
gelbes Licht	$5{,}0 \cdot 10^{14} \ldots 5{,}3 \cdot 10^{14}$	$600 \cdot 10^{-9} \ldots 570 \cdot 10^{-9}$ (600 nm ... 570 nm)
grünes Licht	$5{,}3 \cdot 10^{14} \ldots 6{,}1 \cdot 10^{14}$	$570 \cdot 10^{-9} \ldots 490 \cdot 10^{-9}$ (570 nm ... 490 nm)
blaues Licht	$6{,}1 \cdot 10^{14} \ldots 7{,}0 \cdot 10^{14}$	$490 \cdot 10^{-9} \ldots 430 \cdot 10^{-9}$ (490 nm ... 430 nm)
violettes Licht	$7{,}0 \cdot 10^{14} \ldots 7{,}7 \cdot 10^{14}$	$430 \cdot 10^{-9} \ldots 390 \cdot 10^{-9}$ (430 nm ... 390 nm)
ultraviolettes Licht	$7{,}7 \cdot 10^{14} \ldots 3 \cdot 10^{16}$	$3{,}9 \cdot 10^{-7} \ldots 10^{-8}$
Röntgenstrahlung	$3 \cdot 10^{16} \ldots 5 \cdot 10^{21}$	$10^{-8} \ldots 6 \cdot 10^{-14}$
Gammastrahlung, kosmische Strahlung	größer als $3 \cdot 10^{18}$	kleiner als 10^{-10}

Halbwertszeit $T_{1/2}$ und Art der Strahlung einiger Nuklide

Nuklid	Halbwertszeit $T_{1/2}$	Art der Strahlung
Americium-241	433 a	α, γ
Caesium-137	30,17 a	β^-
Cobalt-60	5,27 a	β^-, γ
Iod-131	8,04 d	β^-
Kohlenstoff-14	5730 a	β^-
Krypton-85	10,76 a	β^-, γ
Plutonium-238	87,74 a	α, γ
Radium-226	1600 a	α, γ
Radon-220	55,6 s	α
Uran -235	$7{,}1 \cdot 10^8$ a	α
-238	$4{,}5 \cdot 10^9$ a	α

Mittlerer Qualitätsfaktor q

Strahlungsart	β-Strahlung γ-Strahlung Röntgenstrahlung	thermische Neutronen	schnelle Neutronen	α-Strahlung	schwere Ionen
Qualitätsfaktor q	1	2,3	10	20	20

Nuklidkarte (vereinfachter Ausschnitt)

Nuklidkarte

92	**U 227** 1,1 min γ: 0,247 α: 6,86	**U 228** 9,1 min ε, γ α: 6,68	**U 229** 58 min ε, γ: 0,123 α: 6,362	**U 230** 20,8 d γ α: 5,888	**U 231** 4,2 d ε, γ: 0,026 α: 5,456	**U 232** 68,9 a γ α: 5,320	**U 233** 1,59·10⁵ a γ α: 4,824	**U 234** 0,0055 2,46·10⁵ a γ α: 4,775	**U 235** 0,720 7,04·10⁸ a γ: 0,186 α: 4,396	**U 236** 2,34·10⁷ a γ α: 4,494	**U 237** 6,75 d γ: 0,060 β⁻: 0,2	**U 238** 99,2745 4,47·10⁹ a γ α: 4,197	**U 239** 23,5 min γ: 0,075 β⁻: 1,2	**U 240** 14,1 h γ: 0,044 β⁻: 0,4		**U 242** 16,8 min γ: 0,068 b⁻
91	**Pa 226** 1,8 min ε α: 6,86	**Pa 227** 38,3 min ε, γ: 0,065 α: 6,466	**Pa 228** 22 h ε, γ: 0,911 α: 6,078	**Pa 229** 1,50 d ε α: 5,580	**Pa 230** 17,4 d ε, γ: 0,952 β⁻: 0,5	**Pa 231** 3,276·10⁴ a γ: 0,027 α: 5,014	**Pa 232** 1,31 d γ: 0,969 β⁻: 0,3	**Pa 233** 27,0 d γ: 0,312 β⁻: 0,3	**Pa 234** 6,70 h γ: 0,131 β⁻: 1,4	**Pa 235** 24,2 min γ: 0,128 β⁻: 1,4	**Pa 236** 9,1 min γ: 0,642 β⁻: 2,0	**Pa 237** 8,7 min γ: 0,854 β⁻: 1,4	**Pa 238** 2,3 min γ: 1,015 β⁻: 1,7	148	149	150
90	**Th 225** 8,72 min ε, γ: 0,321 α: 6,482	**Th 226** 31 min γ: 0,111 α: 6,336	**Th 227** 18,72 d γ: 0,236 α: 6,038	**Th 228** 1,913 a γ: 0,084 α: 5,423	**Th 229** 7880 a γ: 0,194 α: 4,845	**Th 230** 7,54·10⁴ a γ α: 4,687	**Th 231** 25,5 h b⁻: 0,3 α: 0,026	**Th 232** 100 1,41·10¹⁰ a γ α: 4,013	**Th 233** 22,3 min γ: 0,087 β⁻: 1,2	**Th 234** 24,10 d γ: 0,063 β⁻: 0,2	**Th 235** 7,1 min γ: 0,417 β⁻: 1,4	**Th 236** 37,5 min γ: 0,111 β⁻: 1,0	**Th 237** 5,0 min β⁻	147		
89	**Ac 224** 2,9 h ε, γ: 0,216 α: 6,142	**Ac 225** 10,0 d γ: 0,100 α: 5,830	**Ac 226** 29 h γ: 0,230 β⁻: 0,9	**Ac 227** 21,773 a b⁻: 0,04 α: 4,953	**Ac 228** 6,13 h γ: 0,911 β⁻: 1,2	**Ac 229** 62,7 min γ: 0,165 β⁻: 1,1	**Ac 230** 122 s γ: 0,455 β⁻: 2,7	**Ac 231** 7,5 min γ: 0,282 β⁻	**Ac 232** 119 s γ: 0,665 β⁻	**Ac 233** 145 s γ: 0,523 β⁻	**Ac 234** 44 s γ: 1,847 β⁻					
88	**Ra 223** 11,43 d γ: 0,269 α: 5,7162	**Ra 224** 3,66 d γ: 0,241 α: 5,6854	**Ra 225** 14,8 d γ: 0,040 β⁻: 0,3	**Ra 226** 1600 a γ: 0,186 α: 4,7843	**Ra 227** 42,2 min γ: 0,027 β⁻: 1,3	**Ra 228** 5,75 a γ β⁻: 0,04	**Ra 229** 4,0 min γ β⁻: 1,8	**Ra 230** 93 min γ: 0,072 β⁻: 0,8	**Ra 231** 103 s γ: 0,410 β⁻	**Ra 232** 4,2 min γ: 0,471 β⁻	**Ra 233** 30 s β⁻	**Ra 234** 30 s β⁻				
87	**Fr 222** 14,2 min γ: 0,206 β⁻: 1,8	**Fr 223** 21,8 min γ: 0,050 β⁻: 1,1	**Fr 224** 3,3 min γ: 0,216 β⁻: 2,6	**Fr 225** 4,0 min γ: 0,182 β⁻: 1,6	**Fr 226** 48 s γ: 0,254 β⁻: 3,2	**Fr 227** 2,47 min γ: 0,090 β⁻: 1,8	**Fr 228** 39 s γ: 0,474 β⁻	**Fr 229** 50,2 s γ: 0,310 β⁻	**Fr 230** 19,1 s γ: 0,711 β⁻	144	145	146				
86	**Rn 221** 25 min γ: 0,186 β⁻: 0,8	**Rn 222** 3,825 d γ α: 5,4895	**Rn 223** 23,2 min γ: 0,593 β⁻	**Rn 224** 1,78 h γ: 0,261 β⁻	**Rn 225** 4,5 min γ: 0,029 β⁻	**Rn 226** 7,4 min β⁻	141	142	143							
	135	136	137	138	139	140										

Anzahl der Protonen Z ↑
Anzahl der Neutronen N →

11	**Na** 22,990	**Na 20** 446 ms γ: 1,634 β⁺: 11,2	**Na 21** 22,48 s γ: 0,351 β⁺: 2,5	**Na 22** 2,603 a γ: 1,275 β⁺: 0,5	**Na 23** 100							
10	**Ne** 20,180	**Ne 17** 109,2 ms γ: 0,495 β⁺: 8,0	**Ne 18** 1,67 s γ: 1,042 β⁺: 3,4	**Ne 19** 17,22 s β⁺: 2,2	**Ne 20** 90,48	**Ne 21** 0,27	**Ne 22** 9,25					
9	**F** 18,998		**F 17** 64,8 s β⁺: 1,7	**F 18** 109,7 min β⁺: 0,6	**F 19** 100	**F 20** 11,0 s γ: 1,634 β⁻: 5,4	**F 21** 4,16 s γ: 0,351 β⁻: 5,3					
8	**O** 15,999	**O 13** 8,58 ms γ: 2,313 β⁺: 16,7	**O 14** 70,59 s γ: 2,313 β⁺: 1,8	**O 15** 2,03 min β⁺: 1,7	**O 16** 99,762	**O 17** 0,038	**O 18** 0,200	**O 19** 27,1 s γ: 0,197 β⁻: 3,3	**O 20** 13,5 s γ: 1,057 β⁻: 2,8			
7	**N** 14,007	**N 12** 11,0 ms γ: 4,439 β⁺: 16,4	**N 13** 9,96 min β⁺: 1,2	**N 14** 99,634	**N 15** 0,366	**N 16** 7,13 s γ: 6,129 β⁻: 4,3	**N 17** 4,17 s γ: 0,871 β⁻: 3,2	**N 18** 0,63 s γ: 1,987 β⁻: 9,4	**N 19** 329 ms γ: 0,096 β⁻			
6	**C** 12,011	**C 9** 126,5 ms β⁺: 15,4	**C 10** 19,3 s γ: 0,178 β⁺: 1,9	**C 11** 20,38 min β⁺: 1,0	**C 12** 98,90	**C 13** 1,10	**C 14** 5730 a β⁻: 0,2	**C 15** 2,45 s γ: 5,298 β⁻: 4,5	**C 16** 0,747 s β⁻: 4,7	**C 17** 193 ms γ: 1,375 β⁻	**C 18** 92 ms γ: 2,614 β⁻	
5	**B** 10,811	**B 8** 770 ms β⁺: 14,1		**B 10** 19,9	**B 11** 80,1	**B 12** 20,20 ms γ: 4,439 β⁻: 13,4	**B 13** 17,33 ms γ: 3,684 β⁻: 13,4	**B 14** 13,8 ms γ: 6,090 b⁻: 14,0	**B 15** 10,4 ms β⁻		**B 17** 5,1 ms β⁻	
4	**Be** 9,012		**Be 7** 53,29 d ε γ: 0,478		**Be 9** 100	**Be 10** 1,6·10⁶ a β⁻: 0,6	**Be 11** 13,8 s γ: 2,125 β⁻: 11,5	**Be 12** 23,6 ms β⁻: 11,7		**Be 14** 4,35 ms β⁻	11	12
3	**Li** 6,941		**Li 6** 7,5	**Li 7** 92,5	**Li 8** 840 ms β⁻: 12,5	**Li 9** 178 ms β⁻: 13,6		**Li 11** 8,5 ms γ: 3,368 β⁻: 18,5	9	10		
2	**He** 4,003	**He 3** 0,00014	**He 4** 99,99986		**He 6** 807 ms β⁻: 3,5		**He 8** 119 ms γ: 0,981 β⁻: 9,7	7	8			
1	**H** 1,008	**H 1** 99,985	**H 2** 0,015	**H 3** 12,323 a β⁻: 0,02	3	4	5	6				
		0	**n 1** 10,25 min β⁻: 0,8	2								
			1									

Gekürzter und vereinfachter Ausschnitt aus der Karlsruher Nuklidkarte, korrigierter Nachdruck der 6. Auflage 1995 von 1998, von G. Pfennig, H. Klewe-Nebenius, W. Seelmann-Eggebert †

Mechanik

Kräfte in der Mechanik

Gewichtskraft F_G	$F_G = m \cdot g$		m, M	Massen
			g	Fallbeschleunigung (↗ S. 69)
Reibungskraft F_R	$F_R = \mu \cdot F_N$		μ	Reibungszahl (↗ S. 74)
			F_N	Normalkraft
Radialkraft F_r (Zentripetalkraft F_z)	$F_r = m \cdot \frac{v^2}{r}$	$F_r = m \cdot \frac{4\pi^2 \cdot r}{T^2}$	v	Bahngeschwindigkeit
	$F_r = m \cdot \omega^2 \cdot r$		r	Kreisbahnradius, Abstand
			T	Umlaufzeit
			ω	Winkelgeschwindigkeit
Federspannkraft F_E (hookesches Gesetz)	$F_E = D \cdot s$		D	Federkonstante
			s	Dehnung der Feder
Auftriebskraft F_A	$F_A = \varrho \cdot V \cdot g$		ϱ	Dichte (↗ S. 74)
			V	Volumen
Druckkraft F_p	$F_p = p \cdot A$		p	Druck
			A	Fläche
Gravitationskraft F	$F = G \cdot \frac{m \cdot M}{r^2}$		G	Gravitationskonstante (↗ S. 69)

Newtonsche Gesetze

1. newtonsches Gesetz (Trägheitsgesetz)	Unter der Bedingung $\Sigma \vec{F}_{\text{äuß}} = \vec{0}$ gilt: $\vec{v}$ = konstant		
		$F_{\text{äuß}}$	äußere Kräfte, die auf einen Körper (ein System) wirken
		v	Geschwindigkeit
2. newtonsches Gesetz (newtonsches Grundgesetz)	$\vec{F} = m \cdot \vec{a}$ $\vec{F} = \frac{\Delta \vec{p}}{\Delta t}$	F	Kraft
		p	Impuls
		a	Beschleunigung
		m	Masse
		t	Zeit
3. newtonsches Gesetz (Wechselwirkungsgesetz)	$\vec{F}_1 = -\vec{F}_2$		

Drehmoment und Gleichgewicht

Drehmoment M	$\vec{M} = \vec{r} \times \vec{F}$ Unter der Bedingung $\vec{r} \perp \vec{F}$ gilt: $M = r \cdot F$	r	Kraftarm
		F	Kraft
Gleichgewicht für einen drehbaren starren Körper	$\sum_{i=1}^{n} \vec{M}_i = \vec{0}$ $\Sigma \vec{M}_l = \Sigma \vec{M}_r$	M_i	Drehmomente
		M_l	linksdrehende Drehmomente
		M_r	rechtsdrehende Drehmomente
Kräftegleichgewicht für einen Massepunkt	$\sum_{i=1}^{n} \vec{F}_i = \vec{0}$	F_i	Kräfte, die auf den Massepunkt einwirken

Mechanik

Zusammensetzung von Kräften (gilt analog für Geschwindigkeiten)

$\vec{F}_1$ und $\vec{F}_2$ sind gleich gerichtet	$\vec{F}_1$ und $\vec{F}_2$ sind entgegengesetzt gerichtet	$\vec{F}_1$ und $\vec{F}_2$ sind senkrecht zueinander	$\vec{F}_1$ und $\vec{F}_2$ bilden einen beliebigen Winkel miteinander
$F = F_1 + F_2$	$F = F_1 - F_2$	$F = \sqrt{F_1^2 + F_2^2}$	$F = \sqrt{F_1^2 + F_2^2 + 2F_1 \cdot F_2 \cdot \cos\alpha}$

Kraftumformende Einrichtungen

Rolle, Flaschenzug	Hebel	geneigte Ebene
Im Gleichgewicht gilt bei Vernachlässigung der Massen von Seilen und Rollen: $F_Z = \frac{1}{n} \cdot F_L$ $s_Z = n \cdot s_L$ n Anzahl der tragenden Seile	Im Gleichgewicht gilt unter der Bedingung $\vec{r} \perp \vec{F}$ bei Vernachlässigung der Masse des Hebels: $r_1 \cdot F_1 = r_2 \cdot F_2$ $M_1 = M_2$ M Drehmoment r Kraftarm F Kraft	$F_H = F_G \cdot \sin\alpha$ $F_N = F_G \cdot \cos\alpha$ $\frac{F_H}{F_G} = \frac{h}{l} \quad \frac{F_N}{F_G} = \frac{b}{l} \quad \frac{F_H}{F_N} = \frac{h}{b}$ F_G Gewichtskraft $\quad h$ Höhe F_H Hangabtriebskraft $\quad l$ Länge F_N Normalkraft $\quad b$ Basis

Goldene Regel der Mechanik: Was man an Kraft spart, muss man an Weg zusetzen. $F_1 \cdot s_1 = F_2 \cdot s_2$

Bewegungsgesetze der Translation

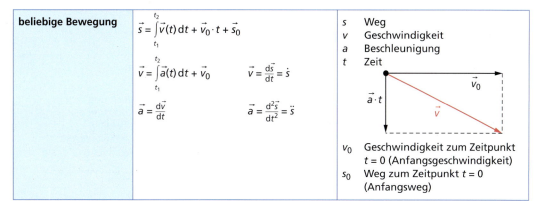

beliebige Bewegung		
$\vec{s} = \int_{t_1}^{t_2} \vec{v}(t)\,dt + \vec{v}_0 \cdot t + \vec{s}_0$		s Weg v Geschwindigkeit a Beschleunigung t Zeit
$\vec{v} = \int_{t_1}^{t_2} \vec{a}(t)\,dt + \vec{v}_0$	$\vec{v} = \frac{d\vec{s}}{dt} = \dot{\vec{s}}$	
$\vec{a} = \frac{d\vec{v}}{dt}$	$\vec{a} = \frac{d^2\vec{s}}{dt^2} = \ddot{\vec{s}}$	

v_0 Geschwindigkeit zum Zeitpunkt $t = 0$ (Anfangsgeschwindigkeit)
s_0 Weg zum Zeitpunkt $t = 0$ (Anfangsweg)

gleichförmige geradlinige Bewegung	$s = v \cdot t + s_0 \quad v = \frac{\Delta s}{\Delta t} \quad a = 0$	s_0 Anfangsweg bei $t = 0$ r Radius T Umlaufzeit
gleichförmige Kreisbewegung	$v = \frac{2\pi \cdot r}{T} \quad v = 2\pi \cdot r \cdot n \quad v = \omega \cdot r$ $a_r = \frac{v^2}{r} \quad a_r = \omega^2 \cdot r$	n Drehzahl ω Winkelgeschwindigkeit a_r Radialbeschleunigung
gleichmäßig beschleunigte Bewegung	$s = \frac{a}{2} \cdot t^2 + v_0 \cdot t + s_0$ $v = a \cdot t + v_0$ $a = \frac{\Delta v}{\Delta t} =$ konstant Unter der Bedingung $s_0 = 0$ und $v_0 = 0$ gilt: $s = \frac{a}{2} \cdot t^2 \qquad s = \frac{v \cdot t}{2}$ $v = a \cdot t \qquad v = \sqrt{2a \cdot s}$	s Weg v Geschwindigkeit a Beschleunigung t Zeit s_0 Anfangsweg v_0 Anfangsgeschwindigkeit bei $t = 0$
freier Fall	Für den freien Fall gilt: $s = \frac{g}{2} \cdot t^2$ $v = g \cdot t \qquad v = \sqrt{2g \cdot s}$ $a =$ konstant	g Fallbeschleunigung (Ortsfaktor) (↗ S. 69)

Würfe

senkrechter Wurf nach unten	$y = -v_0 \cdot t - \frac{g}{2} \cdot t^2 \qquad v = -v_0 - g \cdot t$	
senkrechter Wurf nach oben	$y = v_0 \cdot t - \frac{g}{2} \cdot t^2 \qquad v = v_0 - g \cdot t$ Steigzeit: $\quad t_h = \frac{v_0}{g}$ Steighöhe: $\quad s_h = \frac{v_0^2}{2g}$	
waagerechter Wurf	$x = v_0 \cdot t \qquad y = -\frac{g}{2} \cdot t^2$ $v_x = v_0 \qquad v_y = -g \cdot t$ $v = \sqrt{v_0^2 + g^2 \cdot t^2}$ Wurfparabel: $y = -\frac{g}{2v_0^2} \cdot x^2$	
schräger Wurf	$x = v_0 \cdot t \cdot \cos\alpha \qquad y = v_0 \cdot t \cdot \sin\alpha - \frac{g}{2} \cdot t^2$ $v_x = v_0 \cdot \cos\alpha \qquad v_y = v_0 \cdot \sin\alpha - g \cdot t$ $v = \sqrt{v_0^2 + g^2 \cdot t^2 - 2v_0 \cdot g \cdot t \cdot \sin\alpha}$ Wurfparabel: $y = \tan\alpha \cdot x - \frac{g}{2v_0^2 \cdot \cos^2\alpha} \cdot x^2$ Wurfweite: $s_w = \frac{v_0^2 \cdot \sin 2\alpha}{g}$ Wurfhöhe: $s_h = \frac{v_0^2 \cdot \sin^2\alpha}{2g}$ Steigzeit: $t_h = \frac{v_0 \cdot \sin\alpha}{g}$	x Weg in x-Richtung y Weg in y-Richtung v Geschwindigkeit v_0 Anfangsgeschwindigkeit g Fallbeschleunigung (↗ S. 69) t Zeit α Abwurfwinkel

Mechanik

Bewegungsgesetze der Rotation

beliebige Rotation	$\vec{\varphi} = \int_{t_1}^{t_2} \vec{\omega}(t)\,dt + \vec{\omega}_0 \cdot t + \vec{\varphi}_0$		φ	Winkel
			ω	Winkelgeschwindigkeit
	$\vec{\omega} = \int_{t_1}^{t_2} \vec{\alpha}(t)\,dt + \vec{\omega}_0$	$\vec{\omega}_0 = \dfrac{d\vec{\varphi}}{dt} = \dot{\vec{\varphi}}$	α	Winkelbeschleunigung
			t	Zeit
			φ_0	Anfangswinkel bei $t = 0$
			T	Umlaufzeit
	$\vec{\alpha} = \dfrac{d\vec{\omega}}{dt}$	$\vec{\alpha} = \dfrac{d^2\vec{\varphi}}{dt^2} = \ddot{\vec{\varphi}}$	n	Drehzahl
			ω_0	Anfangswinkelgeschwindigkeit bei $t = 0$
gleichförmige Rotation	$\varphi = \omega \cdot t + \varphi_0$			
	$\omega = \dfrac{\Delta\varphi}{\Delta t}$ $\quad \omega = \dfrac{v}{r} \quad \omega = \dfrac{2\pi}{T} = 2\pi \cdot n$			
	$\alpha = 0$			
gleichmäßig beschleunigte Rotation	$\varphi = \dfrac{\alpha}{2} \cdot t^2 + \omega_0 \cdot t + \varphi_0$			
	$\omega = \alpha \cdot t + \omega_0$			
	$\alpha = \dfrac{\Delta\omega}{\Delta t} = $ konstant			
	Unter der Bedingung $\varphi_0 = 0$ und $\omega_0 = 0$ gilt:			
	$\varphi = \dfrac{\alpha}{2} \cdot t^2$			
	$\omega = \alpha \cdot t$			

Zusammenhänge zwischen Größen der Translation und der Rotation

Translation	Zusammenhang		Rotation
Weg s	$s = \varphi \cdot r$	$\varphi = \dfrac{s}{r}$	Winkel φ
Geschwindigkeit v	$v = \omega \cdot r$	$\omega = \dfrac{v}{r}$	Winkelgeschwindigkeit ω
Beschleunigung a	$a = \alpha \cdot r$	$\alpha = \dfrac{a}{r}$	Winkelbeschleunigung α
Kraft F	$F = \dfrac{M}{r} \quad (\vec{r} \perp \vec{F})$	$M = r \cdot F$	Drehmoment M
Masse m	$m = \dfrac{J}{r^2}$ (für einen Massepunkt)	$J = m \cdot r^2$	Trägheitsmoment J

Impuls und Impulserhaltungssatz

Impuls p	$\vec{p} = m \cdot \vec{v}$	m	Masse
	$\Delta\vec{p} = m \cdot \Delta\vec{v} \qquad \Delta\vec{p} = \int_{t_1}^{t_2} \vec{F}(t)\,dt$	v	Geschwindigkeit
		F	Kraft
		t	Zeit
Kraftstoß I	$\vec{I} = \vec{F} \cdot \Delta t \qquad$ (bei $\vec{F} =$ konstant)		
	$\vec{I} = \Delta\vec{p}$		
Impulserhaltungssatz	In einem kräftemäßig abgeschlossenem System gilt:	p_i	Impulse der einzelnen Körper bzw. Teilchen
	$\vec{p} = \sum\limits_{i=1}^{n} \vec{p}_i =$ konstant		

Unelastische und elastische Stöße

unelastischer gerader zentraler Stoß	Impuls: $m_1 \cdot \vec{v}_1 + m_2 \cdot \vec{v}_2 = (m_1 + m_2)\vec{u}$ Verringerung der kinetischen Energie: $\frac{1}{2}(m_1 \cdot v_1^2 + m_2 \cdot v_2^2) - \frac{1}{2}(m_1 + m_2)u^2$ Geschwindigkeit nach dem Stoß: $u = \frac{m_1 \cdot v_1 + m_2 \cdot v_2}{m_1 + m_2}$	m_1, m_2 v_1, v_2 u, u_1, u_2	Massen der Körper Geschwindigkeiten vor dem Stoß Geschwindigkeiten nach dem Stoß
elastischer gerader zentraler Stoß	Impuls: $m_1 \cdot \vec{v}_1 + m_2 \cdot \vec{v}_2 = m_1 \cdot \vec{u}_1 + m_2 \cdot \vec{u}_2$ Energie: $\frac{1}{2}(m_1 \cdot v_1^2 + m_2 \cdot v_2^2) = \frac{1}{2}(m_1 \cdot u_1^2 + m_2 \cdot u_2^2)$ Geschwindigkeiten nach dem Stoß: $u_1 = \frac{(m_1 - m_2)v_1 + 2m_2 \cdot v_2}{m_1 + m_2}$ $u_2 = \frac{(m_2 - m_1)v_2 + 2m_1 \cdot v_1}{m_1 + m_2}$	vor dem Stoß: nach dem Stoß: Es gilt auch: $v_1 + u_1 = v_2 + u_2$	

Dynamik der Rotation

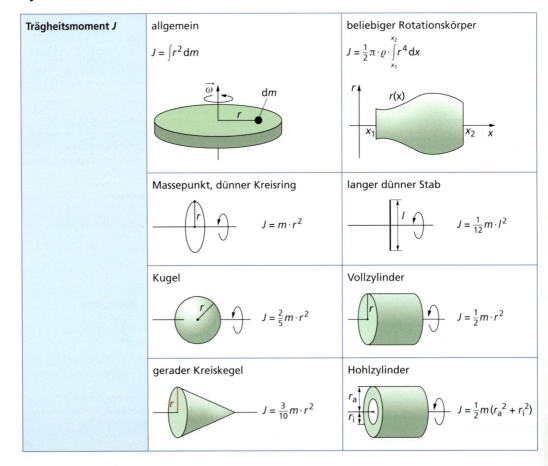

Trägheitsmoment J	allgemein $J = \int r^2 \, dm$	beliebiger Rotationskörper $J = \frac{1}{2}\pi \cdot \varrho \cdot \int_{x_1}^{x_2} r^4 \, dx$
	Massepunkt, dünner Kreisring $J = m \cdot r^2$	langer dünner Stab $J = \frac{1}{12} m \cdot l^2$
	Kugel $J = \frac{2}{5} m \cdot r^2$	Vollzylinder $J = \frac{1}{2} m \cdot r^2$
	gerader Kreiskegel $J = \frac{3}{10} m \cdot r^2$	Hohlzylinder $J = \frac{1}{2} m (r_a^2 + r_i^2)$

Mechanik

Grundgesetz für die Dynamik der Rotation	$\vec{M} = J \cdot \vec{\alpha}$	M Drehmoment J Trägheitsmoment α Winkelbeschleunigung ω Winkelgeschwindigkeit
Rotationsenergie E_{kin}	$E_{kin} = \frac{1}{2} J \cdot \omega^2$	

Drehimpuls und Drehimpulserhaltungssatz

Drehimpuls L	$\vec{L} = J \cdot \vec{\omega}$ $\quad\quad \Delta \vec{L} = \int_{t_1}^{t_2} \vec{M}(t) \, dt$ Unter der Bedingung M = konstant gilt: $\Delta \vec{L} = \vec{M} \cdot \Delta t$	J Trägheitsmoment (↗ S. 88) ω Winkelgeschwindigkeit M Drehmoment L Gesamtdrehimpuls L_i Drehimpulse der einzelnen Körper
Drehimpulserhaltungssatz	Unter der Bedingung, dass auf ein System keine äußeren Drehmomente wirken, gilt: $\vec{L} = \sum_{i=1}^{n} \vec{L_i}$ = konstant	

Mechanische Arbeit

mechanische Arbeit W	$W = \int_{s_1}^{s_2} \vec{F}(s) \, d\vec{s}$ $\quad\quad W = \Delta E$ Unter der Bedingung $\vec{F}$ = konstant gilt für $\sphericalangle (\vec{F}, \vec{s}) = \alpha$: $\quad W = F \cdot s \cdot \cos \alpha$ $\sphericalangle (\vec{F}, \vec{s}) = 0$: $\quad W = F \cdot s$	F Kraft s Weg ΔE Änderung der Energie
Hubarbeit	$W = F_G \cdot s = m \cdot g \cdot s$	F_G Gewichtskraft (↗ S. 84)
Beschleunigungsarbeit	$W = F_B \cdot s = m \cdot a \cdot s$	F_B beschleunigende Kraft (↗ S. 84)
Reibungsarbeit	$W = F_R \cdot s = \mu \cdot F_N \cdot s$	F_R Reibungskraft (↗ S. 84)
Federspannarbeit	$W = \frac{1}{2} F_E \cdot s = \frac{1}{2} D \cdot s^2$	F_E Endkraft (maximale Kraft, ↗ S. 84) D Federkonstante
Volumenarbeit (Ausdehnungsarbeit)	$W = -\int_{V_1}^{V_2} p(V) \, dV$ Unter der Bedingung p = konstant gilt: $W = -p \cdot \Delta V$	p Druck V Volumen

Mechanische Energie

potenzielle Energie E_{pot} (Energie der Lage)	eines Körpers in der Nähe der Erdoberfläche	$E_{pot} = F_G \cdot h$	F_G Gewichtskraft h Höhe
	einer gespannten Feder	$E_{pot} = \frac{1}{2} D \cdot s^2$	D Federkonstante s Dehnung oder Stauchung der Feder
kinetische Energie E_{kin} (Energie der Bewegung)	der Translation	$E_{kin} = \frac{1}{2} m \cdot v^2$	m Masse v Geschwindigkeit
	der Rotation	$E_{kin} = \frac{1}{2} J \cdot \omega^2$	J Trägheitsmoment (↗ S. 88) ω Winkelgeschwindigkeit
Energieerhaltungssatz der Mechanik	In einem abgeschlossenen mechanischen System gilt: $E_{mech} = E_{pot} + E_{kin}$ = konstant		

Mechanische Leistung und Wirkungsgrad

mechanische Leistung P	$P = \frac{dW}{dt} = \dot{W}$ $\qquad$ $P = \frac{W}{t}$ Unter der Bedingung v = konstant und F = konstant bzw. M = konstant und ω = konstant gilt: $P = \frac{F \cdot s}{t} = F \cdot v$ $\qquad$ $P = M \cdot \omega$	W t F s v M ω	verrichtete Arbeit Zeit Kraft Weg Geschwindigkeit Drehmoment Winkelgeschwindigkeit
Wirkungsgrad η	$\eta = \frac{E_{ab}}{E_{zu}}$ $\quad$ $\eta = \frac{W_{ab}}{W_{zu}}$ $\quad$ $\eta = \frac{P_{ab}}{P_{zu}}$	E_{ab}, W_{ab}, P_{ab} E_{zu}, W_{zu}, P_{zu} $\eta_1, \eta_2, \ldots$	abgegebene (nutzbare) Energie, Arbeit, Leistung zugeführte (aufgewendete) Energie, Arbeit, Leistung Teilwirkungsgrade
Gesamtwirkungsgrad η_G	$\eta_G = \eta_1 \cdot \eta_2 \cdot \ldots \cdot \eta_n$		

Gravitation

Gravitationsgesetz	$F = G \cdot \frac{m \cdot M}{r^2}$		
Gravitationsfeldstärke G^*	$G^* = \frac{F}{m} = G \cdot \frac{M}{r^2}$ Für Körper in der Nähe der Erdoberfläche gilt: $G^* = g$	G F m, M g r h	Gravitationskonstante (↗ S. 69) Kraft auf einen Körper im Gravitationsfeld Massen Fallbeschleunigung (↗ S. 69) Abstand der Massenmittelpunkte Höhe
Arbeit im Gravitationsfeld	$W = G \cdot m \cdot M \int_{r_1}^{r_2} \frac{1}{r^2} dr$ $W = G \cdot m \cdot M \left(\frac{1}{r_1} - \frac{1}{r_2} \right)$ In der Nähe der Erdoberfläche gilt: $W = m \cdot g \cdot h$		

Dichte und Druck

Dichte ϱ	$\varrho = \frac{m}{V}$	m V F A ϱ h g F_1, F_2 A_1, A_2	Masse Volumen Kraft Fläche Dichte (↗ S. 74) Höhe Fallbeschleunigung (↗ S. 69) Kräfte an den Kolben Flächen der Kolben
Druck p	$p = \frac{F}{A}$ $\quad (F \perp A)$		
Schweredruck p	$p = \frac{F_G}{A} = \frac{m \cdot g}{A}$ $p = \varrho \cdot h \cdot g$		
barometrische Höhenformel	$p = p_0 \cdot e^{-\left(\frac{\varrho_0 \cdot g}{p_0} \cdot h\right)}$		
Auftriebskraft F_A	$F_A = \varrho \cdot V \cdot g$		
hydraulische und pneumatische Anlagen	$\frac{F_1}{A_1} = \frac{F_2}{A_2}$		

p = konstant

Strömende Flüssigkeiten und Gase

Kontinuitätsgleichung	$A_1 \cdot v_1 = A_2 \cdot v_2$ $\frac{dm}{dt}$ = konstant	A v m t	Fläche Geschwindigkeit der Strömung Masse Zeit
bernoullische Gleichung	$p_s + p + p_{St}$ = konstant $p_s + \varrho \cdot g \cdot h + \frac{1}{2}\varrho \cdot v^2$ = konstant		
Luftwiderstandskraft F_{WL} bei Körpern	$F_{WL} = \frac{1}{2} c_W \cdot A \cdot \varrho \cdot v^2$		

p_s statischer Druck
p Schweredruck
p_{St} Staudruck
ϱ Dichte (↗ S. 74)
g Fallbeschleunigung (↗ S. 69)
h Höhe
v Geschwindigkeit der Strömung bzw. des Körpers
c_W Luftwiderstandszahl (↗ S. 75)
A angeströmte Querschnittsfläche

Mechanische Schwingungen

Weg-Zeit-Gesetz einer harmonischen Schwingung	$y = y_{max} \cdot \sin(\omega \cdot t + \varphi_0)$	y t ω y_{max} φ_0	Auslenkung Zeit Kreisfrequenz Amplitude Phasenwinkel
Geschwindigkeit-Zeit-Gesetz einer harmonischen Schwingung	$v = \frac{dy}{dt} = y_{max} \cdot \omega \cdot \cos(\omega \cdot t + \varphi_0)$		
Beschleunigung-Zeit-Gesetz einer harmonischen Schwingung	$a = \frac{dv}{dt} = -y_{max} \cdot \omega^2 \cdot \sin(\omega \cdot t + \varphi_0)$		
Schwingungsdauer T eines Fadenpendels	$T = 2\pi\sqrt{\frac{l}{g}}$	v a	Geschwindigkeit Beschleunigung
eines Federschwingers	$T = 2\pi\sqrt{\frac{m}{D}}$	l g m J	Länge Fallbeschleunigung (↗ S. 69) Masse des Körper Trägheitsmoment (↗ S. 88)
eines Torsionspendels	$T = 2\pi\sqrt{\frac{J}{D}}$		
eines physischen Pendels	$T = 2\pi\sqrt{\frac{J}{m \cdot g \cdot a}}$	a	Abstand der Drehachse vom Schwerpunkt
einer Flüssigkeitssäule	$T = 2\pi\sqrt{\frac{l}{2g}}$	l	Länge der Flüssigkeitssäule
Kraftgesetze für harmonische Schwingungen	$\vec{F} = -D \cdot \vec{y}$ $\vec{M} = -D \cdot \vec{\varphi}$	F D M φ m	Kraft Richtgröße (Federkonstante) Drehmoment Winkel Masse
Energie eines harmonischen Oszillators	$E = \frac{1}{2} D \cdot y_{max}^2 = \frac{1}{2} m \cdot \omega^2 \cdot y_{max}^2$		
gedämpfte Schwingungen	$y = y_{max} \cdot e^{-\delta \cdot t} \cdot \sin(\omega \cdot t + \varphi_0)$	δ	Abklingkoeffizient

Mechanische Wellen

Ausbreitungsgeschwindigkeit c von Wellen (Phasengeschwindigkeit)	$c = \lambda \cdot f$	λ f y y_{max} t T x	Wellenlänge Frequenz Auslenkung Amplitude Zeit Schwingungsdauer Ort
Wellengleichung	$y = y_{max} \cdot \sin\left[2\pi\left(\frac{t}{T} - \frac{x}{\lambda}\right)\right]$		
Energiedichte w einer Welle	$w = \frac{1}{2} \cdot \varrho \cdot \omega^2 \cdot y_{max}^2$		
Energie E, die durch eine Welle transportiert wird	$E = \frac{1}{2} \cdot \varrho \cdot \omega^2 \cdot y_{max}^2 \cdot A \cdot c \cdot t$	ϱ ω A c	Dichte des Mediums (↗ S. 74) Kreisfrequenz Fläche Ausbreitungsgeschwindigkeit

Schall und Schallausbreitung

Grundfrequenz f einer schwingenden Saite	$f = \frac{1}{2l}\sqrt{\frac{F}{\varrho \cdot A}}$	l F ϱ A c	Länge der Saite bzw. Länge der schwingenden Luftsäule Spannkraft Dichte (↗ S. 74) Querschnittsfläche Schallgeschwindigkeit (↗ S. 76)
einer offenen Pfeife	$f = \frac{c}{2l}$		
einer geschlossenen Pfeife	$f = \frac{c}{4l}$		
Schallgeschwindigkeit c in Gasen	$c = \sqrt{\varkappa \cdot \frac{p}{\varrho}} = \sqrt{\varkappa \cdot R_s \cdot T}$	$\varkappa$ p ϱ R_s T α E	Adiabatenkoeffizient $c_p : c_V$ (↗ S. 77) Druck Dichte (↗ S. 74) spezifische Gaskonstante (↗ S. 77) Temperatur in K Kompressibilität Elastizitätsmodul
in Flüssigkeiten	$c = \sqrt{\frac{1}{\varrho \cdot \alpha}}$		
in festen Stoffen	$c = \sqrt{\frac{E}{\varrho}}$		
Schallintensität I	$I = \frac{E}{t \cdot A}$ $\quad$ $I = \frac{P}{A}$	E t A P I_0 p p_0	Schallenergie Zeit Fläche Leistung Schallintensität bei der Hörschwelle (10^{-12} W·m^{-2} bei 1 000 Hz) Schalldruck Schalldruck bei der Hörschwelle ($2 \cdot 10^{-10}$ bar bei 1 000 Hz)
Lautstärkepegel L_N	$L_N = 10 \cdot \lg \frac{I}{I_0}$		
Schalldruckpegel L_A	$L_A = 20 \cdot \lg \frac{p}{p_0}$		

Wärmelehre

Wärme und Energie

Temperaturen T und ϑ	$\frac{T}{K} = \frac{\vartheta}{°C} + 273{,}15$ $\quad$ $\frac{\vartheta}{°C} = \frac{T}{K} - 273{,}15$	T ϑ	thermodynamische Temperatur CELSIUS-Temperatur
Grundgleichung der Wärmelehre	Unter der Bedingung, dass keine Aggregatzustandsänderung auftritt, gilt: $Q = c \cdot m \cdot \Delta\vartheta \qquad Q = c \cdot m \cdot \Delta T$ Bei Gasen ist zu unterscheiden zwischen: c_p für p = konstant (↗ S. 77) c_V für V = konstant (↗ S. 77)	Q c m ϑ, T p V	Wärme spezifische Wärmekapazität (↗ S. 76 f.) Masse Temperatur Druck Volumen
Wärmekapazität C_{th}	$C_{th} = \frac{Q}{\Delta\vartheta} = \frac{Q}{\Delta T}$ $C_{th} = c \cdot m$		
Verbrennungswärme Q	$Q = H \cdot m$ Für gasförmige Stoffe gilt auch: $Q = H' \cdot V_0$	H H' V_0	Heizwert in MJ/kg (↗ S. 78) Heizwert in MJ·l^{-1} (↗ S. 78) Volumen im Normzustand (↗ S. 69)

Wärmeübertragung und Wärmeaustausch

Wärmeleitung	Unter der Bedingung einer stationären Wärmeleitung (ΔT = konstant) gilt: $Q = \frac{\lambda \cdot A \cdot t \cdot \Delta T}{l}$	Q λ A t T l	Wärme Wärmeleitfähigkeit (↗ S. 77) Querschnittsfläche Zeit Temperatur Länge des Wärmeleiters
Wärmeleitwiderstand R_λ	$R_\lambda = \frac{l}{\lambda \cdot A}$		
Wärmestrom Φ_{th}	$\Phi_{th} = \frac{Q}{t}$		
Wärmeübergang	Unter der Bedingung ΔT = konstant gilt: $Q = \alpha \cdot A \cdot t \cdot \Delta T$		
Wärmedurchgang	Unter der Bedingung, dass die Wärmeübertragung durch eine einschichtige Wand hindurch erfolgt, gilt: $Q = U \cdot A \cdot t \cdot \Delta T$ mit $\frac{1}{U} = \frac{1}{\alpha_1} + \frac{1}{\alpha_2} + \frac{1}{\lambda}$	α U Q_{zu} Q_{ab}	Wärmeübergangskoeffizient (↗ S. 77) Wärmedurchgangskoeffizient (↗ S. 77) zugeführte (aufgenommene) Wärme abgegebene Wärme
Grundgesetz des Wärmeaustauschs	$Q_{zu} = Q_{ab}$		
richmannsche Mischungsregel	Unter der Bedingung, dass keine Aggregatzustandsänderung auftritt und die Wärmekapazität der Anordnung vernachlässigt wird, gilt: $\vartheta_M = \frac{c_1 \cdot m_1 \cdot \vartheta_1 + c_2 \cdot m_2 \cdot \vartheta_2}{c_1 \cdot m_1 + c_2 \cdot m_2}$	ϑ_M ϑ_1, ϑ_2 c_1, c_2 m_1, m_2	Mischungstemperatur Ausgangstemperaturen der Körper spezifische Wärmekapazitäten der Stoffe (↗ S. 76 f.) Massen der Körper

Strahlungsgesetze

Verschiebungsgesetz von WIEN	Für einen schwarzen Körper gilt: $\lambda_{max} \cdot T = k$	λ_{max} k	Wellenlänge des Maximums der Strahlungsleistung wiensche Konstante (↗ S. 69)
Strahlungsgesetz von STEFAN und BOLTZMANN	$P = \sigma \cdot e \cdot A \cdot T^4$ Für einen schwarzen Körper ($e = 1$) gilt: $P = \sigma \cdot A \cdot T^4$	T P A σ	Temperatur Strahlungsleistung strahlende Fläche STEFAN-BOLTZMANN-Konstante (↗ S. 69)
Strahlungsgesetz von KIRCHHOFF	$e(\lambda, T) = a(\lambda, T)$ $P = e \cdot P_s$	e a P_s	Emissionsgrad Absorptionsgrad Strahlungsleistung des schwarzen Körpers

Thermisches Verhalten von Festkörpern, Flüssigkeiten und Gasen

Längenänderung fester Körper Δl	$\Delta l = \alpha \cdot l_0 \cdot \Delta \vartheta \qquad \Delta l = \alpha \cdot l_0 \cdot \Delta T$	α l_0 ϑ, T γ V_0 β p p_0	Längenausdehnungskoeffizient (↗ S. 76) Ausgangslänge Temperatur Volumenausdehnungskoeffizient (↗ S. 76) Ausgangsvolumen bei 0 °C Spannungskoeffizient Druck Ausgangsdruck bei 0 °C
Volumenänderung fester und flüssiger Körper ΔV	$\Delta V = \gamma \cdot V_0 \cdot \Delta \vartheta \qquad \Delta V = \gamma \cdot V_0 \cdot \Delta T$ Für feste Körper gilt: $\gamma = 3 \cdot \alpha$		
Volumenänderung realer Gase (Gesetz von GAY-LUSSAC)	Unter der Bedingung p = konstant gilt: $\Delta V = \gamma \cdot V_0 \cdot \Delta \vartheta \qquad \Delta V = \gamma \cdot V_0 \cdot \Delta T$ $V = V_0 (1 + \gamma \cdot \Delta \vartheta)$		
Druckänderung realer Gase (Gesetz von AMONTONS)	Unter der Bedingung V = konstant gilt: $\Delta p = \beta \cdot p_0 \cdot \Delta \vartheta \qquad \Delta p = \beta \cdot p_0 \cdot \Delta T$ $p = p_0 (1 + \beta \cdot \Delta \vartheta)$		

Aggregatzustandsänderungen

Schmelzwärme Q_s (Erstarrungswärme)	$Q_s = q_s \cdot m$	q_s m q_v ϑ_s ϑ_v	spezifische Schmelzwärme (↗ S. 78) Masse spezifische Verdampfungswärme (↗ S. 78) Schmelztemperatur (↗ S. 78) Siedetemperatur (↗ S. 78)
Verdampfungswärme Q_v (Kondensationswärme)	Unter der Bedingung p = konstant gilt: $Q_v = q_v \cdot m$		

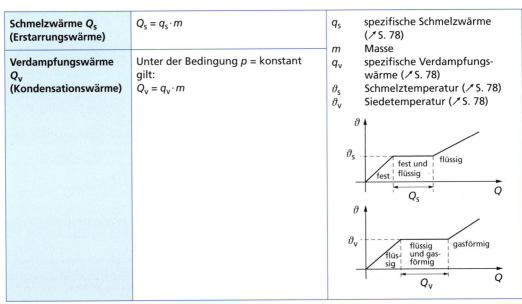

Wärmelehre

Hauptsätze der Wärmelehre, Enthalpie und Entropie

1. Hauptsatz der Wärmelehre	$\Delta U = Q + W$	U	innere Energie
		Q	Wärme
		W	Arbeit
Volumenarbeit W	$W = -\int_{V_1}^{V_2} p(V)\,dV$ Unter der Bedingung $p = $ konstant gilt: $W = -p \cdot \Delta V$		
Enthalpie H (Wärmeinhalt)	$H = U + p \cdot V$ Für das ideale Gas gilt: $H = c_p \cdot m \cdot T$		
Entropie S	$\Delta S = \dfrac{Q_{rev}}{T}$ $\quad\Delta S = k \cdot \ln W$		
2. Hauptsatz der Wärmelehre	$\Delta S \geq 0$ Für reversible Prozesse gilt: $\Delta S = 0$ Für irreversible Prozesse gilt: $\Delta S > 0$	p	Druck
		V	Volumen
		Q_{rev}	reversibel aufgenommene Wärme
		k	BOLTZMANN-Konstante (↗ S. 69)
		W	thermodynamische Wahrscheinlichkeit

Thermisches Verhalten des idealen Gases

Normzustand des idealen Gases	$\vartheta_0 = 0\ °C \qquad T_0 = 273{,}15\ K$ $p_0 = 1{,}013\,25 \cdot 10^5\ Pa = 101{,}325\ kPa$ $V_0 = 2{,}2414 \cdot 10^{-2}\ m^3 \cdot mol^{-1}$	ϑ_0, T_0	Normtemperatur
		p_0	Normdruck
		V_0	molares Normvolumen
thermische Zustandsgleichung des idealen Gases	Unter der Bedingung $m = $ konstant gilt: $\dfrac{p \cdot V}{T} = $ konstant $\qquad \dfrac{p_1 \cdot V_1}{T_1} = \dfrac{p_2 \cdot V_2}{T_2}$ $p \cdot V = n \cdot R \cdot T \qquad p \cdot V = m \cdot R_s \cdot T$	V	Volumen
		p	Druck
		T	Temperatur
		n	Stoffmenge
		R_s	spezifische Gaskonstante (↗ S. 77)
Gaskonstanten	$R_s = \dfrac{R}{M} \quad R_s = c_p - c_V \quad R = k \cdot N_A$	R	universelle Gaskonstante (↗ S. 69)
		m	Masse
isotherme Zustandsänderung (Gesetz von BOYLE und MARIOTTE)	Unter der Bedingung $T = $ konstant gilt: $p \cdot V = $ konstant $\qquad p_1 \cdot V_1 = p_2 \cdot V_2$	c_p	spezifische Wärmekapazität bei konstantem Druck (↗ S. 77)
isobare Zustandsänderung (Gesetz von GAY-LUSSAC)	Unter der Bedingung $p = $ konstant gilt: $\dfrac{V}{T} = $ konstant $\qquad \dfrac{V_1}{T_1} = \dfrac{V_2}{T_2}$	c_V	spezifische Wärmekapazität bei konstantem Volumen (↗ S. 77)
		k	BOLTZMANN-Konstante (↗ S. 69)
isochore Zustandsänderung (Gesetz von AMONTONS)	Unter der Bedingung $V = $ konstant gilt: $\dfrac{p}{T} = $ konstant $\qquad \dfrac{p_1}{T_1} = \dfrac{p_2}{T_2}$	M	molare Masse
		N_A	AVOGADRO-Konstante (↗ S. 69)
adiabatische Zustandsänderung (Gesetze von POISSON)	Unter der Bedingung $Q = 0$ gilt: $p \cdot V^\varkappa = $ konstant $\qquad p_1 \cdot V_1^\varkappa = p_2 \cdot V_2^\varkappa$ $\dfrac{T_1}{T_2} = \left(\dfrac{V_2}{V_1}\right)^{\varkappa - 1} \qquad \dfrac{T_1}{T_2} = \left(\dfrac{p_1}{p_2}\right)^{\frac{\varkappa-1}{\varkappa}}$	$\varkappa$	Adiabatenkoeffizient (POISSON-Konstante) (↗ S. 77) $\varkappa = \dfrac{5}{3} \approx 1{,}67$ (einatomiges Gas) $\varkappa = \dfrac{7}{5} \approx 1{,}40$ (zweiatomiges Gas)

Reale Gase

van der waalssche Zustandsgleichung	$\left(p + \dfrac{a \cdot n^2}{V^2}\right) \cdot (V - b \cdot n) = n \cdot R \cdot T$	a, b V R T n	van der waalssche Konstanten Volumen universelle Gaskonstante ($\nearrow$ S. 69) Temperatur Stoffmenge

Kinetische Theorie der Wärme

Die folgenden Gleichungen gelten für das ideale Gas unter Normbedingungen.

Anzahl der Gasteilchen N	$N = N_A \cdot n$		n N_A	Stoffmenge Avogadro-Konstante ($\nearrow$ S. 69)
molares Volumen V_m	$V_m = \dfrac{V}{n}$		V	Volumen
molare Masse M	$M = \dfrac{m}{n}$		m	Masse
Masse eines Teilchens m_T	$m_T = \dfrac{m}{N}$	$m_T = \dfrac{M}{N_A}$		
mittlere Geschwindigkeit der Teilchen $\overline{v}$	$\overline{v} = \sqrt{\dfrac{3R \cdot T}{M}} = \sqrt{3R_s \cdot T}$	$\overline{v} \approx \sqrt{\dfrac{3p}{\varrho}}$	R R_s T v M k	universelle Gaskonstante ($\nearrow$ S. 69) spezifische Gaskonstante ($\nearrow$ S. 77) Temperatur Geschwindigkeit molare Masse Boltzmann-Konstante ($\nearrow$ S. 69)
wahrscheinlichste Geschwindigkeit der Teilchen v_W	$v_W = \sqrt{2R_s \cdot T} = \sqrt{\dfrac{2R \cdot T}{M}}$ $v_W = 0{,}886\,\overline{v}$			
mittlere kinetische Energie $\overline{E_{kin}}$ der Teilchen	$\overline{E_{kin}} = \dfrac{3}{2} k \cdot T$	$k = \dfrac{R}{N_A}$		
Grundgleichung der kinetischen Gastheorie	$p \cdot V = \dfrac{1}{3} \cdot N \cdot m_T \cdot \overline{v^2}$ $p \cdot V = N \cdot k \cdot T$ $p \cdot V = n \cdot R \cdot T$ $p = \dfrac{1}{3} \varrho \cdot \overline{v^2}$	$p \cdot V = m \cdot R_s \cdot T$ $p \cdot V = \dfrac{2}{3} \cdot N \cdot \overline{E_{kin}}$	p ϱ f	Druck Dichte ($\nearrow$ S. 74) Anzahl der Freiheitsgrade ($f = 3$ für einatomiges Gas, $f = 5$ für zweiatomiges Gas)
innere Energie U	$U = N \cdot \overline{E_{kin}}$	$U = \dfrac{1}{2} f \cdot n \cdot R \cdot T$		

Leistung und Wirkungsgrad

Leistung von Wärmequellen P_{th} (thermische Leistung)	$P_{th} = \dfrac{Q_{ab}}{t}$	Q_{ab} t	abgegebene (nutzbare) Wärme Zeit
Wirkungsgrad η von Wärmequellen	$\eta = \dfrac{Q_{ab}}{Q_{zu}}$	Q_{zu}	zugeführte (aufgewandte) Wärme
thermischer Wirkungsgrad η	Unter der Bedingung eines Carnot- oder Stirling-Prozesses gilt: $\eta = \dfrac{Q_{zu} - Q_{ab}}{Q_{zu}}$ $\quad\eta = 1 - \dfrac{T_{ab}}{T_{zu}}$	T_{zu} T_{ab}	Temperatur, bei der Wärme zugeführt wurde Temperatur, bei der Wärme abgegeben wurde

Elektrizitätslehre

Schaltzeichen und Symbole

Symbol	Bezeichnung	Symbol	Bezeichnung	Symbol	Bezeichnung
	Leiter, Kabel, Stromweg		Buchse und Stecker		NTC-Widerstand (Heißleiter)
L_1 L_2 L_3 PEN	Dreiphasen-Vierleitersystem		Spannungsquelle (allgemein)		PTC-Widerstand (Kaltleiter)
	Kreuzung von Leitern ohne Verbindung		galvanische Spannungsquelle (Batterie)		Generator
	Leitungsverzweigung: fest, lösbar		Widerstand (allgemein)		Motor
	Erde (allgemein)		stellbarer Widerstand		Kondensator / stellbar
	Schutzerde		Schalter als Schließer Öffner		Elektrolytkondensator
	Masse		Taster als Schließer Öffner		Fotowiderstand
	Gehäuse		handbetätigter Schalter (allgemein)		Diode
	Schutzisolierung		Glühlampe		Lichtemitterdiode (LED)
	Sicherung		Glimmlampe		Fotoelement
	Antenne		Spule, Drossel		npn-Transistor
	Hörer		Spule mit Eisenkern		Feldeffekttransistor
	Lautsprecher		Transformator		Spannungsmessgerät
	Klingel		Dauermagnet		Stromstärkemessgerät

Einfacher Gleichstromkreis

elektrische Spannung U	$U = \varphi_2 - \varphi_1$		$U = U_0 - I \cdot R_i$	φ_1 elektrisches Potential im Punkt 1
	$U = \dfrac{W}{Q}$	$U = \dfrac{P}{I}$	$U = I \cdot R$	φ_2 elektrisches Potential im Punkt 2
				U_0 Urspannung der Spannungsquelle
elektrische Stromstärke I	$I = \dfrac{dQ}{dt}$		$I = \dfrac{\Delta Q}{\Delta t}$	R_i Innenwiderstand der Spannungsquelle
	Unter der Bedingung eines stationären Stromes (I = konstant) gilt:			Q elektrische Ladung
	$I = \dfrac{Q}{t}$			t Zeit
elektrischer Widerstand R	$R = \dfrac{U}{I}$			
elektrischer Leitwert G	$G = \dfrac{1}{R}$			
elektrische Leistung P	$P = U \cdot I$		$P = \dfrac{W}{t}$	
elektrische Arbeit W	$W = P \cdot t$		$W = U \cdot I \cdot t$	
ohmsches Gesetz	Unter der Bedingung ϑ = konstant gilt:			ϱ spezifischer elektrischer Widerstand (↗ S. 79)
	$U \sim I$ $\quad \dfrac{U}{I}$ = konstant $\quad \dfrac{U}{I} = R$			l Länge des Leiters
Widerstandsgesetz	Unter der Bedingung ϑ = konstant gilt:			A Querschnittsfläche
	$R = \varrho \cdot \dfrac{l}{A}$			
elektrische Leitfähigkeit γ	$\gamma = \dfrac{1}{\varrho}$			
Temperaturabhängigkeit des elektrischen Widerstandes	Unter der Bedingung kleiner Temperaturdifferenzen gilt: $\Delta R = \alpha \cdot R_{20} \cdot \Delta\vartheta$ mit $\Delta\vartheta = \vartheta - 20\,°C$ $R_\vartheta = R_{20}(1 + \alpha \cdot \Delta\vartheta)$ Unter der Bedingung größerer Temperaturdifferenzen gilt: $R = R_{20}[1 + \alpha \cdot \Delta\vartheta + \beta(\Delta\vartheta)^2]$			R_ϑ Widerstand bei der Temperatur ϑ R_{20} Widerstand bei 20 °C ϑ Temperatur α, β Temperaturkoeffizienten (Temperaturbeiwerte)

Unverzweigter und verzweigter Gleichstromkreis

Reihenschaltung von Widerständen	Parallelschaltung von Widerständen
$I = I_1 = I_2 = \ldots = I_n$	$I = I_1 + I_2 + \ldots + I_n$
$U = U_1 + U_2 + \ldots + U_n$	$U = U_1 = U_2 = \ldots = U_n$
$R = R_1 + R_2 + \ldots + R_n$	$\dfrac{1}{R} = \dfrac{1}{R_1} + \dfrac{1}{R_2} + \ldots + \dfrac{1}{R_n}$
Spannungsteilerregel: $\dfrac{U_1}{U_2} = \dfrac{R_1}{R_2}$	Stromteilerregel: $\dfrac{I_1}{I_2} = \dfrac{R_2}{R_1}$

Elektrizitätslehre

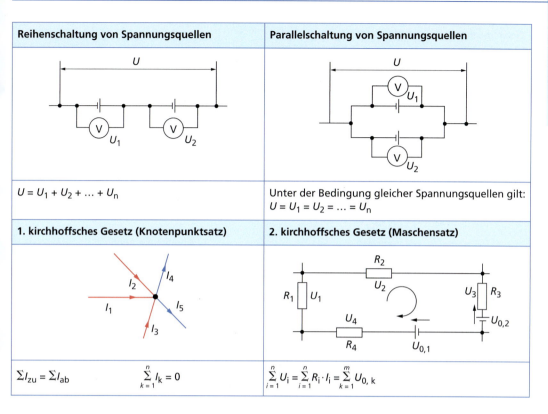

Reihenschaltung von Spannungsquellen	Parallelschaltung von Spannungsquellen
$U = U_1 + U_2 + \ldots + U_n$	Unter der Bedingung gleicher Spannungsquellen gilt: $U = U_1 = U_2 = \ldots = U_n$
1. kirchhoffsches Gesetz (Knotenpunktsatz)	**2. kirchhoffsches Gesetz (Maschensatz)**
$\Sigma I_{zu} = \Sigma I_{ab} \qquad \sum\limits_{k=1}^{n} I_k = 0$	$\sum\limits_{i=1}^{n} U_i = \sum\limits_{i=1}^{n} R_i \cdot I_i = \sum\limits_{k=1}^{m} U_{0,k}$

Internationaler Farbcode für Widerstände der Reihen E6, E12, E24

Farbe	1. Ziffer	2. Ziffer	Multiplikator	Toleranz
Schwarz	0	0	$\times 1\,\Omega$	–
Braun	1	1	$\times 10\,\Omega$	$\pm 1\,\%$
Rot	2	2	$\times 100\,\Omega$	$\pm 2\,\%$
Orange	3	3	$\times 1\,000\,\Omega$	–
Gelb	4	4	$\times 10\,000\,\Omega$	–
Grün	5	5	$\times 100\,000\,\Omega$	–
Blau	6	6	$\times 1\,000\,000\,\Omega$	–
Violett	7	7	–	–
Grau	8	8	–	–
Weiß	9	9	–	–
Gold	–	–	$\times 0,1\,\Omega$	$\pm 5\,\%$
Silber	–	–	$\times 0,01\,\Omega$	$\pm 10\,\%$

– 1. Ziffer
– 2. Ziffer
– Multiplikator
– Toleranz

Ausgewählte Grundschaltungen

Spannungsteilerschaltung (Potenziometerschaltung)

U Gesamtspannung
U_2 Teilspannung
R_1, R_2 Teilwiderstände
R_a Lastwiderstand

$$U_2 = \frac{R_2}{R_1 + R_2 + \frac{R_1 \cdot R_2}{R_a}} \cdot U$$

Zusammenhänge im vollständigen Stromkreis

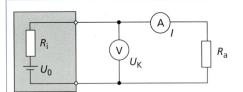

R_i	Innenwiderstand der Spannungsquelle
U_0	Urspannung der Spannungsquelle (Leerlaufspannung)
I	Stromstärke
R_a	Außenwiderstand
U_K	Klemmenspannung

Für die Klemmenspannung gilt: $U_K = U_0 - (I \cdot R_i)$

Für die Stromstärke gilt: $I = \dfrac{U_0}{R_i + R_a}$

Leerlauf: $R_a \to \infty$ $\quad I = 0 \quad U_K = U_0$

Kurzschluss: $R_a \to 0 \quad I = \dfrac{U_0}{R_i} \quad U_K \to 0$

Anpassung (maximale Leistung): $R_a = R_i$

Brückenschaltung (wheatstonesche Brücke)

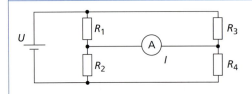

U	Gesamtspannung
I	Stromstärke in der Brücke
R_1, R_2, R_3, R_4	Teilwiderstände

Abgleichbedingung: $I = 0 \quad \dfrac{R_1}{R_2} = \dfrac{R_3}{R_4}$

Elektrisches Feld

elektrische Ladung Q	$Q = N \cdot e$ $Q = \int_{t_1}^{t_2} I(t)\, dt$ Unter der Bedingung I = konstant gilt: $Q = I \cdot t$	N Anzahl der Elektronen e Elementarladung (↗ S. 69) I Stromstärke t Zeit
coulombsches Gesetz	Unter der Bedingung, dass Punktladungen vorliegen, gilt: $F = \dfrac{1}{4\pi \cdot \varepsilon_0 \cdot \varepsilon_r} \cdot \dfrac{Q_1 \cdot Q_2}{r^2}$	F Kraft ε_0 elektrische Feldkonstante (↗ S. 69) ε_r Permittivitätszahl (↗ S. 80) r Abstand der Punktladungen voneinander
elektrische Feldstärke E	$\vec{E} = \dfrac{\vec{F}}{Q}$ Unter der Bedingung eines homogenen elektrisches Feldes gilt: $E = \dfrac{U}{s}$	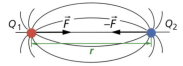 s Abstand der Punkte, zwischen denen die Spannung U besteht
elektrische Flussdichte D (dielektrische Verschiebung)	$\vec{D} = \varepsilon_0 \cdot \varepsilon_r \cdot \vec{E}$	
Dielektrizitätskonstante ε	$\varepsilon = \varepsilon_0 \cdot \varepsilon_r$ Für das Vakuum gilt: $\varepsilon_r = 1$	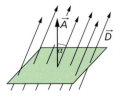
elektrischer Fluss ψ	$\psi = \int \vec{D}\, d\vec{A}$ Unter der Bedingung $\vec{D}$ = konstant und $\vec{D} \parallel \vec{A}$ gilt: $\psi = D \cdot A$	A Fläche

Elektrizitätslehre

elektrisches Potenzial φ	allgemein: $\varphi = \int_{s_0}^{s_1} \vec{E}(s)\,d\vec{s}$	im Radialfeld: $\varphi = \frac{1}{4\pi \cdot \varepsilon_0 \cdot \varepsilon_r} \cdot \frac{Q}{r}$	
elektrische Spannung U	$U = \Delta\varphi = \varphi_2 - \varphi_1 \quad U = \int_{s_1}^{s_2} \vec{E}(s)\,d\vec{s}$		
	In einem homogenen Feld gilt: $U = \frac{W}{Q} \qquad U = \vec{E} \cdot \vec{s}$	φ_1 elektrisches Potential im Punkt P_1 φ_2 elektrisches Potential im Punkt P_2 s Weg W Arbeit im elektrischen Feld Q Ladung	

Kondensatoren

Kapazität C eines Kondensators	$C = \frac{Q}{U}$	Q Ladung U Spannung d Abstand der Platten
Durchschlagsfestigkeit E_d	$E_d = \frac{U}{d}$	
elektrische Feldstärke E in einem Plattenkondensator	$E = \frac{U}{d}$	
Kapazität C eines Plattenkondensators	$C = \varepsilon_0 \cdot \varepsilon_r \cdot \frac{A}{d}$	ε_0 elektrische Feldkonstante ($\nearrow$ S. 69) ε_r Permittivitätszahl ($\nearrow$ S. 80) A Fläche d Abstand der Platten
Energie E des elektrischen Feldes eines Kondensators	$E = \frac{1}{2} C \cdot U^2$	
Aufladen eines Kondensators	$U_C = U \cdot \left(1 - e^{-\left(\frac{t}{R \cdot C}\right)}\right) \qquad I = I_0 \cdot e^{-\left(\frac{t}{R \cdot C}\right)}$	U_C Spannung am Kondensator R ohmscher Widerstand C Kapazität t Zeit I Stromstärke I_0 Anfangsstromstärke
Entladen eines Kondensators	$U_C = U \cdot e^{-\left(\frac{t}{R \cdot C}\right)} \qquad I = -I_0 \cdot e^{-\left(\frac{t}{R \cdot C}\right)}$	
Zeitkonstante τ	$\tau = R \cdot C$	

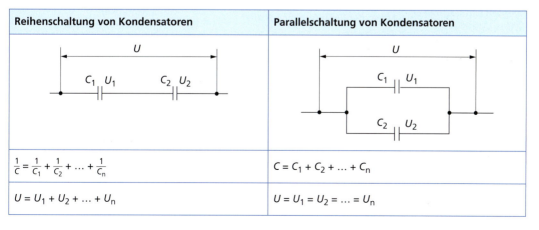

Reihenschaltung von Kondensatoren	Parallelschaltung von Kondensatoren
$\frac{1}{C} = \frac{1}{C_1} + \frac{1}{C_2} + \ldots + \frac{1}{C_n}$	$C = C_1 + C_2 + \ldots + C_n$
$U = U_1 + U_2 + \ldots + U_n$	$U = U_1 = U_2 = \ldots = U_n$

Magnetisches Feld

magnetische Feldstärke H	Für das Feld außerhalb eines geraden stromdurchflossenen Leiters gilt: $H = \dfrac{I}{2\pi \cdot r}$ Für das Feld im Inneren einer langen stromdurchflossenen Spule gilt: $H = \dfrac{N \cdot I}{l}$ Für das Feld im Inneren einer kurzen stromdurchflossenen Zylinderspule gilt: $H = \dfrac{N \cdot I}{\sqrt{4r^2 + l^2}}$	I r	Stromstärke Abstand vom Leiter 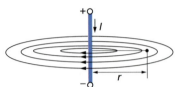
		N l r	Windungszahl der Spule Länge der Spule Radius der Windungen
magnetische Flussdichte B (magnetische Induktion)	$\vec{B} = \mu_0 \cdot \mu_r \cdot \vec{H}$ Für das Feld außerhalb eines geraden stromdurchflossenen Leiters gilt: $B = \mu_0 \cdot \mu_r \cdot \dfrac{I}{2\pi \cdot r}$ Für das Feld im Inneren einer langen stromdurchflossenen Spule gilt: $B = \mu_0 \cdot \mu_r \cdot \dfrac{N \cdot I}{l}$		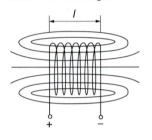
magnetischer Fluss Φ	$\Phi = \int \vec{B}\,d\vec{A}$ Unter der Bedingung $\vec{B}$ = konstant und $\vec{B} \parallel \vec{A}$ bzw. $\vec{B}$ senkrecht zur Fläche gilt: $\Phi = B \cdot A$	μ_0 μ_r A	magnetische Feldkonstante (↗ S. 69) Permeabilitätszahl (↗ S. 80) Fläche
magnetische Spannung V	$V = \int\limits_{P_1}^{P_2} \vec{H}(s)\,d\vec{s}$ In einem homogenen Feld gilt: $V = \vec{H} \cdot \vec{s}$		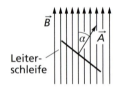 Leiterschleife
magnetischer Widerstand R_m	$R_m = \dfrac{V}{\Phi}$ $R_m = \dfrac{l}{\mu_0 \cdot \mu_r \cdot A}$	H s l Φ	magnetische Feldstärke Weg Länge magnetischer Fluss
Kraft F_L auf einen bewegten Ladungsträger (LORENTZ-Kraft)	$\vec{F}_L = Q \cdot (\vec{v} \times \vec{B})$ Unter der Bedingung $\vec{v} \perp \vec{B}$ gilt: $F_L = Q \cdot v \cdot B$	Q v B I	Ladung Geschwindigkeit magnetische Flussdichte Stromstärke
Kraft F auf einen stromdurchflossenen Leiter	$\vec{F} = l \cdot (\vec{I} \times \vec{B})$ Unter der Bedingung $\vec{I} \perp \vec{B}$ gilt: $F = l \cdot I \cdot B$		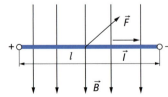
Energie E des magnetischen Feldes einer stromdurchflossenen Spule	$E = \dfrac{1}{2} L \cdot I^2$	L	Induktivität der Spule
Energiedichte ω des magnetischen Feldes	$\omega = \dfrac{E}{V}$ $\omega = \dfrac{1}{2} B \cdot H$	V	Volumen

Elektromagnetisches Feld

Induktionsgesetz	$U_i = -\dfrac{d\Phi}{dt}$ Unter den Bedingungen einer gleichmäßigen Änderung des magnetischen Feldes und $B \perp A$ gilt für eine Spule: $U_i = -N \cdot \dfrac{\Delta(B \cdot A)}{\Delta t}$ Für einen bewegten Leiter mit $\vec{v} \perp \vec{B}$ gilt: $U_i = -B \cdot l \cdot v$	U_i t N s B A	induzierte Spannung Zeit Windungszahl Weg magnetische Flussdichte Fläche
Selbstinduktions- spannung U_i in einer Spule	$U_i = -L \cdot \dfrac{dI}{dt}$ Unter der Bedingung einer gleichmäßigen Änderung der Stromstärke gilt: $U_i = -L \cdot \dfrac{\Delta I}{\Delta t}$	v l	Geschwindigkeit des Leiters Länge des Leiters bzw. der Spule
Induktivität L einer Spule	Für eine lange Spule gilt: $L = \dfrac{\mu_0 \cdot \mu_r \cdot N^2 \cdot A}{l}$	t I μ_0 μ_r	Zeit Stromstärke magnetische Feldkonstante (↗ S. 69) Permeabilitätszahl (↗ S. 80)

Wechselstromkreis

Stromstärke im Wechselstromkreis	Momentanwert: $i = i_{max} \cdot \sin(\omega \cdot t + \varphi_0)$ Effektivwert: $I = \dfrac{1}{\sqrt{2}} i_{max} \approx 0{,}7\, i_{max}$	ω i t i_{max} I	Kreisfrequenz Momentanwert Zeit Scheitelwert Effektivwert
Spannung im Wechselstromkreis	Momentanwert: $u = u_{max} \cdot \sin(\omega \cdot t + \varphi_0)$ Effektivwert: $U = \dfrac{1}{\sqrt{2}} u_{max} \approx 0{,}7\, u_{max}$	φ_0 u u_{max} U	Phasenwinkel Momentanwert Scheitelwert Effektivwert
Scheinleistung S	$S = U \cdot I \qquad S = \sqrt{P^2 + Q^2}$	$\cos\varphi$ φ	Leistungsfaktor Phasenverschiebungswinkel
Wirkleistung P	$P = U \cdot I \cdot \cos\varphi$		
Blindleistung Q	$Q = U \cdot I \cdot \sin\varphi$		

Widerstände im Wechselstromkreis

ohmscher Widerstand R	induktiver Widerstand X_L	kapazitiver Widerstand X_C
$R = \dfrac{U}{I}$	$X_L = \dfrac{U}{I}$	$X_C = \dfrac{U}{I}$
Für einen metallischen Leiter gilt unter der Bedingung ϑ = konstant $R = \varrho \cdot \dfrac{l}{A}$	Für eine Spule gilt: $X_L = \omega \cdot L$	Für einen Kondensator gilt: $X_C = \dfrac{1}{\omega \cdot C}$
$\varphi = 0$	$\varphi = +\dfrac{\pi}{2}$	$\varphi = -\dfrac{\pi}{2}$

	Reihenschaltung von R, X_L und X_C	Parallelschaltung von R, X_L und X_C
Schaltplan		
Zeigerdiagramm		
Blindwiderstand X	$X = \omega \cdot L - \dfrac{1}{\omega \cdot C}$	$\dfrac{1}{X} = \omega \cdot C - \dfrac{1}{\omega \cdot L}$
Scheinwiderstand Z	$Z = \sqrt{R^2 + X^2}$ $\qquad Z = \dfrac{U}{I}$	$\dfrac{1}{Z} = \sqrt{\dfrac{1}{R^2} + \dfrac{1}{X^2}}$
Phasenverschiebung $\tan\varphi$	$\tan\varphi = \dfrac{X_L - X_C}{R} = \dfrac{\omega L - \frac{1}{\omega C}}{R}$	$\tan\varphi = R\left(\dfrac{1}{X_C} - \dfrac{1}{X_L}\right) = R\left(\omega C - \dfrac{1}{\omega L}\right)$

Transformator

Spannungsübersetzung für einen idealen Transformator	Unter der Bedingung $I_2 \to 0$ (Leerlauf) gilt: $\dfrac{U_1}{U_2} = \dfrac{N_1}{N_2}$	
Stromstärkeübersetzung für einen idealen Transformator	Unter der Bedingung $I_2 \to \infty$ (Kurzschluss) gilt: $\dfrac{I_1}{I_2} = \dfrac{N_2}{N_1}$	
Übersetzungsverhältnis $\ddot{u}$	$\ddot{u} = \dfrac{N_1}{N_2}$	
Leistungsübersetzung	$P_1 = P_2 + P_v$ $U_1 \cdot I_1 \cdot \cos\varphi_1 = U_2 \cdot I_2 \cdot \cos\varphi_2 + P_v$ Unter der Bedingung der Vernachlässigung aller Verluste, einer starken Belastung und $\varphi_1 = \varphi_2$ gilt: $U_1 \cdot I_1 = U_2 \cdot I_2 \qquad \dfrac{U_1}{U_2} = \dfrac{I_2}{I_1} = \ddot{u}$	U Spannung I Stromstärke N Windungszahl P Leistung P_v Verlustleistung φ Phasenverschiebungswinkel
Wirkungsgrad η eines Transformators	$\eta = \dfrac{P_{ab}}{P_{zu}}$	P_{ab} abgegebene Leistung P_{zu} zugeführte Leistung
Nennscheinleistung S_N	bei Einphasenwechselstrom: $S_N = U_2 \cdot I_2$ bei Drehstrom: $S_N = \sqrt{3} \cdot U_2 \cdot I_2$	U_2 Nennspannung (Ausgangsseite) I_2 Nennstromstärke (Ausgangsseite)

Elektromagnetische Schwingungen

thomsonsche Schwingungsgleichung	$T = 2\pi \cdot \sqrt{L \cdot C}$	T Schwingungsdauer L Induktivität C Kapazität R ohmscher Widerstand
Eigenfrequenz f eines elektrischen Schwingkreises (ungedämpft)	Unter der Bedingung einer freien und ungedämpften Schwingung ($R = 0$) gilt: $f = \dfrac{1}{2\pi \cdot \sqrt{L \cdot C}}$	
Eigenfrequenz f eines elektrischen Schwingkreises (gedämpft)	Unter der Bedingung einer freien Schwingung gilt: $f = \dfrac{1}{2\pi}\sqrt{\dfrac{1}{L \cdot C} - \dfrac{R^2}{4L^2}}$	L Induktivität C Kapazität R ohmscher Widerstand
Abklingkoeffizient δ	$\delta = \dfrac{R}{2L}$	
Resonanzbedingung	$f_0 = f_E$	f_0 Eigenfrequenz f_E Erregerfrequenz

Elektromagnetische Wellen

Ausbreitungsgeschwindigkeit c elektromagnetischer Wellen	$c = \lambda \cdot f \qquad c = \sqrt{\dfrac{1}{\varepsilon_r \cdot \varepsilon_0 \cdot \mu_r \cdot \mu_0}}$ Für das Vakuum gilt: $c = \dfrac{1}{\sqrt{\varepsilon_0 \cdot \mu_0}}$	λ Wellenlänge (↗ S. 81) f Frequenz (↗ S. 81) ε_0 elektrische Feldkonstante (↗ S. 69) ε_r Permittivitätszahl (↗ S. 80) μ_0 magnetische Feldkonstante (↗ S. 69) μ_r Permeabilitätszahl (↗ S. 80)
Eigenfrequenz f eines Dipols	Für die Grundschwingung eines Dipols gilt: $f = \dfrac{c}{2l}$	
Länge l eines Dipols	Für den optimalen Empfang eines Senders gilt: $l = k \cdot \dfrac{\lambda}{2} \qquad (k = 1, 2, 3, \ldots)$	

Leitungsvorgänge in festen und flüssigen Körpern

HALL-Spannung U_H für feste Körper	$U_H = R_H \cdot \dfrac{I \cdot B}{s}$	I Stromstärke B magnetische Flussdichte s Dicke des Leiters
HALL-Konstante R_H	Für Stoffe mit Elektronenleitung gilt: $R_H = \dfrac{V}{N \cdot e}$	V Volumen N Anzahl der Ladungsträger e Elementarladung (↗ S. 69)
1. faradaysches Gesetz der Elektrolyse	Für elektrisch leitende Flüssigkeiten (Elektrolyte) gilt: $m = c \cdot Q$	m Masse des abgeschiedenen Stoffes c elektrochemisches Äquivalent Q Ladung
2. faradaysches Gesetz der Elektrolyse	Für elektrisch leitende Flüssigkeiten (Elektrolyte) gilt: $Q = n \cdot z \cdot F$	n Stoffmenge z Wertigkeit des Stoffes F FARADAY-Konstante (↗ S. 69)

Schwingungen und Wellen

Grundbegriffe und Grundgesetze

Schwingungsdauer T (Periodendauer)	$T = \frac{1}{f}$	$T = \frac{t}{n}$	t n	Zeit Anzahl der Schwingungen
Frequenz f	$f = \frac{1}{T}$	$f = \frac{n}{t}$		
Kreisfrequenz ω	$\omega = 2\pi \cdot f$			
Auslenkung y bei einer harmonischen Schwingung	$y = y_{max} \cdot \sin(\omega \cdot t + \varphi_0)$ Unter der Bedingung $\varphi_0 = 0$ bei $t = 0$ gilt: $y = y_{max} \cdot \sin(\omega \cdot t)$		y y_{max} φ_0 λ	Auslenkung Amplitude Phasenwinkel Wellenlänge
Ausbreitungsgeschwindigkeit c von Wellen (Phasengeschwindigkeit)	$c = \lambda \cdot f$			

Schwingungen

Schwingungsgleichung (ungedämpfte harmonische Schwingung)	$\frac{d^2y}{dt^2} + \omega^2 \cdot y = 0$ Lösung der Differenzialgleichung: $y = y_{max} \cdot \sin(\omega \cdot t + \varphi_0)$	y t ω y_{max} φ_0 δ ω_0	Auslenkung Zeit Kreisfrequenz Amplitude Phasenwinkel Abklingkoeffizient Kreisfrequenz der anfänglichen Schwingung
Schwingungsgleichung (gedämpfte harmonische Schwingung)	$\frac{d^2y}{dt^2} + 2\delta \cdot \frac{dy}{dt} + \omega_0^2 \cdot y = 0$ Lösung der Differenzialgleichung: $y = y_{max} \cdot e^{-\delta \cdot t} \cdot \sin(\omega \cdot t + \varphi_0)$		

Wellen

Wellengleichungen	$y = y_{max} \cdot \sin\left[2\pi\left(\frac{t}{T} - \frac{x}{\lambda}\right)\right]$ $y = y_{max} \cdot \sin\left[\omega\left(t - \frac{x}{c}\right)\right]$	y y_{max} t T x λ c	Auslenkung Amplitude Zeit Schwingungsdauer Ort Wellenlänge Ausbreitungsgeschwindigkeit
Reflexionsgesetz	$\alpha = \alpha'$	α α'	Einfallswinkel Reflexionswinkel
Brechungsgesetz	$\frac{\sin \alpha}{\sin \beta} = \frac{c_1}{c_2}$	α β c_1 c_2	Einfallswinkel Brechungswinkel Ausbreitungsgeschwindigkeit im Medium 1 Ausbreitungsgeschwindigkeit im Medium 2

akustischer DOPPLER-Effekt	Ruhender Empfänger und bewegter Sender: $f_E = \dfrac{f_S}{1 \mp \frac{v_S}{c}}$ Bewegte Empfänger und ruhender Sender: $f_E = f_S \left(1 \pm \dfrac{v_E}{c}\right)$	f_E f_S v_E v_S c	vom Empfänger gemessene Frequenz vom Sender abgestrahlte Frequenz Geschwindigkeit des Empfängers Geschwindigkeit des Senders Schallgeschwindigkeit (↗ S. 76) Oberes Vorzeichen gilt beim Annähern, unteres Vorzeichen beim Entfernen von Empfänger und Sender voneinander.

Optik

Reflexionsgesetz	$\alpha = \alpha'$	α α'	Einfallswinkel Reflexionswinkel
Brechzahl n	$n = \dfrac{c_{Vakuum}}{c_{Stoff}}$	c	Lichtgeschwindigkeit
Brechungsgesetz	$\dfrac{\sin\alpha}{\sin\beta} = \dfrac{c_1}{c_2}$ $\dfrac{\sin\alpha}{\sin\beta} = \dfrac{n_2}{n_1}$ $\dfrac{\sin\alpha}{\sin\beta} = n$ (für $n_1 = 1$)		
Grenzwinkel der Totalreflexion α_G	$\sin\alpha_G = \dfrac{c_1}{c_2} = \dfrac{n_2}{n_1} = \dfrac{1}{n}$	α β c_1, c_2 n_1, n_2 n	Einfallswinkel Brechungswinkel Lichtgeschwindigkeiten (↗ S. 80) Brechzahlen (↗ S. 80) Brechzahl (↗ S. 80)
Abbildungsgleichung für dünne Linsen und für Spiegel	$\dfrac{1}{f} = \dfrac{1}{g} + \dfrac{1}{b}$	f g b	Brennweite Gegenstandsweite Bildweite
Abbildungsmaßstab A für dünne Linsen und für Spiegel	$A = \dfrac{B}{G} = \dfrac{b}{g}$	G B	Gegenstandsgröße Bildgröße
Brechwert D von Linsen (Brechkraft)	$D = \dfrac{1}{f}$ (f in m)		
Vergrößerung V optischer Geräte	$V = \dfrac{\tan\alpha_2}{\tan\alpha_1}$		
Vergrößerung V einer Lupe	$V = \dfrac{s_0}{f}$	α_1 α_2 s_0	Sehwinkel ohne optisches Gerät Sehwinkel mit optischem Gerät deutliche Sehweite (25 cm)
Vergrößerung V eines Mikroskops	$V = V_1 \cdot V_2$ $V = \dfrac{b}{g} \cdot \dfrac{s_0}{f_2}$	V_1 V_2 f_1 f_2	Vergrößerung des Objektivs Vergrößerung des Okulars Brennweite des Objektivs Brennweite des Okulars
Vergrößerung V eines Fernrohres	$V = \dfrac{f_1}{f_2}$		
Öffnungsverhältnis ω einer Linse	$\omega = \dfrac{d}{f}$	d f	Durchmesser der Linse Brennweite der Linse
numerische Apertur A	$A = n \cdot \sin\alpha$	n α	Brechzahl im Objektraum halber Öffnungswinkel

Auflösungsvermögen A optischer Geräte	$A = \dfrac{1}{r_{min}} = \dfrac{1}{1{,}22} \cdot \dfrac{d}{f \cdot \lambda}$	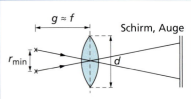 r_{min} Mindestabstand zweier Gegenstandspunkte d Durchmesser der Linse g Gegenstandsweite f Brennweite der Linse λ Wellenlänge (↗ S. 80)
Lichtgeschwindigkeit c	$c = \lambda \cdot f$	λ Wellenlänge des Lichtes (↗ S. 80) f Frequenz des Lichtes (↗ S. 80)
Interferenz am Spalt	Unter der Bedingung $s_k \ll e_k$ gilt für Maxima: $\dfrac{(2k+1)\cdot\lambda}{2d} = \sin\alpha_k$ $\dfrac{(2k+1)\cdot\lambda}{2d} = \dfrac{s_k}{e_k}$ ($k = 1, 2, 3, \ldots$) Unter der Bedingung $s_k \ll e_k$ gilt für Minima: $\dfrac{k\cdot\lambda}{d} = \sin\alpha_k$ $\quad$ $\dfrac{k\cdot\lambda}{d} = \dfrac{s_k}{e_k}$ ($k = 1, 2, 3, \ldots$)	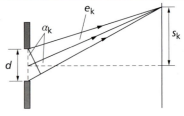 λ Wellenlänge (↗ S. 80) d Spaltbreite
Interferenz am Doppelspalt und am Gitter	Unter der Bedingung $s_k \ll e_k$ gilt für Maxima: $\dfrac{k\cdot\lambda}{b} = \sin\alpha_k$ $\quad$ $\dfrac{k\cdot\lambda}{b} = \dfrac{s_k}{e_k}$ ($k = 0, 1, 2, \ldots$) Unter der Bedingung $s_k \ll e_k$ gilt für Minima: $\dfrac{(2k+1)\cdot\lambda}{2b} = \sin\alpha_k$ $\dfrac{(2k+1)\cdot\lambda}{2b} = \dfrac{s_k}{e_k}$ ($k = 0, 1, 2, \ldots$)	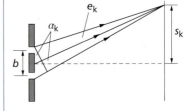 b Gitterkonstante
Interferenz an dünnen Schichten (reflektiertes Licht und senkrechter Einfall)	Für Maxima gilt: $d = \dfrac{2k+1}{n} \cdot \dfrac{\lambda}{4}$ ($k = 0, 1, 2, \ldots$) Für Minima gilt: $d = \dfrac{2k}{n} \cdot \dfrac{\lambda}{4}$ ($k = 1, 2, 3, \ldots$) Im durchgehenden Licht gilt die erste Bedingung für Minima, die zweite für Maxima.	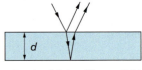 n Brechzahl der dünnen Schicht d Schichtdicke
brewstersches Gesetz	$\tan\alpha_P = \dfrac{n_2}{n_1}$ Bezogen auf Vakuum mit $n_1 = 1$ und $n_2 = n$ gilt: $\tan\alpha_P = n$	α_P Einfallswinkel (Polarisationswinkel) n Brechzahl (↗ S. 80) n_1, n_2 absolute Brechzahlen
Lichtstrom Φ_V	$\Phi_V = \omega \cdot I_V$ $\quad$ $\Phi_V = E \cdot A$	ω Raumwinkel A Fläche r Abstand Lichtquelle – beleuchtete Fläche L_V Leuchtdichte
Beleuchtungsstärke E	$E = \dfrac{\Phi_V}{A}$ $\quad$ $E = \dfrac{I_V}{r^2}$	
Lichtstärke I_V	$I_V = \dfrac{\Phi_V}{\omega}$ $\quad$ $I_V = L_V \cdot A$	

Quantenphysik

Austrittsarbeit W_A von Elektronen aus Oberflächen	$W_A = h \cdot f_G$	h f_G f c λ	Planck-Konstante (↗ S. 69) Grenzfrequenz Frequenz Lichtgeschwindigkeit (↗ S. 69) Wellenlänge (↗ S. 80)
Energie E eines Lichtquants (Photons)	$E = h \cdot f \qquad E = h \cdot \frac{c}{\lambda}$		
Masse m eines Lichtquants (Photons)	$m = \frac{E}{c^2} = \frac{h \cdot f}{c^2} = \frac{h}{c \cdot \lambda}$		
Impuls p eines Lichtquants (Photons)	$p = \frac{E}{c} = \frac{h \cdot f}{c} = \frac{h}{\lambda}$		
einsteinsche Gleichung für den Fotoeffekt	$h \cdot f = \frac{1}{2} m_e \cdot v^2 + W_A$	m_e v W_A p	Ruhemasse eines Elektrons (↗ S. 69) Geschwindigkeit Austrittsarbeit (↗ S. 79) Impuls
DE-BROGLIE-Wellenlänge	$\lambda = \frac{h}{p} = \frac{h}{m \cdot v}$		
heisenbergsche Unbestimmtheitsrelation	$\Delta x \cdot \Delta p \geq \frac{h}{4\pi}$	Δx Δp $\Delta \lambda$	Ortsunschärfe Impulsunschärfe Wellenlängenzunahme
COMPTON-Effekt	$\Delta \lambda = \lambda_C (1 - \cos \vartheta)$ $\lambda_C = \frac{h}{m \cdot c}$	λ_C ϑ m	Compton-Wellenlänge (↗ S. 69) Streuwinkel Masse

Spezielle Relativitätstheorie

LORENTZ-Transformation und LORENTZ-Faktor	$x = \frac{x' + v \cdot t'}{\sqrt{1 - \frac{v^2}{c^2}}} = k(x' + v \cdot t') \quad k = \frac{1}{\sqrt{1 - \frac{v^2}{c^2}}}$ $y = y' \qquad t = \frac{t' + \frac{v}{c^2} \cdot x'}{\sqrt{1 - \frac{v^2}{c^2}}} = k\left(t' + \frac{v}{c^2} \cdot x'\right)$ $z = z'$	x, y, z x', y', z' t t' v	Koordinaten eines Massepunktes im Inertialsystem S Koordinaten eines Massepunktes im Inertialsystems S' Zeit im Inertialsystem S Zeit im Inertialsystem S' Relativgeschwindigkeit der Inertialsysteme S und S' zueinander
Zeitdilatation	$t = \frac{t'}{\sqrt{1 - \frac{v^2}{c^2}}} = t' \cdot k \qquad t > t'$	k c t t'	LORENTZ-Faktor Lichtgeschwindigkeit (↗ S. 69) Zeit der „ruhenden" Uhr Zeit der „bewegten" Uhr
Längenkontraktion	$l = l' \cdot \sqrt{1 - \frac{v^2}{c^2}} = \frac{l'}{k} \qquad l < l'$	l l'	Länge des „bewegten" Körpers in Bewegungsrichtung Länge des „ruhenden" Körpers
Addition von Geschwindigkeiten (Additionstheorem)	$u = \frac{u' + v}{1 + \frac{u' \cdot v}{c^2}}$ Unter der Bedingung $u', v \ll c$ gilt: $u = u' + v$	u, u'	Geschwindigkeiten im Inertialsystem S bzw. S'
Masse m eines bewegten Körpers (relativistische Masse)	$m = \frac{m_0}{\sqrt{1 - \frac{v^2}{c^2}}} = k \cdot m_0$	m_0 v c m E_0	Ruhemasse Geschwindigkeit des Körpers Lichtgeschwindigkeit (↗ S. 69) Masse Ruheenergie
Masse-Energie-Beziehung	$E = m \cdot c^2 \qquad \Delta E = \Delta m \cdot c^2$ $E_0 = m_0 \cdot c^2$		

Atom- und Kernphysik

Aufbau von Atomen

Energiebilanz für emittiertes oder absorbiertes Licht	$\Delta E = E_n - E_m$ $\Delta E = h \cdot f$	E_n, E_m f h	Energieniveaus des Atoms Frequenz des Lichtes (↗ S. 80) PLANCK-Konstante (↗ S. 69)
Spektralserien des Wasserstoffatoms	$f = R_H \cdot c \cdot \left(\frac{1}{n^2} - \frac{1}{m^2}\right)$ $(n = 1, 2, 3, \ldots)$ $f = R_y \cdot \left(\frac{1}{n^2} - \frac{1}{m^2}\right)$ $(m = 2, 3, 4 \ldots)$	c R_H R_y	Lichtgeschwindigkeit (↗ S. 69) RYDBERG-Konstante (↗ S. 69) RYDBERG-Frequenz (↗ S. 69)
relative Atommasse A_r	$A_r = \frac{m_A}{u}$	m_A u	Masse des Atoms atomare Masseeinheit (↗ S. 69)
Nukleonenzahl A (Massenzahl)	$A = Z + N$	Z	Protonenzahl (Kernladungszahl, Ordnungszahl im Periodensystem)
Symbolschreibweise	^A_Z Symbol des Elements $\left(^{238}_{92}U\right)$	A N	Massenzahl Neutronenzahl
Massendefekt Δm	$\Delta m = (Z \cdot m_p + N \cdot m_n) - m_k$	m_p m_n m_k c	Masse eines Protons (↗ S. 69) Masse eines Neutrons (↗ S. 69) Kernmasse Lichtgeschwindigkeit (↗ S. 69)
Kernbindungsenergie E_B	$E_B = \Delta m \cdot c^2$		

Radioaktive Strahlung

Aktivität A einer radioaktiven Substanz	$A = \frac{\Delta N}{\Delta t}$ $\quad A = A_0 \cdot e^{-\lambda \cdot t}$	ΔN Δt A_0 λ E	Anzahl der zerfallenen Atome Zeitspanne Anfangsaktivität Zerfallskonstante von einem Körper aufgenommene Strahlungsenergie
Energiedosis D	$D = \frac{E}{m}$	m t q N_0	Masse Zeit Qualitätsfaktor (↗ S. 81) Anzahl der zum Zeitpunkt $t = 0$ vorhandenen, nicht zerfallenen Atomkerne
Äquivalentdosis H	$H = D \cdot q$		
Zerfallsgesetz	$N = N_0 \cdot e^{-\lambda \cdot t}$ $N = N_0 \cdot \left(\frac{1}{2}\right)^{\frac{t}{T_{1/2}}}$	N	Anzahl der nicht zerfallenen Atomkerne
Halbwertszeit $T_{1/2}$	$T_{1/2} = \frac{\ln 2}{\lambda}$	$T_{1/2}$	Halbwertszeit (↗ S. 81)

Uran-Radium-Reihe (Halbwertszeit: $4,5 \cdot 10^9$ Jahre)

Thorium-Reihe (Halbwertszeit: $1,4 \cdot 10^{10}$ Jahre)

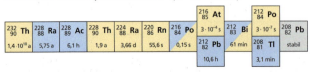

 α-Zerfall   β-Zerfall

 α-Zerfall und β-Zerfall   stabil

Astronomie

Astronomische Konstanten

Größe	Formelzeichen	Wert
HUBBLE-Konstante	H	$70 \frac{km}{s \cdot Mpc} < H < 78 \frac{km}{s \cdot Mpc}$
Solarkonstante	S	$1{,}367 \frac{kW}{m^2}$
Vakuumlichtgeschwindigkeit	c	$299\,792{,}458 \frac{km}{s}$

Einheiten für Zeit und Länge

Größe	Einheit und Einheitenzeichen		Beziehungen zwischen den Einheiten	
Zeit	mittlerer Sonnentag	d	1 d	= 86 400 s = 24 h
	Sterntag		1 Sterntag	= 23 h 56 min 4,098 s = 0,997 27 d = 86 164 s
	siderischer Tag		1 sid. Tag	= 1 Sterntag + 0,008 4 s
	siderischer Monat		1 sid. Monat	= 27 d 7 h 43 min 12 s
	synodischer Monat		1 syn. Monat	= 29 d 12 h 44 min 03 s
	tropisches Jahr	a	1 a	= 365,242 2 d = $3{,}155\,69 \cdot 10^7$ s
	siderisches Jahr		1 sid. Jahr	= 365,256 360 d = $3{,}155\,8 \cdot 10^7$ s
	Kalenderjahr		1 Kalenderjahr	= 365 d oder 366 d
Länge	Astronomische Einheit	AE	1 AE	= $149{,}6 \cdot 10^6$ km
	Lichtjahr	ly	1 ly	= $9{,}460\,5 \cdot 10^{15}$ m = $6{,}324\,3 \cdot 10^4$ AE = 0,306 6 pc
	Parsec	pc	1 pc	= $3{,}085\,68 \cdot 10^{16}$ m = 3,261 6 ly = $2{,}062\,6 \cdot 10^5$ AE

Scheinbare Anhebung der Gestirne über dem Horizont

bei 10 °C und 101,3 kPa

Höhe	Refraktion	Höhe	Refraktion	Höhe	Refraktion
0°	0,59°	6°	0,14°	20°	0,04°
1°	0,41°	8°	0,11°	30°	0,03°
2°	0,31°	10°	0,09°	60°	0,01°
4°	0,20°	15°	0,06°	90°	0,00°

Daten zu Erde, Mond und Sonne

Größe	Erde ⊕	Mond ☾	Sonne ☉
mittlerer Radius $\bar{r}$	$6{,}371 \cdot 10^3$ km	$1{,}738 \cdot 10^3$ km	$6{,}96 \cdot 10^5$ km
Masse m	$5{,}97 \cdot 10^{24}$ kg	$7{,}35 \cdot 10^{22}$ kg	$1{,}989 \cdot 10^{30}$ kg
mittlere Dichte $\bar{\varrho}$	$5{,}524$ g·cm^{-3}	$3{,}34$ g·cm^{-3}	$1{,}41$ g·cm^{-3}
Fallbeschleunigung an der Oberfläche	$9{,}81$ m·s^{-2}	$1{,}62$ m·s^{-2}	274 m·s^{-2}
Oberflächentemperatur ϑ	$-88\,°C \ldots 60\,°C$	$-160\,°C \ldots 130\,°C$	$\approx 6000\,°C$
Rotationsdauer T (siderisch)	23 h 56 min 4 s	27,321 66 d	25,4 d
Umlaufzeit T_U (siderisch)	365 d 6 h 9 min 9 s	27,321 66 d	–
mittlere Bahngeschwindigkeit $\bar{v}$	$29{,}79\ \frac{km}{s}$	$1{,}02\ \frac{km}{s}$	$\approx 250\ \frac{km}{s}$
größte scheinbare Helligkeit m_{max}	–	$-12{,}^m 7$	$-26{,}^m 86$
mittlerer scheinbarer Winkeldurchmesser d	–	$\approx 31'$	$\approx 32'$
mittlere Entfernung zur Erde	–	384 400 km	$149{,}6 \cdot 10^6$ km

Planeten unseres Sonnensystems

Planet	mittlere Entfernung von der Sonne in 10^6 km	Umlaufzeit um die Sonne in Jahren	mittlere Bahngeschwindigkeit in km·s^{-1}	Radius in km	Masse in 10^{24} kg	mittlere Dichte in g·cm^{-3}	Anzahl der Monde (2012)
Merkur	57,9	0,24	47,90	2 440	0,34	5,4	–
Venus	108,2	0,62	35,04	6 050	4,87	5,24	–
Erde	149,6	1,00	29,79	6 371	5,97	5,52	1
Mars	227,9	1,88	24,14	3 400	0,64	3,93	2
Jupiter	778,3	11,86	13,07	71 400	1900	1,33	> 60
Saturn	1427	29,46	9,65	60 300	569	0,69	> 60
Uranus	2870	84,02	6,81	25 600	87	1,24	> 25
Neptun	4496	164,79	5,44	24 800	103	1,65	> 10
Pluto (gehört zu den Zwergplaneten)	5900	247,7	4,73	1 150	0,013	2,0	≥ 5

Einige Daten der Galaxis (des Milchstraßensystems)

Gesamtmasse	$\approx 2{,}2 \cdot 10^{11}$ Sonnenmassen
Anzahl der Sterne	$\approx 2 \cdot 10^{11}$
Durchmesser	$\approx 30\,000$ pc $\approx 98\,000$ ly
Dicke	$\approx 5\,000$ pc $\approx 16\,000$ ly
Abstand der Sonne vom Zentrum des Systems	$\approx 10\,000$ pc $\approx 33\,000$ ly
mit bloßem Auge sichtbare Sterne	≈ 5000
mittlere Dichte $\bar{\varrho}$ der Galaxis	10^{-23} g·cm^{-3}

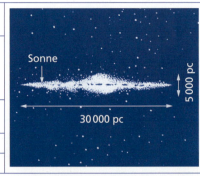

Astrophysikalische Gesetze und Zusammenhänge

1. keplersches Gesetz	Alle Planeten bewegen sich auf elliptischen Bahnen. In einem der Brennpunkte steht die Sonne.	
2. keplersches Gesetz	Der Quotient aus der vom Leitstrahl Sonne – Planet überstrichenen Fläche und der dazu erforderlichen Zeit ist konstant. $\frac{A_1}{t_1} = \frac{A_2}{t_2} = \frac{A}{t} = $ konstant	
3. keplersches Gesetz	$\frac{T_1^2}{T_2^2} = \frac{a_1^3}{a_2^3}$	Die Quadrate der Umlaufzeiten zweier Planeten verhalten sich wie die dritten Potenzen der großen Halbachsen ihrer Bahnen.
Gravitationsgesetz	↗ S. 90	
1. kosmische Geschwindigkeit v_K (minimale Kreisbahngeschwindigkeit)	$v_K = \sqrt{\frac{G \cdot M}{R}}$ $v_{K,\,Erde} = 7{,}9\,\frac{km}{s}$	G Gravitationskonstante (↗ S. 69) M Masse des Zentralkörpers (der Erde) R Radius des Zentralkörpers (der Erde)
2. kosmische Geschwindigkeit v_F (Fluchtgeschwindigkeit)	$v_F = \sqrt{\frac{2G \cdot M}{R}}$ $v_{F,\,Erde} = 11{,}2\,\frac{km}{s}$	
Radius R eines Himmelskörpers	$R = r \cdot \sin 0{,}5\,d'$	r Entfernung Beobachter–Himmelskörper d' Winkeldurchmesser
mittlere Dichte $\bar{\varrho}$ eines kugelförmigen Himmelskörpers	$\bar{\varrho} = \frac{m}{V} = \frac{6m}{\pi \cdot D^3}$	m Masse V Volumen D Durchmesser
Leuchtkraft $L_\odot$ der Sonne	$L_\odot = 4\pi \cdot r^2 \cdot S$	r Entfernung Sonne–Erde S Solarkonstante (↗ S. 111)
Leuchtkraft L eines Sterns	$L = \frac{E}{t}$	E ausgestrahlte Energie t Zeit
scheinbare Helligkeit m_1 eines Sterns	$m_1 - m_2 = -2{,}5 \cdot \lg \frac{\Phi_{V,1}}{\Phi_{V,2}}$	Φ_V Lichtstrom m_2 Bezugshelligkeit
Entfernungsmodul	$m - M = 5 \cdot \lg r - 5$	M absolute Helligkeit m scheinbare Helligkeit r Entfernung des Sterns
Entfernung r eines Sterns (in Parsec)	$r = \frac{1}{p}$	p Parallaxe in Bogensekunden
Gesetz von Hubble	$v = H \cdot r$	v Fluchtgeschwindigkeit H Hubble-Konstante (↗ S. 111) r Entfernung des Sterns
Rotverschiebung z	$z = \frac{\Delta \lambda}{\lambda_0}$	$\Delta \lambda$ relative Wellenlängenverschiebung λ_0 Bezugswellenlänge
Zusammenhang zwischen Rotverschiebung z und Fluchtgeschwindigkeit v	$z + 1 = \sqrt{\frac{c+v}{c-v}}$	c Lichtgeschwindigkeit (↗ S. 111)

Chemie

Eigenschaften von Stoffen

Elemente

Name	Symbol	Ordnungszahl	Atommasse in u	häufigste Oxidationszahlen	Dichte ♦ϱ in g·cm⁻³ bei 25 °C	Schmelztemperatur ●ϑ_s in °C	Siedetemperatur ●ϑ_v in °C	Standardentropie S^0 in J·mol⁻¹·K⁻¹
Actinium	Ac	89	[227]	+3		1050	3200	
Aluminium	Al	13	26,98	+3	2,70	660	2447	28
Americium	Am	95	[243]	+3	11,7	> 850	2600	
Antimon	Sb	51	121,75	+5; +3; −3	6,68	631	1380	46
Argon ♦	Ar	18	39,95	±0	1,784 g·l⁻¹	−189	−186	
Arsen (grau)	As	33	74,92	+5; +3; −3	5,72	817 p	613 subl.	35
Astat	At	85	[210]	−1		302	335	
Barium	Ba	56	137,33	+2	3,50	714	1640	63
Berkelium	Bk	97	[247]	+3				
Beryllium	Be	4	9,01	+2	1,85	1280	2480	9
Bismut	Bi	83	208,98	+3	9,8	271	1560	57
Blei	Pb	82	207,2	+2; +4	11,35	327	1740	65
Bohrium	Bh	107	[262]					
Bor	B	5	10,81	+3	2,34	(2030)	3900	6
Brom	Br	35	79,90	+5; +3; +1; −1	3,12	−7	58	152
Cadmium	Cd	48	112,41	+2	8,65	321	765	52
Caesium	Cs	55	132,91	+1	1,87	29	690	83
Calcium	Ca	20	40,08	+2	1,55	838	1490	41
Californium	Cf	98	[251]	+3				
Cerium	Ce	58	140,12	+3; +4	6,78	795	3470	58
Chlor ♦	Cl	17	35,45	+7; +5; +3; +1; −1	3,21 g·l⁻¹	−101	−35	223
Chromium	Cr	24	51,996	+6; +3	7,19	1900	2642	24
Cobalt	Co	27	58,93	+3; +2	8,90	1490	2900	30
Curium	Cm	96	[247]	+3	7,0			
Dubnium	Db	105	[262]					
Dysprosium	Dy	66	162,50	+3	8,54	1410	2600	
Einsteinium	Es	99	[254]	+3				
Eisen	Fe	26	55,85	+3; +2	7,86	1540	3000	27
Erbium	Er	68	167,26	+3	9,05	1500	2900	
Europium	Eu	63	151,96	+3; +2	5,26	826	1440	
Fermium	Fm	100	[257]	+3				
Fluor ♦	F	9	18,998	−1	1,695 g·l⁻¹	−220	−188	203
Francium	Fr	87	[223]	+1		(27)	(680)	
Gadolinium	Gd	64	157,25	+3	7,89	1310	3000	
Gallium	Ga	31	69,72	+3	5,91	30	2400	41
Germanium	Ge	32	72,59	+4; +2; −4	5,32	937	2830	31
Gold	Au	79	196,97	+3	19,32	1063	2970	
Hafnium	Hf	72	178,49	+4	13,1	2000	5400	
Hassium	Hs	108	[262]					
Helium ♦	He	2	4,00	±0	0,18 g·l⁻¹	−270	−269	
Holmium	Ho	67	164,93	+3	8,80	1460	2600	
Indium	In	49	114,82	+3	7,31	156	2000	58
Iod	I	53	126,90	+7; +5; +3; +1; −1	4,94	114	183	116
Iridium	Ir	77	192,22	+4; +3	22,5	2450	4500	
Kalium	K	19	39,10	+1	0,86	64	760	64

Eigenschaften von Stoffen

Name	Symbol	Ordnungszahl	Atommasse in u	häufigste Oxidationszahlen	Dichte ϱ in g·cm^{-3} bei 25 °C	Schmelztemperatur ϑ_s in °C	Siedetemperatur ϑ_v in °C	Standardentropie S^0 in J·mol^{-1}·K^{-1}
Kohlenstoff	C	6	12,01	+4; −4				
(Graphit)					2,26	3730	4830	6
(Diamant)					3,51	>3550		2
Krypton♦	Kr	36	83,80	+2	3,74 g·l^{-1}	−157	−152	164
Kupfer	Cu	29	63,55	+2; +1	8,96	1083	2600	33
Lanthan	La	57	138,91	+3	6,17	920	3470	
Lawrencium	Lr	103	[260]	+3				
Lithium	Li	3	6,94	+1	0,53	180	1330	138
Lutetium	Lu	71	174,97	+3	9,84	1650	3330	
Magnesium	Mg	12	24,31	+2	1,74	650	1110	33
Mangan	Mn	25	54,94	+7; +6; +4; +2	7,43	1250	2100	32
Meitnerium	Mt	109	[266]					
Mendelevium	Md	101	[258]	+3				
Molybdän	Mo	42	95,94	+6; +4	10,2	2610	5560	29
Natrium	Na	11	22,99	+1	0,97	98	892	51
Neodymium	Nd	60	144,24	+3	7,00	1020	3030	
Neon♦	Ne	10	20,18	±0	0,899 g·l^{-1}	−249	−246	
Neptunium	Np	93	237,05	+5	20,4	640		
Nickel	Ni	28	58,70	+2	8,90	1450	2730	30
Niobium	Nb	41	92,91	+5	8,55	2420	4900	
Nobelium	No	102	[259]	+3				
Osmium	Os	76	190,2	+4	22,4	3000	5500	
Palladium	Pd	46	106,4	+4; +2	12,0	1550	3125	
Phosphor (weiß)	P	15	30,97	+5; +3; −3	1,82	44	280	41
Platin	Pt	78	195,09	+4; +2	21,45	1770	3825	
Plutonium	Pu	94	[244]	+4	19,8	640	3230	
Polonium	Po	84	[209]	+4; +2; −2	9,4	254	962	
Praseodymium	Pr	59	140,91	+3	6,77	935	3130	
Promethium	Pm	61	[145]	+3		(1030)	(2730)	
Protactinium	Pa	91	231,04	+5	15,4	(1230)		
Quecksilber	Hg	80	200,59	+2; +1	13,53	−38,9	356,6	76
Radium	Ra	88	[226]	+2	5,0	700	1530	
Radon♦	Rn	86	[222]	(+2); ±0	9,37 g·l^{-1}	−71	−62	
Rhenium	Re	75	186,21	+4	21,0	3180	5630	
Rhodium	Rh	45	102,91	+3	12,4	1970	3730	
Rubidium	Rb	37	85,47	+1	1,53	39	688	77
Ruthenium	Ru	44	101,07	+4; +3	12,2	2300	3900	
Rutherfordium	Rf	104	[261]					
Samarium	Sm	62	150,35	+3	7,54	1070	1900	
Sauerstoff♦	O	8	15,999	−2	1,43 g·l^{-1}	−218,4	−183	205
Scandium	Sc	21	44,96	+3	3,0	1540	2730	35
Schwefel	S	16	32,06	+6; +4; +2; −2				
rhombisch					2,07	113		22
monoklin					1,96	119	445	33
Seaborgium	Sg	106	[262]					
Selen (grau)	Se	34	78,96	+6; +4; +2; −2	4,80	217	685	42
Silber	Ag	47	107,87	+1	10,5	961	2210	43
Silicium	Si	14	28,09	+4; −4	2,33	1410	2680	19
Stickstoff♦	N	7	14,007	+5; +3; −3	1,251 g·l^{-1}	−210	−195,8	192
Strontium	Sr	38	87,62	+2	2,6	770	1380	52
Tantal	Ta	73	180,95	+5	16,6	3000	5430	
Technetium	Tc	43	[97]	+7; +4	11,5	2140	(4600)	
Tellur	Te	52	127,60	+6; +4; +2; −2	6,24	450	1390	50
Terbium	Tb	65	158,92	+3	8,27	1360	2800	
Thallium	Tl	81	204,37	+3; +1	11,85	303	1460	64
Thorium	Th	90	232,04	+4	11,7	1700	4200	54
Thulium	Tm	69	168,93	+3	9,33	1550	1730	
Titanium	Ti	22	47,90	+4	4,5	1670	3260	31
Uranium	U	92	238,03	+6	18,90	1130	3820	50
Vanadium	V	23	50,94	+5	5,8	1900	3450	29
Wasserstoff♦	H	1	1,008	+1; −1	0,089 g·l^{-1}	−259,1	−252,5	131
Wolfram	W	74	183,85	+6; +4	19,3	3410	5500	33

Name	Symbol	Ordnungszahl	Atommasse in u	häufigste Oxidationszahlen	Dichte ♦ ϱ in g·cm⁻³ bei 25 °C	Schmelztemperatur ● ϑ_s in °C	Siedetemperatur ● ϑ_v in °C	Standardentropie S^0 in J·mol⁻¹·K⁻¹
Xenon ♦	Xe	54	131,30	+2; +4; +6	5,8 g·l⁻¹	−112	−108	170
Ytterbium	Yb	70	173,04	+3	6,98	824	1430	
Yttrium	Y	39	88,91	+3	4,5	1500	2930	
Zink	Zn	30	65,38	+2	7,13	419	906	42
Zinn	Sn	50	118,69	+4; +2; −2	7,29	232	2270	52
Zirconium	Zr	40	91,22	+4	6,49	1850	3580	39

[ ] Die umklammerten Werte für die Atommasse geben die Massenzahl des Isotops mit der höchsten Halbwertszeit an.
♦ Dichte gasförmiger Stoffe bei 0 °C
● Schmelz- und Siedetemperatur bei 101,3 kPa

Anorganische Verbindungen

Name	Aggregatzustand bei 25 °C	Formel	Dichte ♦ ϱ in g·cm⁻³ bei 25 °C	molare Masse in g·mol⁻¹	Schmelztemperatur ● ϑ_s in °C	Siedetemperatur ● ϑ_v in °C	Standardbildungsenthalpie $\Delta_f H^0$ in kJ·mol⁻¹	Standardentropie S^0 in J·mol⁻¹·K⁻¹	freie Standardbildungsenthalpie $\Delta_f G^0$ in kJ·mol⁻¹
Aluminiumbromid	s	AlBr₃	2,6	266,7	97,4	257	−516	163	−488
Aluminiumcarbid	s	Al₄C₃	2,4	144	2100 z	−	−209	89	−196
Aluminiumchlorid	s	AlCl₃	2,4	133,3	192,5 p	180 subl.	−704	111	−629
Aluminiumhydroxid	s	Al(OH)₃	2,4	78	> 170		−1277		
Aluminiumoxid	s	Al₂O₃	4,0	101,9	2045	≈ 3000	−1676	50,9	−1582
Aluminiumsulfat	s	Al₂(SO₄)₃	2,7	342,1	605 z	−	−3442	239	−3100
Ammoniak ♦	g	NH₃	0,77 g·l⁻¹	17,0	−78	−33,5	−46,1	192,2	−16
Ammoniumcarbonat	s	(NH₄)₂CO₃		96,1	z	−	−942	170	−687
Ammoniumchlorid	s	NH₄Cl	1,5	53,5	−	335 subl.	−314,6	94,6	−203
Ammoniumhydrogencarbonat	s	NH₄HCO₃	1,6	79,1	36 z	−	−849	121	−666
Ammoniumnitrat	s	NH₄NO₃	1,7	80,0	169	200 z	−366	151	−184
Ammoniumsulfat	s	(NH₄)₂SO₄	1,8	132,1	280 z	−	−1180	220	−902
Arsentrioxid	s	As₂O₃	3,7	197,8	309	459	−657	107	−578
Bariumcarbonat	s	BaCO₃	4,4	197,4	1350		−1216	112	−1138
Bariumchlorid	s	BaCl₂	3,9	208,2	963	1562	−859,8	124	−811
Bariumhydroxid	s	Ba(OH)₂	4,5	171,4	408	> 600 z	−945		
Bariumoxid	s	BaO	5,7	153,3	1920	(2000)	−554	70	−525
Bariumsulfat	s	BaSO₄	4,5	233,4	1350		−1473	132	−1362
Blei(II)-chlorid	s	PbCl₂	5,8	278,1	498	954	−359	136	−314
Blei(II)-nitrat	s	Pb(NO₃)₂	4,5	331,2	470 z	−	−456		
Blei(II)-oxid	s	PbO	9,5	223,2	890	1470	−217	69	−188
Blei(II, IV)-oxid (Mennige)	s	Pb₃O₄	9,1	685,6	500 z	−	−718	211	−601
Blei(IV)-oxid	s	PbO₂	9,4	239,2	290 z	−	−277	69	−217
Blei(II)-sulfat	s	PbSO₄	6,2	303,3	1170		−920	149	−813
Blei(II)-sulfid	s	PbS	7,5	239,3	1114		−100	91	−99
Borsäure	s	H₃BO₃	1,4	61,8	185 z	−	−1094	88,7	−969
Bromwasserstoff ♦	g	HBr	3,644 g·l⁻¹	80,9	−87	−67	−36	199	−53
Calciumbromid	s	CaBr₂	3,3	199,9	730	810	−683	130	−664
Calciumcarbid	s	CaC₂	2,2	64,1	2300		−60	70	−65
Calciumcarbonat	s	CaCO₃	2,7	100,1	900 z	−	−1207	93	−1129

Eigenschaften von Stoffen

Name	Aggregatzustand bei 25 °C	Formel	Dichte ϱ in g·cm⁻³ bei 25 °C	molare Masse in g·mol⁻¹	Schmelztemperatur ϑ_s in °C	Siedetemperatur ϑ_v in °C	Standardbildungsenthalpie $\Delta_f H^0$ in kJ·mol⁻¹	Standardentropie S^0 in J·mol⁻¹·K⁻¹	freie Standardbildungsenthalpie $\Delta_f G^0$ in kJ·mol⁻¹
Calciumchlorid	s	CaCl₂	2,1	111,0	772	>1600	−796	105	−748
Calciumfluorid	s	CaF₂	3,2	78,1	1392	(2500)	−1220	69	−1167
Calciumhydroxid	s	Ca(OH)₂	2,3	74,1	580,0 z	−	−986	83	−899
Calciumiodid	s	CaI₂	4,0	293,9	740,0 z	1100	−533	142	−529
Calciumnitrat	s	Ca(NO₃)₂	2,5	164,1	561		−938	193	−743
Calciumoxid	s	CaO	3,3	56,1	2570	2850	−635	40	−604
Calciumphosphat	s	Ca₃(PO₄)₂	3,1	310,2	1670		−4120	236	−3885
Calciumsulfat	s	CaSO₄	3,0	136,1	1450		−1434	107	−1322
Chlorwasserstoff	g	HCl	1,639 g·l⁻¹	36,5	−114	−85	−92	187	−95
Chromium(II)-chlorid	s	CrCl₂	2,9	122,9	815		−395	115	−356
Chromium(III)-oxid	s	Cr₂O₃	5,2	152,0	2437	(3000)	−1140	81	−1058
Cobaltchlorid	s	CoCl₂	3,4	129,8	727	1050	−313	109	−270
Cyanwasserstoff	l	HCN	0,7	27	−14	26	109	113	125
Eisen(III)-chlorid	s	FeCl₃	2,8	162,2	306	315	−399	142	−334
Eisendisulfid (Pyrit)	s	FeS₂	5,0	120,0	1171	z	−178	53	−167
Eisen(III)-hydroxid	s	Fe(OH)₃	3,9	106,9	500,0 z	−	−823	107	−697
Eisen(II)-oxid	s	FeO	5,7	71,8	1380		−272	61	−251
Eisen(II, III)-oxid	s	Fe₃O₄	5,2	231,5	1538,0 z		−1118	146	−1015
Eisen(III)-oxid	s	Fe₂O₃	5,2	159,7	1560 z		−824	87	−742
Eisen(II)-sulfat	s	FeSO₄	2,84	151,9	z		−928	108	−821
Eisen(II)-sulfid	s	FeS	4,8	87,9	1195		−100	60	−100
Fluorwasserstoff	g	HF	0,987 (l)	20	−83	19	−271	174,7	−243
Iodwasserstoff	g	HI	5,79 g·l⁻¹	127,9	−51	−35	25,9	206,3	62
Kaliumaluminiumsulfat	s	KAl(SO₄)₂		258,2			−2465	205	−2236
Kaliumbromid	s	KBr	2,7	119	734	1380	−392	97	−379
Kaliumcarbonat	s	K₂CO₃	2,3	138,2	897	z	−1146	156	−1061
Kaliumchlorat	s	KClO₃	2,3	122,6	368	400 z	−391	143	−290
Kaliumchlorid	s	KCl	2,0	74,6	770	1407	−436	83	−408
Kaliumchromat	s	K₂CrO₄	2,7	194,2	975	z	−1383		
Kaliumcyanid	s	KCN	1,5	65,1	623		−113	128	−102
Kaliumdichromat	s	K₂Cr₂O₇	2,7	294,2	398	500 z	−2033		
Kaliumfluorid	l	KF	2,5	58,1	857	1500 z	−563	67	−533
Kaliumhydroxid	s	KOH	2,0	56,1	360	1327	−425	79	−379
Kaliumiodat	s	KIO₃	3,9	214,0	560	z	−508	152	−426
Kaliumiodid	s	KI	3,1	166,0	681	1324	−328	104	−322
Kaliumnitrat	s	KNO₃	2,1	101,1	338	400 z	−493	133	−393
Kaliumpermanganat	s	KMnO₄	2,7	158,0	240 z	−	−813	172	−714
Kaliumphosphat	s	K₃PO₄	2,6	212,3	1340				
Kaliumsulfat	s	K₂SO₄	2,7	174,3	1074	1689	−1434	176	−1316
Kaliumoxid	s	K₂O	2,3	94,2	350 z	−	−361	98	−322
Kohlenstoffdioxid	g	CO₂	1,98 g·l⁻¹	44	−56,6 p	−78,4 subl.	−393	214	−394
Kohlenstoffdisulfid	l	CS₂	1,3	76,1	−111	46	90	151	65
Kohlenstoffmonooxid	g	CO	1,25 g·l⁻¹	28	−205	−190	−110,5	198	−137

Name	Aggregatzustand bei 25 °C	Formel	Dichte ρ in g·cm^{-3} bei 25 °C	molare Masse in g·mol^{-1}	Schmelztemperatur ϑ_s in °C	Siedetemperatur ϑ_v in °C	Standardbildungsenthalpie $\Delta_f H^0$ in kJ·mol^{-1}	Standardentropie S^0 in J·mol^{-1}·K^{-1}	freie Standardbildungsenthalpie $\Delta_f G^0$ in kJ·mol^{-1}
Kupfer(I)-chlorid	s	CuCl	3,5	99,0	430	1490	–137	86	–120
Kupfer(II)-chlorid	s	CuCl$_2$	3,4	134,4	498	993 z	–220	108	–176
Kupfer(II)-nitrat	s	Cu(NO$_3$)$_2$		187,6	256	subl.	–303		
Kupfer(I)-oxid	s	Cu$_2$O	6,0	143,1	1230	1800 z	–169	93	–146
Kupfer(II)-oxid	s	CuO	6,4	79,5	1026 z	–	–157	43	–130
Kupfer(II)-sulfat	s	CuSO$_4$	3,6	159,6	650 z	–	–771	109	–662
Lithiumchlorid	s	LiCl	2,1	42,4	610	1350	–402	59	–377
Magnesiumbromid	s	MgBr$_2$	3,7	184,1	700		–524	117	–504
Magnesiumcarbonat	s	MgCO$_3$	3,1	84,3	350 z	–	–1096	66	–1012
Magnesiumchlorid	s	MgCl$_2$	2,3	95,2	712	1418	–642	90	–592
Magnesiumhydroxid	s	Mg(OH)$_2$	2,4	58,3	350 z	–	–924	63	–834
Magnesiumnitrat	s	Mg(NO$_3$)$_2$		148,3		z	–791	164	–590
Magnesiumoxid	s	MgO	3,6	40,3	2800	3600	–601,2	27	–570
Magnesiumsulfat	s	MgSO$_4$	2,7	120,4	1124 z	–	–1288	92	–1171
Manganchlorid	s	MnCl$_2$	3,0	125,9	650	1190	–481	118	–441
Mangan(IV)-oxid (Braunstein)	s	MnO$_2$	5,0	86,9	535 z	–	–520	53	–465
Mangansulfat	s	MnSO$_4$	3,2	151,0	700	850 z	–1065	112	–957
Natriumbromid	s	NaBr	3,2	102,9	747	1390	–360	84	–347
Natriumcarbonat	s	Na$_2$CO$_3$	2,5	106,0	854	z	–1131	136	–1048
Natriumchlorid	s	NaCl	2,2	58,5	801	1465	–411	72	–384
Natriumhydrogencarbonat	s	NaHCO$_3$	2,2	84,0	270 z	–	–948	102	–852
Natriumhydroxid	s	NaOH	2,1	40	322 p	1378	–427	64	–381
Natriumnitrat	s	NaNO$_3$	2,3	85	310	z	–467	116	–366
Natriumnitrit	s	NaNO$_2$	2,2	69,0	271	320 z	–359		
Natriumphosphat	s	Na$_3$PO$_4$	2,5	163,9	1340		–1925		
Natriumsulfat	s	Na$_2$SO$_4$	2,7	142,0	884		–1384	149	–1267
Natriumthiosulfat	s	Na$_2$S$_2$O$_3$	1,7	158,1		z	–1117		
Ozon	g	O$_3$	2,14 g·l^{-1}	48	–193	–111	143	239	163
phosphorige Säure	s	H$_3$PO$_3$	1,6	82	74	200 z	–964		
Diphosphorpentaoxid	s	P$_4$O$_{10}$	2,4	284	580	300 subl.	–3008	228	–2724
Phosphorpentachlorid	g	PCl$_5$	1,6	208,2	148 p	164 subl.	–375	113	–305
Phosphorsäure	s	H$_3$PO$_4$	1,8	98,0	42	213 z	–1286	110	–1126
Quecksilber(II)-chlorid	s	HgCl$_2$	5,4	271,5	277	304	–224	146	–179
Quecksilber(II)-oxid	s	HgO	11,1	216,6	500 z	–	–91	70	–59
Salpetersäure	l	HNO$_3$	1,5	63	–47	86	–174	156	–81
Sauerstoff	g	O$_2$	1,43 g·l^{-1}	31,998	–218,4	–183	0	205	0
Schwefeldioxid	g	SO$_2$	2,926 g·l^{-1}	64,1	–73	–10	–297	248	–300
Schwefelsäure	l	H$_2$SO$_4$	1,8	98,1	10	338 z	–814	157	–690
Schwefeltrioxid (β)		SO$_3$	1,97	80,1	32,5	45	–396	257	–371
Schwefelwasserstoff	g	H$_2$S	1,529 g·l^{-1}	34,1	–86	–62	–20,7	205,5	–34
Silberbromid	s	AgBr	6,5	187,8	430	700 z	–100	107	–97

Eigenschaften von Stoffen

Name	Aggregatzustand bei 25 °C	Formel	Dichte ♦ ϱ in g·cm^{-3} bei 25 °C	molare Masse in g·mol^{-1}	Schmelz-temperatur ● ϑ_s in °C	Siedetemperatur ● ϑ_v in °C	Standardbildungsenthalpie $\Delta_f H^0$ in kJ·mol^{-1}	Standardentropie S^0 in J·mol^{-1}·K^{-1}	freie Standardbildungsenthalpie $\Delta_f G^0$ in kJ·mol^{-1}
Silberchlorid	s	AgCl	5,6	143,3	455	1564	−127	96	−110
Silberiodid	s	AgI	5,7	234,8	557	1506	−62	115	−66
Silbernitrat	s	AgNO$_3$	4,4	169,9	209	444 z	−124	141	−33
Siliciumdioxid	s	SiO$_2$	2,6	60,1	1700	2230	−911	42	−858
Distickstoffpentoxid	s	N$_2$O$_5$	1,6	108,0	41 p	32 subl.	11	356	115
Distickstofftrioxid	g	N$_2$O$_3$	1,4 (l)	76,0	−102		84	312	139
Stickstoffdioxid ♦	g	NO$_2$	1,49 (l)	46,0	−11	21	33	240	51
Stickstoffmonooxid ♦	g	NO	1,340 g·l^{-1}	30	−164	−152	90	211	87
Wasser	l	H$_2$O	0,997 ■	18,0	0	100	−285	70	−237
Wasser	g	H$_2$O	–	–	–	–	−242	189	−229
Wasserstoff ♦	g	H$_2$	0,089 g·l^{-1}	2,016	−259,1	−252,5	0	131	0
Wasserstoffperoxid	l	H$_2$O$_2$	1,4	34,0	−0,4	158	−188	109	−120
Zinkchlorid	s	ZnCl$_2$	2,9	136,3	283	732	−415	111	−369
Zinkoxid	s	ZnO	5,5	81,4	1970	subl.	−348	44	−318

s – (solid) – fest   p – unter Druck   l (liquid) – flüssig   subl. – sublimiert   g (gaseous) – gasförmig   z – zersetzlich
♦ Dichte gasförmiger Stoffe bei 0 °C   ■ Dichte von Wasser: bei 0 °C 0,99984 g·cm^{-3};
● Schmelz- und Siedetemperatur bei 101,3 kPa   bei 4 °C 0,99997 g·cm^{-3}; bei 100 °C 0,95835 g·cm^{-3}

Organische Verbindungen

Name	Aggregatzustand bei 25 °C	Formel	Dichte ♦ ϱ in g·cm^{-3} bei 25 °C	molare Masse in g·mol^{-1}	Schmelz-temperatur ● ϑ_s in °C	Siedetemperatur ● ϑ_v in °C	Standardbildungsenthalpie $\Delta_f H^0$ in kJ·mol^{-1}	Standardentropie S^0 in J·mol^{-1}·K^{-1}	freie Standardbildungsenthalpie $\Delta_f G^0$ in kJ·mol^{-1}
Acrylnitril	l	C$_2$H$_3$CN	0,806	53,1	−82	77	140	178,91	
2-Amino-Ethansäure (Glycin)	s	NH$_2$CH$_2$COOH	0,828 (17°C)	75,1	262 z	–	−528,8	108,78	−369
Aminobenzol (Anilin)	l	C$_6$H$_5$NH$_2$	1,02	93,1	−6,3	184,1	35,14	191,62	167 (g)
Anthracen	s	C$_{14}$H$_{10}$	1,28	178,2	216	340	231	207,15	
Benzaldehyd	l	C$_6$H$_5$CHO	1,042 (15°C)	106,1	−26	178,1	−82,0	221,2	
Benzoesäure	s	C$_6$H$_5$COOH	1,266 (15°C)	122,1	122,4	249	−380,74	170,7	−210 (g)
Benzol (Benzen)	l	C$_6$H$_6$	0,87	78,1	5,5	80,1	83 (g)	269 (g)	130 (g)
Blei(II)-acetat	s	(CH$_3$COO)$_2$Pb	3,2	325,3	280	z	−964		
Bromethan	l	C$_2$H$_5$Br	1,451	109	−118,6	38,4	−92	288 (g)	−27 (g)
Brommethan	g	CH$_3$Br	1,662 (l)	94,9	−93,6	3,6	−38	246	−28
2-Brompropan	l	C$_3$H$_7$Br	1,306	123,0	−89	59,4	−97	316	−27 (g)
Buta-1,3-dien	g	C$_4$H$_6$	0,650 (−6°C)	54,1	−108,9	−4,4	110	279	151
Butan ♦	g	C$_4$H$_{10}$	2,703 g·l^{-1}	58,1	−138,4	−0,5	−124,51	310,45	−17
Butandisäure (Bernsteinsäure)	s	C$_2$H$_4$(COOH)$_2$	1,572	118,1	188	235 z	−941	176	−747

Name	Aggregatzustand bei 25 °C	Formel	Dichte ρ in g·cm^{-3} bei 25 °C	molare Masse in g·mol^{-1}	Schmelz-temperatur ϑ_s in °C	Siede-temperatur ϑ_v in °C	Standard-bildungs-enthalpie $\Delta_f H^0$ in kJ·mol^{-1}	Standard-entropie S^0 in J·mol^{-1}·K^{-1}	freie Standard-bildungs-enthalpie $\Delta_f G^0$ in kJ·mol^{-1}
Butan-1-ol	l	C$_4$H$_9$OH	0,806	74,1	−89,3	117,7	−274	363	−151
Butan-2-ol	l	C$_4$H$_9$OH	0,802	74,1	−114,7	99,5	−292	359	−167
Butansäure (Buttersäure)	l	C$_3$H$_7$COOH	0,952	88,1	−5,2	163,3	−533,8	225,9	−378
Butansäure-ethylester	l	C$_3$H$_7$COOC$_2$H$_5$	0,879 (20 °C)	116,15	−93,3	120	−528,4		
But-1-en	g	C$_4$H$_8$	0,589 (l)	56,1	−185,4	−6,3	−0,1	306	71
But-1-in	l	C$_4$H$_6$	0,65	54,1	−125,7	8,1	165	191	202
But-2-in	l	C$_4$H$_6$	0,686	54,1	−32,0	27,0	146 (g)	283 (g)	185 (g)
Chlorbenzol	l	C$_6$H$_5$Cl	1,106	112,6	−45	132	11	196,22	99 (g)
1-Chlorbutan	l	C$_4$H$_9$Cl	0,881	92,6	−123,1	78,4	−147 (g)	358 (g)	−39 (g)
Chlorethan	g	C$_2$H$_5$Cl	0,917 (6 °C)	64,5	−136,4	12,3	−112	276	−73
Chlorethansäure	s	ClCH$_2$COOH	1,404 (40 °C)	94,5	63	187,9	−513		
Chlorethen (Vinylchlorid)	g	C$_2$H$_3$Cl	0,901 (l)	62,5	−153,8	−13,4	35	264	52
Chlormethan	g	CH$_3$Cl	2,307 g·l^{-1}	50,5	−97,7	−24,2	−86	235	−63
1-Chlorpentan	l	C$_5$H$_{11}$Cl	0,877	106,6	−99,0	107,8	−175 (g)	397 (g)	−37 (g)
Chlorpropan	l	C$_3$H$_7$Cl	0,885	78,5	−122,8	46,6	−130 (g)	319 (g)	−51 (g)
Citronensäure	s	C$_6$H$_8$O$_7$	1,542	192,12	153		−1543,8	252,1	
Cyclobutan	g	C$_4$H$_8$	0,689 (l)	56,1	−90,7	12,5	27 (g)	265 (g)	110 (g)
Cyclohexan	l	C$_6$H$_{12}$	0,774	84,2	6,6	80,7	−157	205	32 (g)
Cyclohexanol	s	C$_6$H$_{11}$OH	0,962	100,2	25,2	161	−295	328	−118
Cyclohexen	l	C$_6$H$_{10}$	0,806	82,1	−103,5	83,0	−5 (g)	311 (g)	107 (g)
Cyclopentan	l	C$_5$H$_{10}$	0,74	70,1	−93,9	49,3	−77 (g)	293 (g)	39 (g)
Decan	l	C$_{10}$H$_{22}$	0,726	142,3	−29,7	174,1	−250 (g)	545 (g)	−33 (g)
1,2-Dibromethan	l	C$_2$H$_4$Br$_2$	2,169	187,9	9,8	131,4	−81	330 (g)	−11 (g)
Dibrommethan	l	CH$_2$Br$_2$	2,484	173,9	−52,6	97,0	−4 (g)	293 (g)	−6 (g)
1,2-Dichlorbenzol	l	C$_6$H$_4$Cl$_2$	1,305	147,0	−17	179	−18	342 (g)	83 (g)
1,3-Dichlorbenzol	l	C$_6$H$_4$Cl$_2$	1,288	147,0	−25	172	−22	343 (g)	79 (g)
1,4-Dichlorbenzol	s	C$_6$H$_4$Cl$_2$	1,533	147,0	53	174	−42	337 (g)	77 (g)
1,2-Dichlorethan	l	C$_2$H$_4$Cl$_2$	1,246	99,0	−35,7	83,5	−165	308 (g)	−74 (g)
Dichlorethansäure	l	Cl$_2$CHCOOH	1,563 (20 °C)	128,9	13,5	194	−501		
Dichlormethan	l	CH$_2$Cl$_2$	1,316	84,9	−95,1	39,8	−124	2707 (g)	−69 (g)
Diethylether	l	C$_2$H$_5$OC$_2$H$_5$	0,714	74,1	−116,2	34,51	−279	343	−122 (g)
1,2-Dihydroxybenzol (Brenzcatechin)	s	C$_6$H$_4$(OH)$_2$	1,344	110,1	104,5	245	353		
1,3-Dihydroxybenzol (Resorcin)	s	C$_6$H$_4$(OH)$_2$	1,271 (15 °C)	110,1	109,8	276,5	−357,73	146,44	−172 (g)

Eigenschaften von Stoffen

Name	Aggregatzustand bei 25 °C	Formel	Dichte ϱ in g·cm^{-3} bei 25 °C	molare Masse in g·mol^{-1}	Schmelz-temperatur ϑ_s in °C	Siede-temperatur ϑ_v in °C	Standard-bildungs-enthalpie $\Delta_f H^0$ in kJ·mol^{-1}	Standard-entropie S^0 in J·mol^{-1}·K^{-1}	freie Standard-bildungs-enthalpie $\Delta_f G^0$ in kJ·mol^{-1}
1,4-Dihydroxybenzol (Hydrochinon)	s	C$_6$H$_4$(OH)$_2$	1,33	110,1	171,5	285	366	294	−175 (g)
1,2-Dimethylbenzol (o-Xylol)	l	C$_6$H$_4$(CH$_3$)$_2$	0,876	106,2	−25,2	144,4	−24	353	122 (g)
1,3-Dimethylbenzol (m-Xylol)	l	C$_6$H$_4$(CH$_3$)$_2$	0,860	106,2	−47,9	139,1	−26	358	119 (g)
1,4-Dimethylbenzol (p-Xylol)	l	C$_6$H$_4$(CH$_3$)$_2$	0,875	106,2	13,3	138,4	−24	352	121 (g)
Dimethylether	g	CH$_3$OCH$_3$	1,62	46,1	−138,5	−23	−184	267	−113
Dodecan	l	C$_{12}$H$_{26}$	0,745	170,3	−9,6	216,3	−291 (g)	623 (g)	50 (g)
Eicosan	s	C$_{20}$H$_{42}$	0,785	282,5	36,4	343,8	−456 (g)	934 (g)	117 (g)
Ethan ♦	g	C$_2$H$_6$	1,356 g·l^{-1}	30,1	−183,3	−88,6	−84,47	228,45	−33
Ethanal	g	CH$_3$CHO	0,788 (13 °C)	44,1	−123	20,1	−166	264,0	−133
Ethan-1,2-diol (Ethylenglycol)	l	C$_2$H$_4$(OH)$_2$	1,109	62,1	−15,6	197,8	−451,87	166,94	−305 (g)
Ethandisäure (Oxalsäure)	s	(COOH)$_2$	1,90 (17 °C)	90,0		157 subl.	−830	120	−701
Ethanol	l	C$_2$H$_5$OH	0,785	46,1	−114,1	78,3	−278,31	158,99	−168 (g)
Ethansäure	l	CH$_3$COOH	1,044	60,1	16,7	117,9	−486,18	158,99	−377 (g)
Ethansäureethylester	l	CH$_3$COOC$_2$H$_5$	0,9	88,1	−83,6	77,1	−443 (g)	363 (g)	−327 (g)
Ethansäure-methylester	l	CH$_3$COOCH$_3$	0,933	74,1	−98,1	57,0	−442		
Ethen ♦	g	C$_2$H$_4$	1,260 g·l^{-1}	28,1	−169,2	−103,7	52,55	219,53	68
Ethin ♦	g	C$_2$H$_2$	1,170 g·l^{-1}	26,0	−80,8	−84,0 subl.	225,51	200,95	209
Ethylbenzol	l	C$_6$H$_5$C$_2$H$_5$	0,863	106,2	−95	136,2	−12	361	131 (g)
Glucose (α-D-Glucose)	s	C$_6$H$_{12}$O$_6$	1,54	180,0	146	200 z	−1268	209,19	−911
Harnstoff	s	CO(NH$_2$)$_2$	1,33	60,1	132,7	z	−330,95	104,6	−154 (g)
Heptan	l	C$_7$H$_{16}$	0,68	100	−90	98	−188	428	8
Heptan-1-ol	l	C$_7$H$_{15}$OH	0,819	116,2	−34,0	176,2	−335	480	−124
Hept-1-en	l	C$_7$H$_{14}$	0,693	98,2	−119,0	93,6	−62 (g)	424 (g)	−96 (g)
Hexadecan	l	C$_{16}$H$_{34}$	0,770	226,4	18,2	286,8	−373 (g)	778 (g)	84 (g)
Hexadecansäure (Palmitinsäure)	s	C$_{15}$H$_{31}$COOH	0,85 (62 °C)	256,4	62,2	219 p	−917,3	475,72	
Hexan	l	C$_6$H$_{14}$	0,655	86,2	−95,3	68,7	−211,29	297,9	−0,3 (g)
Hexan-1-ol	l	C$_6$H$_{13}$OH	0,816	102,2	−44,6	157,1	−320	442	−138
Hexansäure	l	C$_5$H$_{11}$COOH	0,923	116,2	−3	205,7	−586 (l)		
Hex-1-en	l	C$_6$H$_{12}$	0,668	84,2	−139,8	63,5	−73	385	87 (g)
Hex-1-in	l	C$_6$H$_{10}$	0,71	82,1	−131,9	71,3	124	369	219
Hydrazin	l	N$_2$H$_4$	1,0	32	1	114	95	238	159

Name	Aggregatzustand bei 25 °C	Formel	Dichte ϱ in g·cm^{-3} bei 25 °C	molare Masse in g·mol^{-1}	Schmelztemperatur ϑ_s in °C	Siedetemperatur ϑ_v in °C	Standardbildungsenthalpie $\Delta_f H^0$ in kJ·mol^{-1}	Standardentropie S^0 in J·mol^{-1}·K^{-1}	freie Standardbildungsenthalpie $\Delta_f G^0$ in kJ·mol^{-1}
2-Hydroxybenzoesäure (Salicylsäure)	s	C$_6$H$_4$OHCOOH	1,443 (20°C)	138,1	159	z	−585 (s)	178 (s)	−418 (s)
2-Hydroxypropansäure (Milchsäure)	s	C$_2$H$_4$OHCOOH	1,206	90,08	17	122 z		143	
Methan ♦	g	CH$_4$	0,72 g·l^{-1}	16,0	−182,5	−161,5	−74,67	186,02	−51
Methanal	g	HCHO	0,82 (−20 °C)	30,0	−117	−19,2	−118,40	217,56	−110
Methanol	l	CH$_3$OH	0,79	32,0	−97,7	64,5	−238,48	126,77	−163 (g)
Methansäure	l	HCOOH	1,214	46,0	8,4	101	−416,43	138,07	−351 (g)
Methansäuremethylester	l	HCOOCH$_3$	0,974 (20 °C)	60,1	−99,0	31,5	−350 (g)	301 (g)	−297 (g)
Methylbenzol (Toluol)	l	C$_6$H$_5$CH$_3$	0,862	92,1	−95	110,6	15,1	217,71	122 (g)
2-Methylbutan	g	C$_5$H$_{12}$	0,615	72,1	−159,9	27,9	−155 (g)	344 (g)	−15 (g)
2-Methylpropan	g	C$_4$H$_{10}$	0,551 (l)	58,1	−159,6	−11,7	−135 (g)	295 (g)	−21 (g)
Naphthalin	s	C$_{10}$H$_8$	1,18	128,2	80,3	218,0	151 (g)	336 (g)	224 (g)
Natriumacetat	s	CH$_3$COONa	1,5	82,0	324	z	−710		
Nitrobenzol	l	C$_6$H$_5$NO$_2$	1,198	123,1	5,7	210,8	17,99	221,75	146
Nonan	l	C$_9$H$_{20}$	0,714	128,3	−53,5	150,8	−229 (g)	506 (g)	25 (g)
Octadecansäure (Stearinsäure)	s	C$_{17}$H$_{35}$COOH	0,84 (80°C)	284,5	69,4	291 p	−954,37	435,6 (1 bar)	
Octadec-9-ensäure (Ölsäure)	l	C$_{17}$H$_{33}$COOH	0,89	282,5	14	205	−764,8		
Octan	l	C$_8$H$_{18}$	0,698	114,2	−56,8	125,7	−250	467	16 (g)
Pentan	l	C$_5$H$_{12}$	0,621	72,1	−129,7	36,1	−168,19	259,40	−8 (g)
Pentan-1-ol	l	C$_5$H$_{11}$OH	0,811	88,2	−78,2	138	−302	403	−150
Pentansäure	l	C$_4$H$_9$COOH	0,935	102,1	−34	185,5	−490 (g)	440 (g)	−357 (g)
Pent-1-en	l	C$_5$H$_{10}$	0,635	70,1	−165,2	30,0	−21	346	79
Pent-1-in	l	C$_5$H$_8$	0,689	68,1	−105,7	40,2	144 (g)	330 (g)	210 (g)
Pent-2-in	l	C$_5$H$_8$	0,706	68,1	−109,3	56,1	129 (g)	332 (g)	194 (g)
Phenol	s	C$_6$H$_5$OH	1,132	94,1	41,0	181,8	−155,22	142,25	33 (g)
Phosgen	g	COCl$_2$	1,4	98,9	−104	8	−219	283	−205
Phthalsäure	s	C$_6$H$_4$(COOH)$_2$	1,593	166,1	210−211	7	−782	208	−592
Propan ♦	g	C$_3$H$_8$	2,02 g·l^{-1}	44,1	−187,7	−42,1	−103,63	270,70	−24
Propan-1-ol	l	C$_3$H$_7$OH	0,799	60,1	−126,2	97,2	−302,5	192,46	−163 (g)
Propan-2-ol	l	C$_3$H$_7$OH	0,781	60,1	−88,5	82,3	−272	310	−173 (g)
Propanon (Aceton)	l	CH$_3$COCH$_3$	0,79	58,1	−94,7	56,1	−235,14	199,99	−153 (g)
Propansäure	l	C$_2$H$_5$COOH	0,988	74,1	−20,7	140,8	−511	191,0	
Propan-1,2,3-triol (Glycerin)	l	C$_3$H$_5$(OH)$_3$	1,26	92,1	17,9	290	−659,8	204,59	
Propen	g	C$_3$H$_6$	0,505 (l)	42,1	−185,3	−47,7	20	267	62

Eigenschaften von Stoffen

Name	Aggregatzustand bei 25 °C	Formel	Dichte♦ ϱ in g·cm⁻³ bei 25 °C	molare Masse in g·mol⁻¹	Schmelz-temperatur● ϑ_s in °C	Siede-temperatur● ϑ_v in °C	Standard-bildungs-enthalpie $\Delta_f H^0$ in kJ·mol⁻¹	Standard-entropie S^0 in J·mol⁻¹·K⁻¹	freie Standard-bildungs-enthalpie $\Delta_f G^0$ in kJ·mol⁻¹
Propin	g	C_3H_4	0,6711 (l)	40,1	−102,7	−23,2	185	248	194
Saccharose	s	$C_{12}H_{22}O_{11}$	1,588	342,3	185 z	−	−2221	360	−1544
Silberacetat	s	CH_3COOAg	3,3	166,9	z	−	−399	150	−308
Tetrachlormethan	l	CCl_4	1,584	153,8	−23,0	76,5	−141,4	217,56	−58 (g)
Tribrommethan	l	$CHBr_3$	2,876	252,8	8,1	149,6	25 (g)	331 (g)	16 (g)
Trichlormethan (Chloroform)	l	$CHCl_3$	1,480	119,4	−63,5	61,7	−132	296 (g)	−69 (g)
Trichlorethansäure	s	Cl_3CCOOH	1,62	163,4	58	197,6	−501 (l)		
Triiodmethan (Iodoform)	s	CHI_3	4,178	393,8	119	218	211	356	178
Triethylamin	l	$(C_2H_5)_3N$	0,737 (20°C)	101,19	−114,8	89,4	−100	405	110
Undecan	l	$C_{11}H_{24}$	0,737	156,3	−25,6	195,9	−270 (g)	584 (g)	42 (g)
Vinylbenzol (Styrol)	l	$C_6H_5C_2H_3$	0,91	104,14	−31	145	103,4	237,6	

♦ Dichte gasförmiger Stoffe bei 0 °C   ● Schmelz- und Siedetemperatur bei 101,3 kPa

Molare Standardgrößen ausgewählter hydratisierter Ionen in wässriger Lösung

Ionen	Formel	Standardbildungs-enthalpie $\Delta_f H^0$ in kJ·mol⁻¹	Standardentropie S^0 in J·mol⁻¹·K⁻¹	freie Standard-bildungsenthalpie $\Delta_f G^0$ in kJ·mol⁻¹
Acetat-Ionen	CH_3COO^-	−486	86	−368
Aluminium-Ionen	Al^{3+}	−531	−322	−485
Ammonium-Ionen	NH_4^+	−132	113	−79
Barium-Ionen	Ba^{2+}	−538	10	−561
Blei-Ionen	Pb^{2+}	−2	10	−24
Bromid-Ionen	Br^-	−121	83	−104
Calcium-Ionen	Ca^{2+}	−543	−53	−554
Carbonat-Ionen	CO_3^{2-}	−677	−57	−582
Chlorid-Ionen	Cl^-	−167	57	−131
Chromat-Ionen	CrO_4^{2-}	−881	50	−728
Cobalt(II)-Ionen	Co^{2+}	−58	−113	−54
Cobalt(III)-Ionen	Co^{3+}	92	−305	−134
Cyanid-Ionen	CN^-	151	94	172
Dichromat-Ionen	$Cr_2O_7^{2-}$	−1490	262	−1301
Eisen(II)-Ionen	Fe^{2+}	−89	−138	−79
Eisen(III)-Ionen	Fe^{3+}	−49	−316	−5
Fluorid-Ionen	F^-	−333	−14	−279
Formiat-Ionen	$HCOO^-$	−426	92	−351
Hydrogencarbonat-Ionen	HCO_3^-	−692	91	−587

Ionen	Formel	Standardbildungs-enthalpie $\Delta_f H^0$ in kJ·mol^{-1}	Standardentropie S^0 in J·mol^{-1}·K^{-1}	freie Standard-bildungsenthalpie $\Delta_f G^0$ in kJ·mol^{-1}
Hydronium-Ionen	H_3O^+	−286	70	−237
Hydroxid-Ionen	OH^-	−230	−11	−157
Iodid-Ionen	I^-	−57	107	−52
Kalium-Ionen	K^+	−251	103	−282
Kupfer(I)-Ionen	Cu^+	72	41	50
Kupfer(II)-Ionen	Cu^{2+}	65	−100	66
Magnesium-Ionen	Mg^{2+}	−467	−138	−455
Mangan-Ionen	Mn^{2+}	−221	−74	−228
Natrium-Ionen	Na^+	−240	59	−262
Nitrat-Ionen	NO_3^-	−207	146	−111
Perchlorat-Ionen	ClO_4^-	−129	182	−9
Permanganat-Ionen	MnO_4^-	−541	191	−447
Phosphat-Ionen	PO_4^{3-}	−1290	−222	−1032
Silber-Ionen	Ag^+	106	73	77
Sulfat-Ionen	SO_4^{2-}	−909	20	−745
Sulfid-Ionen	S^{2-}	33	−15	86
Sulfit-Ionen	SO_3^{2-}	−635	−29	−487
Thiosulfat-Ionen	$S_2O_3^{2-}$	−652	121	
Wasserstoff-Ionen	H^+	0	0	0
Zink-Ionen	Zn^{2+}	−154	−112	−147

Atombau

Atom- und Ionenradien ausgewählter Elemente

Element		Atomradius in 10^{-10} m	Ionenradius in 10^{-10} m	Ionen-ladung	Element		Atomradius in 10^{-10} m	Ionenradius in 10^{-10} m	Ionen-ladung
Aluminium	Al	1,43	0,50	+3	Kupfer	Cu	1,28	0,72	+2
Beryllium	Be	1,12	0,31	+2	Lithium	Li	1,52	0,60	+1
Bor	B	0,88	0,20	+3	Magnesium	Mg	1,60	0,65	+2
Brom	Br	1,14	1,95	−1	Mangan	Mn	1,24	0,91	+2
Caesium	Cs	2,62	1,69	+1	Mangan	Mn	1,24	0,70	+3
Calcium	Ca	1,97	0,97	+2	Natrium	Na	1,86	0,95	+1
Chlor	Cl	0,99	1,81	−1	Phosphor	P	1,10	2,12	−3
Cobalt	Co	1,25	0,82	+2	Rubidium	Rb	2,44	1,48	+1
Eisen	Fe	1,24	0,83	+2	Sauerstoff	O	0,66	1,45	−2
Eisen	Fe	1,24	0,647	+3	Schwefel	S	1,04	1,84	−2
Fluor	F	0,64	1,36	−1	Selen	Se	1,17	1,98	−2
Gallium	Ga	1,22	0,62	+3	Silicium	Si	1,17	0,39	+4
Germanium	Ge	1,22	0,53	+4	Stickstoff	N	0,70	1,71	−3
Iod	I	1,33	2,16	−1	Silber	Ag	1,44	1,26	+1
Kalium	K	2,02	1,33	+1	Wasserstoff	H	0,373		
Kohlenstoff	C	0,77	0,16	+4	Zink	Zn	1,33	0,74	+2

Verteilung der Elektronen in der Atomhülle (Grundzustand)

Ordnungszahl	Elemente		Anzahl der Elektronen in den Hauptenergieniveaustufen						
			1	2	3	4	5	6	7
1	Wasserstoff	H	1						
2	Helium	He	2						
3	Lithium	Li	2	1					
4	Beryllium	Be	2	2					
5	Bor	B	2	3					
6	Kohlenstoff	C	2	4					
7	Stickstoff	N	2	5					
8	Sauerstoff	O	2	6					
9	Fluor	F	2	7					
10	Neon	Ne	2	8					
11	Natrium	Na	2	8	1				
12	Magnesium	Mg	2	8	2				
13	Aluminium	Al	2	8	3				
14	Silicium	Si	2	8	4				
15	Phosphor	P	2	8	5				
16	Schwefel	S	2	8	6				
17	Chlor	Cl	2	8	7				
18	Argon	Ar	2	8	8				
19	Kalium	K	2	8	8	1			
20	Calcium	Ca	2	8	8	2			
21	Scandium	Sc	2	8	8+1	2			
22	Titanium	Ti	2	8	8+2	2			
23	Vanadium	V	2	8	8+3	2			
24	Chromium	Cr	2	8	8+5	1			
25	Mangan	Mn	2	8	8+5	2			
26	Eisen	Fe	2	8	8+6	2			
27	Cobalt	Co	2	8	8+7	2			
28	Nickel	Ni	2	8	8+8	2			
29	Kupfer	Cu	2	8	8+10	1			
30	Zink	Zn	2	8	8+10	2			
31	Gallium	Ga	2	8	18	3			
32	Germanium	Ge	2	8	18	4			
33	Arsen	As	2	8	18	5			
34	Selen	Se	2	8	18	6			
35	Brom	Br	2	8	18	7			
36	Krypton	Kr	2	8	18	8			
37	Rubidium	Rb	2	8	18	8	1		
38	Strontium	Sr	2	8	18	8	2		
39	Yttrium	Y	2	8	18	8+1	2		
40	Zirconium	Zr	2	8	18	8+2	2		
41	Niobium	Nb	2	8	18	8+4	1		
42	Molybdän	Mo	2	8	18	8+5	1		
43	Technetium	Tc	2	8	18	8+5	2		
44	Ruthenium	Ru	2	8	18	8+7	1		
45	Rhodium	Rh	2	8	18	8+8	1		
46	Palladium	Pd	2	8	18	8+10	0		
47	Silber	Ag	2	8	18	8+10	1		
48	Cadmium	Cd	2	8	18	8+10	2		
49	Indium	In	2	8	18	18	3		
50	Zinn	Sn	2	8	18	18	4		
51	Antimon	Sb	2	8	18	18	5		
52	Tellur	Te	2	8	18	18	6		
53	Iod	I	2	8	18	18	7		
54	Xenon	Xe	2	8	18	18	8		
55	Caesium	Cs	2	8	18	18	8	1	
56	Barium	Ba	2	8	18	18	8	2	
57	Lanthan	La	2	8	18	18	8+1	2	
58	Cerium	Ce	2	8	18	18+1	8+1	2	
59	Praseodymium	Pr	2	8	18	18+3	8	2	
60	Neodymium	Nd	2	8	18	18+4	8	2	
61	Promethium	Pm	2	8	18	18+5	8	2	
62	Samarium	Sm	2	8	18	18+6	8	2	
63	Europium	Eu	2	8	18	18+7	8	2	
64	Gadolinium	Gd	2	8	18	18+7	8+1	2	
65	Terbium	Tb	2	8	18	18+9	8	2	
66	Dysprosium	Dy	2	8	18	18+10	8	2	
67	Holmium	Ho	2	8	18	18+11	8	2	
68	Erbium	Er	2	8	18	18+12	8	2	
69	Thulium	Tm	2	8	18	18+13	8	2	
70	Ytterbium	Yb	2	8	18	18+14	8	2	
71	Lutetium	Lu	2	8	18	18+14	8+1	2	
72	Hafnium	Hf	2	8	18	32	8+2	2	
73	Tantal	Ta	2	8	18	32	8+3	2	
74	Wolfram	W	2	8	18	32	8+4	2	
75	Rhenium	Re	2	8	18	32	8+5	2	
76	Osmium	Os	2	8	18	32	8+6	2	
77	Iridium	Ir	2	8	18	32	8+7	2	
78	Platin	Pt	2	8	18	32	8+9	1	
79	Gold	Au	2	8	18	32	8+10	1	
80	Quecksilber	Hg	2	8	18	32	8+10	2	
81	Thallium	Tl	2	8	18	32	18	3	
82	Blei	Pb	2	8	18	32	18	4	
83	Bismut	Bi	2	8	18	32	18	5	
84	Polonium	Po	2	8	18	32	18	6	
85	Astat	At	2	8	18	32	18	7	
86	Radon	Rn	2	8	18	32	18	8	
87	Francium	Fr	2	8	18	32	18	8	1
88	Radium	Ra	2	8	18	32	18	8	2
89	Actinium	Ac	2	8	18	32	18	8+1	2
90	Thorium	Th	2	8	18	32	18	8+2	2
91	Protactinium	Pa	2	8	18	32	18+2	8+1	2
92	Uranium	U	2	8	18	32	18+3	8+1	2
93	Neptunium	Np	2	8	18	32	18+4	8+1	2
94	Plutonium	Pu	2	8	18	32	18+6	8	2
95	Americium	Am	2	8	18	32	18+7	8	2
96	Curium	Cm	2	8	18	32	18+7	8+1	2
97	Berkelium	Bk	2	8	18	32	18+9	8	2
98	Californium	Cf	2	8	18	32	18+10	8	2
99	Einsteinium	Es	2	8	18	32	18+11	8	2
100	Fermium	Fm	2	8	18	32	18+12	8	2
101	Mendelevium	Md	2	8	18	32	18+13	8	2
102	Nobelium	No	2	8	18	32	18+14	8	2
103	Lawrencium	Lr	2	8	18	32	18+14	8+1	2
104	Rutherfordium	Rf	2	8	18	32	32	8+2	2
105	Dubnium	Db	2	8	18	32	32	8+3	2

Energieniveauschema der Atomorbitale

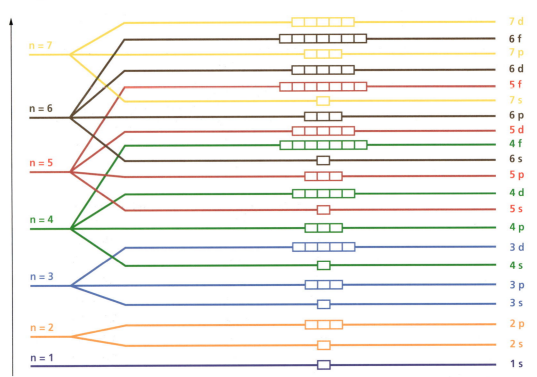

Hauptquantenzahl n	Nebenquantenzahl l	Orbitalbezeichnung	Magnetquantenzahl m	Spinquantenzahl s	Elektronenzahl
1	0	s	0	$\pm\frac{1}{2}$	2
2	0	s	0	$\pm\frac{1}{2}$	8
	1	p	1	$\pm\frac{1}{2}$	
			0	$\pm\frac{1}{2}$	
			−1	$\pm\frac{1}{2}$	
3	0	s	0	$\pm\frac{1}{2}$	18
	1	p	1	$\pm\frac{1}{2}$	
			0	$\pm\frac{1}{2}$	
			−1	$\pm\frac{1}{2}$	
	2	d	2	$\pm\frac{1}{2}$	
			1	$\pm\frac{1}{2}$	
			0	$\pm\frac{1}{2}$	
			−1	$\pm\frac{1}{2}$	
			−2	$\pm\frac{1}{2}$	
4					

Allgemeine Stoff- und Reaktionskonstanten

pH-Wert-Skala

Eigenschaft der Lösung	stark sauer		schwach sauer		neutral	schwach alkalisch		stark alkalisch	
Ursache	Konzentration der Hydronium-Ionen H_3O^+					Konzentration der Hydroxid-Ionen OH^-			
Universalindikatorpapier									
pH-Wert	0 1 2		3 4 5 6		7	8 9 10		11 12 13 14	

Säure-Base-Indikatoren

Name	angezeigte Farben pH_1 < pH_2		pH-Umschlagsbereich
Brillantgrün	gelb	grün	0,0 … 2,6
Kresolrot	rot	gelb	0,2 … 1,8
Thymolblau	rot	gelb	1,2 … 2,8
Methylgelb	rot	gelb	2,4 … 4,0
Methylorange	rot	gelb	3,1 … 4,4
Methylrot	rosa	gelb	4,4 … 6,2
Lackmus	rot	blau	5,0 … 8,0
Bromthymolblau	gelb	blau	6,0 … 7,6
Kresolrot	gelb	violett-rot	7,0 … 8,8
Thymolblau	gelb	blau	8,0 … 9,6
Phenolphthalein	farblos	rot	8,3 … 10,0
Alizaringelb R	gelb	orangebraun	10,1 … 12,0
Indigocarmin	blau	gelb	11,5 … 13,0

Dichten und Stoffmengenkonzentrationen handelsüblicher Lösungen

in Wasser gelöster Stoff	konzentriert			verdünnt		
	Massenanteile ω_i in %	Dichte ϱ bei 20 °C in g·ml^{-1}	Stoffmengenkonzentration in mol·l^{-1}	Massenanteile ω_i in %	Dichte ϱ bei 20 °C in g·ml^{-1}	Stoffmengenkonzentration in mol·l^{-1}
HCl (g)	36	1,179	12	7	1,033	2
HNO_3 (l)	65	1,391	14,53	12	1,066	2
H_2SO_4 (l)	96	1,836	17,97	9	1,059	1
H_3PO_4 (s)	85	1,71	14,65	10	1,05	1,1
CH_3COOH (l)	99	1,052	17,35	12	1,015	2
NaOH (s)	32	1,35	10,79	8	1,087	2,2
KOH (s)	27	1,256	6,12	11	1,100	2,2
NH_3 (g)	25	0,907	13,35	3	0,981	1,7
C_2H_5OH (l)	96	0,8	16,7	6	0,988	1

Säure-Base-Konstanten und pK_S- bzw. pK_B-Werte für ausgewählte Säure-Base-Paare ($pK_S = -\lg\{K_S\}$)

bei 25 °C

Säure	K_S in mol·l^{-1}	pK_S	korrespondierende Base	K_B in mol·l^{-1}	pK_B
$HClO_4$	$\approx 10^9$	≈ -9	ClO_4^-	$\approx 10^{-23}$	≈ 23
HCl	$\approx 10^7$	≈ -7	Cl^-	$\approx 10^{-21}$	≈ 21
H_2SO_4	$\approx 10^3$	≈ -3	HSO_4^-	$\approx 10^{-17}$	≈ 17
H_3O^+	$5{,}49 \cdot 10^1$	$-1{,}74$	H_2O	$1{,}82 \cdot 10^{-16}$	$15{,}74$
HNO_3	$2{,}09 \cdot 10^1$	$-1{,}32$	NO_3^-	$4{,}79 \cdot 10^{-16}$	$15{,}32$
$HOOC-COOH$	$5{,}6 \cdot 10^{-2}$	$1{,}25$	$HOOC-COO^-$	$1{,}77 \cdot 10^{-13}$	$12{,}75$
$CHCl_2-COOH$	$5{,}0 \cdot 10^{-2}$	$1{,}30$	$CHCl_2-COO^-$	$1{,}99 \cdot 10^{-13}$	$12{,}7$
H_2SO_3	$1{,}26 \cdot 10^{-2}$	$1{,}90$	HSO_3^-	$7{,}94 \cdot 10^{-13}$	$12{,}10$
HSO_4^-	$1{,}2 \cdot 10^{-2}$	$1{,}92$	SO_4^{2-}	$8{,}32 \cdot 10^{-13}$	$12{,}08$
H_3PO_4	$7{,}41 \cdot 10^{-3}$	$2{,}13$	$H_2PO_4^-$	$1{,}35 \cdot 10^{-12}$	$11{,}87$
$CH_3-CHCl-COOH$	$1{,}48 \cdot 10^{-3}$	$2{,}83$	$CH_3-CHCl-COO^-$	$6{,}76 \cdot 10^{-12}$	$11{,}17$
$CH_2Cl-COOH$	$1{,}3 \cdot 10^{-3}$	$2{,}86$	$CH_2Cl-COO^-$	$7{,}24 \cdot 10^{-12}$	$11{,}14$
HNO_2	$7{,}2 \cdot 10^{-4}$	$3{,}14$	NO_2^-	$1{,}38 \cdot 10^{-11}$	$10{,}86$
HF	$6{,}8 \cdot 10^{-4}$	$3{,}17$	F^-	$1{,}48 \cdot 10^{-11}$	$10{,}83$
$HCOOH$	$1{,}78 \cdot 10^{-4}$	$3{,}75$	$HCOO^-$	$5{,}62 \cdot 10^{-11}$	$10{,}25$
CH_2Cl-CH_2-COOH	$1{,}14 \cdot 10^{-4}$	$3{,}98$	$CH_2Cl-CH_2-COO^-$	$9{,}54 \cdot 10^{-11}$	$10{,}02$
CH_3COOH	$1{,}78 \cdot 10^{-5}$	$4{,}75$	CH_3COO^-	$5{,}62 \cdot 10^{-10}$	$9{,}25$
CH_3CH_2COOH	$1{,}3 \cdot 10^{-5}$	$4{,}87$	$CH_3CH_2COO^-$	$7{,}41 \cdot 10^{-10}$	$9{,}13$
H_2CO_3	$3{,}02 \cdot 10^{-7}$	$6{,}52$	HCO_3^-	$3{,}31 \cdot 10^{-8}$	$7{,}48$
H_2S	$1{,}20 \cdot 10^{-7}$	$6{,}92$	HS^-	$8{,}32 \cdot 10^{-8}$	$7{,}08$
$H_2PO_4^-$	$7{,}58 \cdot 10^{-8}$	$7{,}12$	HPO_4^{2-}	$1{,}31 \cdot 10^{-7}$	$6{,}88$
HSO_3^-	$6{,}4 \cdot 10^{-8}$	$7{,}20$	SO_3^{2-}	$1{,}58 \cdot 10^{-7}$	$6{,}80$
NH_4^+	$5{,}62 \cdot 10^{-10}$	$9{,}25$	NH_3	$1{,}78 \cdot 10^{-5}$	$4{,}75$
HCN	$3{,}98 \cdot 10^{-10}$	$9{,}40$	CN^-	$2{,}51 \cdot 10^{-5}$	$4{,}60$
C_6H_5-OH	$1{,}04 \cdot 10^{-10}$	$9{,}98$	$C_6H_5-O^-$	$9{,}54 \cdot 10^{-5}$	$4{,}02$
HCO_3^-	$3{,}98 \cdot 10^{-11}$	$10{,}40$	CO_3^{2-}	$2{,}51 \cdot 10^{-4}$	$3{,}60$
HPO_4^{2-}	$4{,}78 \cdot 10^{-13}$	$12{,}32$	PO_4^{3-}	$2{,}08 \cdot 10^{-2}$	$1{,}68$
H_2O	$1{,}82 \cdot 10^{-16}$	$15{,}74$	OH^-	$5{,}49 \cdot 10^1$	$-1{,}74$
$[Zn(H_2O)_6]^{2+}$	$2{,}45 \cdot 10^{-10}$	$9{,}61$	$[Zn(OH)(H_2O)_5]^+$	$4{,}07 \cdot 10^{-5}$	$4{,}39$
$[Al(H_2O)_6]^{3+}$	$1{,}41 \cdot 10^{-5}$	$4{,}85$	$[Al(OH)(H_2O)_5]^{2+}$	$7{,}08 \cdot 10^{-10}$	$9{,}15$
$[Fe(H_2O)_6]^{3+}$	$6{,}03 \cdot 10^{-3}$	$2{,}22$	$[Fe(OH)(H_2O)_5]^{2+}$	$1{,}66 \cdot 10^{-12}$	$11{,}78$

Löslichkeit ausgewählter Gase

bei 101,3 kPa

In 1 Liter Wasser werden *n* Gramm Gas (Angabe im jeweiligen Feld) aufgenommen.

Gas	0 °C	10 °C	20 °C	30 °C	40 °C	50°C	60 °C	80 °C
O_2	0,0694	0,0537	0,0434	0,0359	0,0308	0,0266	0,0227	0,013
N_2	0,0294	0,023	0,0190	0,0162	0,0139	0,0122	0,0105	0,0066
H_2	0,0019	0,0017	0,0016	0,0015	0,0014	0,0013	0,0012	0,0008
Cl_2	14,6	9,972	7,293	5,723	4,59	3,925	3,295	2,227
CO_2	3,346	2,318	1,688	1,257	0,973	0,761	0,576	
CO	0,044		0,029		0,022	0,020	0,019	0,018
HCl	842	772	721	673	633	596	561	
SO_2	228	153,9	106,6		55,84	41,90		
NH_3	899	684	518	408	338	284	238	154
H_2S	7,188	5,232	3,974		2,555	2,143	1,832	1,411
C_2H_6	0,1339	0,0890	0,0640	0,0491	0,0395	0,0333	0,0295	0,0247
C_2H_4	0,285	0,204	0,154	0,113				
C_2H_2	2,03	1,53	1,21	0,98				

Löslichkeit ausgewählter Ionensubstanzen

bei 20 °C und 101,3 kPa

In 100 g Wasser lösen sich *n* Gramm Salz (Angabe im jeweiligen Feld) bis zur Sättigung.

Ionen	Cl^-	Br^-	I^-	NO_3^-	SO_4^{2-}	S^{2-}	CO_3^{2-}	PO_4^{3-}	OH^-
Na^+	35,85	90,5	179,3	88,0	19,08	19,0	21,58	12,1	109
K^+	34,35	65,6	144,5	31,5	11,15		111,5	23,0	111,4
NH_4^+	37,4	73,9	172,0	187,7	75,4		100,0	20,3	–
Ba^{2+}	35,7	104,0	170,0	9,03	$2,3 \cdot 10^{-4}$		$2 \cdot 10^{-3}$		3,48
Mg^{2+}	54,25	102,0	148,1	70,5	35,6		0,18		$0,12 \cdot 10^{-2}$
Ca^{2+}	74,5	142,0	204,0	127,0	0,2		$1,5 \cdot 10^{-3}$	$1,9 \cdot 10^{-2}$	0,118
Zn^{2+}	367,0	447,0	432,0	117,5	53,8		$2 \cdot 10^{-2}$		
Pb^{2+}	0,97	0,84	0,07	52,5	$4,2 \cdot 10^{-3}$	$8,6 \cdot 10^{-5}$	$1,7 \cdot 10^{-4}$	$1,3 \cdot 10^{-5}$	
Cu^{2+}	77,0	122		121,9	21,1	$2,9 \cdot 10^{-3}$			$1,42 \cdot 10^{-4}$
Fe^{2+}	62,2				26,6	$6 \cdot 10^{-4}$			
Ag+	$1,5 \cdot 10^{-4}$	$1,2 \cdot 10^{-5}$	$2,5 \cdot 10^{-7}$	215,5	0,74	$1,4 \cdot 10^{-5}$	$3 \cdot 10^{-3}$	$6,5 \cdot 10^{-4}$	
Al^{3+}	45,6			73,0	36,3				

Wasserhärte

Härtebereich	Härtegrad in mmol·l⁻¹	Härtegrad in °dH	Bezeichnung
1	0 … 1,5	0 … 7	weich
2	1,5 … 2,5	7 … 14	mittelhart
3	2,5 … 3,8	14 … 21	hart
4	> 3,8	> 21	sehr hart

(Wasserhärte = Maß für den Gehalt an Magnesium- und Calcium-Ionen des Wassers; der Härtegrad wird bezogen auf CaO bzw. MgO angegeben; 2007 wurden die Härtebereiche 3 und 4 zu „hart" zusammengefasst)

Löslichkeitsprodukte einiger Salze und Hydroxide   bei 25°C

Name	Formel	K_L	Einheit	pK_L
Aluminiumhydroxid	$Al(OH)_3$	$1 \cdot 10^{-33}$	$mol^4 \cdot l^{-4}$	33
Bariumcarbonat	$BaCO_3$	$5 \cdot 10^{-9}$	$mol^2 \cdot l^{-2}$	8,3
Bariumhydroxid	$Ba(OH)_2$	$5 \cdot 10^{-3}$	$mol^3 \cdot l^{-3}$	2,3
Bariumphosphat	$Ba_3(PO_4)_2$	$6 \cdot 10^{-38}$	$mol^5 \cdot l^{-5}$	37,2
Bariumsulfat	$BaSO_4$	$1 \cdot 10^{-10}$	$mol^2 \cdot l^{-2}$	10
Blei(II)-chlorid	$PbCl_2$	$2 \cdot 10^{-5}$	$mol^3 \cdot l^{-3}$	4,7
Blei(II)-hydroxid	$Pb(OH)_2$	$6 \cdot 10^{-16}$	$mol^3 \cdot l^{-3}$	15,2
Blei(II)-sulfat	$PbSO_4$	$2 \cdot 10^{-8}$	$mol^2 \cdot l^{-2}$	7,7
Blei(II)-sulfid	PbS	$1 \cdot 10^{-28}$	$mol^2 \cdot l^{-2}$	28
Calciumcarbonat	$CaCO_3$	$5 \cdot 10^{-9}$	$mol^2 \cdot l^{-2}$	8,3
Calciumhydroxid	$Ca(OH)_2$	$4 \cdot 10^{-6}$	$mol^3 \cdot l^{-3}$	5,4
Calciumsulfat	$CaSO_4$	$2 \cdot 10^{-5}$	$mol^2 \cdot l^{-2}$	4,7
Eisen(III)-hydroxid	$Fe(OH)_3$	$4 \cdot 10^{-40}$	$mol^4 \cdot l^{-4}$	39,4
Eisen(II)-hydroxid	$Fe(OH)_2$	$8 \cdot 10^{-16}$	$mol^3 \cdot l^{-3}$	15,1
Eisen(II)-sulfid	FeS	$5 \cdot 10^{-18}$	$mol^2 \cdot l^{-2}$	17,3
Kupfer(II)-sulfid	CuS	$6 \cdot 10^{-36}$	$mol^2 \cdot l^{-2}$	35,2
Magnesiumhydroxid	$Mg(OH)_2$	$1 \cdot 10^{-11}$	$mol^3 \cdot l^{-3}$	11
Mangan(II)-hydroxid	$Mn(OH)_2$	$2 \cdot 10^{-13}$	$mol^3 \cdot l^{-3}$	12,7
Quecksilber(II)-sulfid	HgS (rot)	$4 \cdot 10^{-53}$	$mol^2 \cdot l^{-2}$	52,4
Silberbromid	$AgBr$	$5 \cdot 10^{-13}$	$mol^2 \cdot l^{-2}$	12,3
Silberchlorid	$AgCl$	$2 \cdot 10^{-10}$	$mol^2 \cdot l^{-2}$	9,7
Silberiodid	AgI	$8 \cdot 10^{-17}$	$mol^2 \cdot l^{-2}$	16,1
Zinkcarbonat	$ZnCO_3$	$6 \cdot 10^{-11}$	$mol^2 \cdot l^{-2}$	10,2
Zinkhydroxid	$Zn(OH)_2$	$3 \cdot 10^{-17}$	$mol^3 \cdot l^{-3}$	16,5

Ebullioskopische (K_e) und kryoskopische (K_k) Konstanten

Lösungsmittel	Schmelztemperatur ϑ in °C	Siedetemperatur ϑ in °C	K_e in $K \cdot kg \cdot mol^{-1}$	K_k in $K \cdot kg \cdot mol^{-1}$
Cyclohexan	6,5	80,8	20,2	2,75
Essigsäure	16,7	117,9	3,07	3,9
Ethanol	–114,1	78,3	1,04	–
Methanol	–97,7	64,5	0,84	–
Wasser	0,0	100	0,515	1,853

Stabilitätskonstanten von Komplex-Ionen

bei 298 K = 25 °C

Z + Li $\rightleftharpoons$ ZLi$_n$	lgK	Z + Li $\rightleftharpoons$ ZLi$_n$	lgK
$Ag^+ + 2\,CN^- \rightleftharpoons [Ag(CN)_2]^-$	20	$Fe^{2+} + 6\,CN^- \rightleftharpoons [Fe(CN)_6]^{4-}$	37
$Ag^+ + 2\,NH_3 \rightleftharpoons [Ag(NH_3)_2]^+$	7	$Fe^{3+} + 6\,CN^- \rightleftharpoons [Fe(CN)_6]^{3-}$	44
$Ag^+ + 2\,S_2O_3^{2-} \rightleftharpoons [Ag(S_2O_3)_2]^{3-}$	13	$Hg^{2+} + 4\,CN^- \rightleftharpoons [Hg(CN)_4]^{2-}$	41
$Al^{3+} + 6\,F^- \rightleftharpoons [AlF_6]^{3-}$	20	$Hg^{2+} + 4\,Cl^- \rightleftharpoons [HgCl_4]^{2-}$	16
$Cd^{2+} + 4\,NH_3 \rightleftharpoons [Cd(NH_3)_4]^{2+}$	7	$Ni^{2+} + 4\,CN^- \rightleftharpoons [Ni(CN)_4]^{2-}$	31
$Co^{2+} + 6\,NH_3 \rightleftharpoons [Co(NH_3)_6]^{2+}$	5	$Ni^{2+} + 6\,NH_3 \rightleftharpoons [Ni(NH_3)_6]^{2+}$	8
$Co^{3+} + 6\,NH_3 \rightleftharpoons [Co(NH_3)_6]^{3+}$	34	$Zn^{2+} + 4\,CN^- \rightleftharpoons [Zn(CN)_4]^{2-}$	20
$Cu^+ + 2\,NH_3 \rightleftharpoons [Cu(NH_3)_2]^+$	11	$Zn^{2+} + 4\,NH_3 \rightleftharpoons [Zn(NH_3)_4]^{2+}$	9
$Cu^{2+} + 4\,NH_3 \rightleftharpoons [Cu(NH_3)_4]^{2+}$	13		

Reaktionsteilnehmer in wässriger Lösung; c in $mol \cdot l^{-1}$; $Z + n\,Li \rightleftharpoons ZLi_n$ $\quad K = \frac{c_{ZLi_n}}{c_Z \cdot c_{Li}^n}$

(Anmerkung: Die Komplex-Ionen werden immer in eckige Klammern gesetzt, z.B. $[Zn(CN)_4]^{2-}$.)

Gitterenthalpien für den Zerfall von einem Mol Kristall in seine Ionen (ΔH_{298}/kJ·mol^{-1})

bei 298 K = 25 °C

	F^-	Cl^-	Br^-	I^-
Li^+	1 039	850	802	742
Na^+	920	780	740	692
K^+	816	710	680	639
Cs^+	749	651	630	599
Be^{2+}	3 476	2 994	2 896	2 784
Mg^{2+}	2 949	2 502	2 402	2 293
Ca^{2+}	2 617	2 231	2 134	2 043
Ba^{2+}	2 330	2 024	1 942	1 838
Sr^{2+}	2 482	2 129	2 040	1 940

Durchschnittliche Bindungsenthalpien bei 298 K und Atom-Atom-Abstände

Bindung	ΔH in kJ·mol⁻¹	Bindungslängen in pm	Bindung	ΔH in kJ·mol⁻¹	Bindungslängen in pm	Bindung	ΔH in kJ·mol⁻¹	Bindungslängen in pm
Br–Br	193	228	C–O	358	143	C=S	536	189
C–C	348	154	C–P	264	184	N=N	418	125
Cl–Cl	242	199	C–S	272	182	N≡N	945	110
F–F	159	142	H–Cl	431	128	N=O	607	
H–H	436	74	H–Br	366	141	O=O	498	121
I–I	151	267	H–F	567	92	Br–Cl	219	214
N–N	163	146	H–I	298	160	Br–F	249	176
O–O	146	148	H–N	391	101	Br–I	178	
P–P	172	221	H–O	463	97	Cl–F	253	163
S–S	255	205	H–P	322	142	Cl–I	211	232
C–Br	285	194	H–S	367	134	O–Br	234	
C–Cl	339	177	C=C	614	134	O–Cl	208	170
C–I	218	214	C≡C	839	120	O–F	193	142
C–H	413	108	C=N	615	130	O–I	234	
C–F	489	138	C≡N	891	116	O–N	201	136
C–N	305	147	C=O	745	122	O–P	335	154

Molare Hydratationsenthalpien ausgewählter Ionen

bei 25°C

Ion	$\Delta_H H$ in kJ·mol⁻¹	Ion	$\Delta_H H$ in kJ·mol⁻¹	Ion	$\Delta_H H$ in kJ·mol⁻¹
H_3O^+	−1085	Ca^{2+}	−1580	Al^{3+}	−4609
Li^+	−508	Sr^{2+}	−1433	OH^-	−365
Na^+	−399	Ba^{2+}	−1291	F^-	−511
K^+	−314	Fe^{2+}	−1961	Cl^-	−376
Rb^+	−288	Co^{2+}	−1996	Br^-	−342
Cs^+	−256	Ni^{2+}	−2105	I^-	−299
Ag^+	−468	Cu^{2+}	−2116	NO_3^-	−256
NH_4^+	−293	Zn^{2+}	−2057	CN^-	−349
Be^{2+}	−2494	Hg^{2+}	−1820		
Mg^{2+}	−1910	Fe^{3+}	−4492		

Allgemeine Stoff- und Reaktionskonstanten

Elektrochemische Spannungsreihe der Metalle, Standardpotenziale E^0 bei 25°C, 101,3 kPa

Oxidationsmittel + z·e⁻ ⇌ Reduktionsmittel			Redoxpaar OM/RM	Standardpotenzial E^0 in V
Li^+	+ e⁻ ⇌	$Li_{(s)}$	Li^+/Li	−3,04
K^+	+ e⁻ ⇌	$K_{(s)}$	K^+/K	−2,92
Ba^{2+}	+ 2e⁻ ⇌	$Ba_{(s)}$	Ba^{2+}/Ba	−2,90
Ca^{2+}	+ 2e⁻ ⇌	$Ca_{(s)}$	Ca^{2+}/Ca	−2,87
Na^+	+ e⁻ ⇌	$Na_{(s)}$	Na^+/Na	−2,71
Mg^{2+}	+ 2e⁻ ⇌	$Mg_{(s)}$	Mg^{2+}/Mg	−2,36
Al^{3+}	+ 3e⁻ ⇌	$Al_{(s)}$	Al^{3+}/Al	−1,66
Mn^{2+}	+ 2e⁻ ⇌	$Mn_{(s)}$	Mn^{2+}/Mn	−1,18
Zn^{2+}	+ 2e⁻ ⇌	$Zn_{(s)}$	Zn^{2+}/Zn	−0,76
Cr^{3+}	+ 3e⁻ ⇌	$Cr_{(s)}$	Cr^{3+}/Cr	−0,74
Fe^{2+}	+ 2e⁻ ⇌	$Fe_{(s)}$	Fe^{2+}/Fe	−0,41
Cd^{2+}	+ 2e⁻ ⇌	$Cd_{(s)}$	Cd^{2+}/Cd	−0,40
Co^{2+}	+ 2e⁻ ⇌	$Co_{(s)}$	Co^{2+}/Co	−0,28
Ni^{2+}	+ 2e⁻ ⇌	$Ni_{(s)}$	Ni^{2+}/Ni	−0,23
Sn^{2+}	+ 2e⁻ ⇌	$Sn_{(s)}$	Sn^{2+}/Sn	−0,14
Pb^{2+}	+ 2e⁻ ⇌	$Pb_{(s)}$	Pb^{2+}/Pb	−0,13
Fe^{3+}	+ 3e⁻ ⇌	$Fe_{(s)}$	Fe^{3+}/Fe	−0,02
$2H^+$	+ 2e⁻ ⇌	$H_{2(g)}$	$2H^+/H_2$	0,00
Cu^{2+}	+ 2e⁻ ⇌	$Cu_{(s)}$	Cu^{2+}/Cu	0,35
Cu^+	+ e⁻ ⇌	$Cu_{(s)}$	Cu^+/Cu	0,52
Ag^+	+ e⁻ ⇌	$Ag_{(s)}$	Ag^+/Ag	0,80
Hg^{2+}	+ 2e⁻ ⇌	$Hg_{(l)}$	Hg^{2+}/Hg	0,85
Pt^{2+}	+ 2e⁻ ⇌	$Pt_{(s)}$	Pt^{2+}/Pt	1,20
Au^{3+}	+ 3e⁻ ⇌	$Au_{(s)}$	Au^{3+}/Au	1,50
Au^+	+ e⁻ ⇌	$Au_{(s)}$	Au^+/Au	1,68

Elektrochemische Spannungsreihe der Nichtmetalle, Standardpotenziale E^0

bei 25°C und 101,3 kPa

Oxidationsmittel + z·e⁻ ⇌ Reduktionsmittel			Redoxpaar OM/RM	Standardpotenzial E^0 in V
$Se_{(s)}$	+ 2e⁻ ⇌	Se^{2-}	Se/Se^{2-}	−0,92
$S_{(s)}$	+ 2e⁻ ⇌	S^{2-}	S/S^{2-}	−0,48
$I_{2(g)}$	+ 2e⁻ ⇌	$2I^-$	$I_2/2I^-$	0,54
$Br_{2(l)}$	+ 2e⁻ ⇌	$2Br^-$	$Br_2/2Br^-$	1,07
$Cl_{2(g)}$	+ 2e⁻ ⇌	$2Cl^-$	$Cl_2/2Cl^-$	1,36
$F_{2(g)}$	+ 2e⁻ ⇌	$2F^-$	$F_2/2F^-$	2,87

Elektrochemische Spannungsreihe ausgewählter Redoxreaktionen, Standardpotenziale E^0

bei 25°C und 101,3 kPa

Oxidationsmittel	+ z·e⁻	⇌	Reduktionsmittel	Standardpotenzial E^0 in V
$Mg(OH)_2$	$+ 2e^-$	⇌	$Mg + 2\,OH^-$	−2,63
$Ca(OH)_2$	$+ 2e^-$	⇌	$Ca + 2\,OH^-$	−3,03
$2\,H_2O$	$+ 2e-$	⇌	$H_{2(g)} + 2\,OH^-$	−0,83
$Cd(OH)_2$	$+ 2e^-$	⇌	$Cd + 2\,OH^-$	−0,82
$[Ag(CN)_2]^-$	$+\ e^-$	⇌	$Ag_{(s)} + 2\,CN^-$	−0,38
$PbSO_{4(s)}$	$+ 2e^-$	⇌	$Pb_{(s)} + SO_4^{2-}$	−0,36
$Cu(OH)_2$	$+ 2e^-$	⇌	$Cu + 2\,OH^-$	−0,22
$CO_{2(g)} + 2\,H^+$	$+ 2e^-$	⇌	$CO_{(g)} + H_2O$	−0,12
$AgCl_{(s)}$	$+\ e^-$	⇌	$Ag_{(s)} + Cl^-$	0,22
$O_{2(g)} + 2\,H_2O$	$+ 4e^-$	⇌	$4\,OH^-$	0,40
Cu^{2+}	$+\ e^-$	⇌	Cu^+	0,17
$O_{2(g)} + 2\,H^+$	$+ 2e^-$	⇌	H_2O_2	0,682
Fe^{3+}	$+\ e^-$	⇌	Fe^{2+}	0,77
$O_{2(g)} + 4\,H^+$	$+ 4e^-$	⇌	$2\,H_2O$	1,23
$MnO_{2(s)} + 4\,H^+$	$+ 2e^-$	⇌	$Mn^{2+} + 2\,H_2O$	1,23
$Cr_2O_7^{2-} + 14\,H^+$	$+ 6e^-$	⇌	$2\,Cr^{3+} + 7\,H_2O$	1,33
Au^{3+}	$+ 2e^-$	⇌	Au^+	1,41
$PbO_{2(s)} + 4\,H^+$	$+ 2e^-$	⇌	$Pb^{2+} + 2\,H_2O$	1,46
$MnO_4^- + 8\,H^+$	$+ 5e^-$	⇌	$Mn^{2+} + 4\,H_2O$	1,51
$PbO_{2(s)} + 4\,H^+ + SO_4^{2-}$	$+ 2e^-$	⇌	$PbSO_{4(s)} + 2\,H_2O$	1,69
$MnO_4^- + 4\,H^+$	$+ 3e^-$	⇌	$MnO_{2(s)} + 2\,H_2O$	1,70
$H_2O_2 + 2\,H^+$	$+ 2e^-$	⇌	$2\,H_2O$	1,776
$O_3 + 2\,H^+$	$+ 2e^-$	⇌	$O_2 + H_2O$	2,07

Stöchiometrie

Stöchiometrisches Rechnen

relative Atommasse A_r	$A_r = \dfrac{A}{u}$	u $1\,u =$ A	atomare Masseeinheit (↗ S. 69) $\dfrac{1}{12}$ der Masse eines Kohlenstoffatoms [^{12}C] absolute Atommasse
Stoffmenge n	$n = \dfrac{m}{M} = \dfrac{V}{V_m} = \dfrac{N}{N_A}$	m M V V_m N N_A	Masse molare Masse Volumen molares Volumen Teilchenzahl einer abgeschlossenen Stoffmenge Avogadro-Konstante (↗ S. 69)
molare Masse M	$M = \dfrac{m}{n}$		
molares Volumen V_m	$V_m = \dfrac{V}{n}$		

Masse/Masse	$\frac{m_1}{m_2} = \frac{M_1 \cdot n_1}{M_2 \cdot n_2}$	m_1, m_2	Massen der Stoffe 1 und 2
		n_1, n_2	Stoffmengen der Stoffe 1 und 2
Masse/Volumen	$\frac{m_1}{V_2} = \frac{M_1 \cdot n_1}{V_m \cdot n_2}$	M_1, M_2	molare Massen der Stoffe 1 und 2
		V_1, V_2	Volumen der gasförmigen Stoffe 1 und 2 bei 0 °C und 101 325 Pa
Volumen/Volumen	$\frac{V_1}{V_2} = \frac{n_1}{n_2}$	V_m	molares Normvolumen des gasförmigen Stoffes 2
Ausbeute η	$\eta = \frac{n_{real}}{n_{max}}$	n_{real}	real erhaltene Stoffmenge
		n_{max}	maximal erhaltene Stoffmenge
Massenanteil ω_i	$\omega_i = \frac{m_i}{m}$	m_i	Masse der Komponente i
		m	Gesamtmasse des Stoffgemisches
Volumenanteil φ_i	$\varphi_i = \frac{V_i}{V_0}$	V_i	Volumen der Komponente i
		V_0	Gesamtvolumen der Lösung vor dem Mischvorgang
Massenkonzentration β_i	$\beta_i = \frac{m_i}{V}$	V	Gesamtvolumen der Lösung nach dem Mischvorgang
Stoffmengenkonzentration c_i	$c_i = \frac{n_i}{V}$	n_i	Stoffmenge der Komponente i
		n	Gesamtstoffmenge des Stoffgemisches
Molalität b	$b = \frac{n_i}{m_{Lm}}$	n_i	Stoffmenge der Komponente i
		m_{Lm}	Masse des Lösungsmittels

| Mischungsrechnen mit dem Mischungskreuz (Konzentrationsangabe in Massenprozent) (↗ Mischungsrechnen S. 13) | Konzentration der gegebenen Lösung A x % ╲ ╱ gewünschte Konzentration z % ╱ ╲ Konzentration der gegebenen Lösung B y % | z–y (Masseteile von A) x–z (Masseteile von B) Summe: x–y (Masseteile des Gemisches) | Wird eine gegebene Lösung A mit Wasser verdünnt, gilt $y = 0$. |

Elektrochemie

nernstsche Gleichung	$E = E^0 + \frac{R \cdot T}{z \cdot F} \cdot \ln \frac{c(Ox)}{c(Red)}$ Für eine Temperatur von 25°C gilt: $E = E^0 + \frac{0{,}059\ V}{z} \cdot \lg \frac{c(Ox)}{c(Red)}$	E Redoxpotenzial E^0 Standardpotenzial des entsprechenden Redoxpaars in V R universelle Gaskonstante (↗ S. 69) T Temperatur z Anzahl der ausgetauschten Elektronen F FARADAY-Konstante (↗ S. 69) c Stoffmengenkonzentration des Oxidations- bzw. Reduktionsmittels
Berechnung nach den faradayschen Gesetzen	$I \cdot t = n \cdot z \cdot F$ bzw. $\eta \cdot I \cdot t = n \cdot z \cdot F$ $\frac{m}{M} = \frac{I \cdot t}{F \cdot z}$ bzw. $\frac{m}{M} = \frac{I \cdot t \cdot \eta}{F \cdot z}$	M molare Masse m Masse F Faraday-Konstante (↗ S. 69) z pro Formelumsatz ausgetauschte Zahl von Elektronen I Stromstärke t Zeit n Stoffmenge η Stromausbeute (Wirkungsgrad)

Gasgesetze (unter „Thermisches Verhalten des idealen Gases" ↗ S. 95)

Chemisches Gleichgewicht

Massenwirkungsgesetz	$K_c = \dfrac{c^{v_C}(C) \cdot c^{v_D}(D)}{c^{v_A}(A) \cdot c^{v_B}(B)}$ $K_p = \dfrac{p^{v_C}(C) \cdot p^{v_D}(D)}{p^{v_A}(A) \cdot p^{v_B}(B)}$ $K_p = K_c \cdot (R \cdot T)^{\Delta v}$	Reaktion $v_A A + v_B B \rightleftharpoons v_C C + v_D D$ K_c, K_p Gleichgewichtskonstante c Stoffmengenkonzentration (↗ S. 135) v stöchiometrischer Faktor p Partialdruck Einheit K_c: $(\text{mol} \cdot \text{l}^{-1})^{\Delta v}$ $\quad \Delta v = (v_C + v_D) - (v_A + v_B)$
Löslichkeitsprodukt K_L	$K_L(A_x B_y) = c^x(A^{m+}) \cdot c^y(B^{n-})$	$A_x B_y \rightleftharpoons x A^{m+} + y B^{n-}$ x Anzahl der Kationen in der Formeleinheit y Anzahl der Anionen in der Formeleinheit $c(A^{m+})$ Konzentration der Kationen $c(B^{n-})$ Konzentration der Anionen
molare Löslichkeit	$C_{A_x B_y} = \sqrt[x+y]{\dfrac{K_L(A_x B_y)}{x^x \cdot y^y}}$	
Ionenprodukt des Wassers K_W	$K_W = c(H_3O^+) \cdot c(OH^-)$ $= 10^{-14}\ \text{mol}^2 \cdot \text{l}^{-2}$	Es gilt für das Gleichgewicht bei 22 °C: $2 H_2O \rightleftharpoons H_3O^+ + OH^-$
pH-Wert	Für verdünnte wässrige Lösungen gilt: $pH = -\lg\{c(H_3O^+)\}$; $c(H_3O^+) = 10^{-pH}$	$\{c(H_3O^+)\}$ Zahlenwert der Oxoniumionen-konzentration (Hydroniumionen-konzentration) in $\text{mol} \cdot \text{l}^{-1}$ HA Säure 1 $\quad$ A$^-$ Base 1 HB$^+$ Säure 2 $\quad$ B Base 2
Säure-Base-Reaktion nach Brönsted	$HA + B \rightleftharpoons A^- + HB^+$	Es gilt für das Gleichgewicht: $HA + H_2O \rightleftharpoons H_3O^+ + A^-$
Säurekonstante K_S	$K_S = \dfrac{c(H_3O^+) \cdot c(A^-)}{c(HA)}$ $pK_S = -\lg\{K_S\}$ $pK_S = 14 - pK_B$	$\{K_S\}$ Zahlenwert der Säurekonstante Es gilt für das Gleichgewicht: $B + H_2O \rightleftharpoons HB^+ + OH^-$
Basekonstante K_B	$K_B = \dfrac{c(HB^+) \cdot c(OH^-)}{c(B)}$ $pK_B = -\lg\{K_B\}$ $pK_B = 14 - pK_S$	$\{K_B\}$ Zahlenwert der Basekonstante
Henderson-Hasselbalch-Puffergleichung	$pH = pK_S + \lg \dfrac{c(A^-)}{c(HA)}$	$c(HA)$ Gleichgewichtskonzentration einer schwachen Säure $c(A^-)$ Gleichgewichtskonzentration des Anions einer schwachen Base
Protolysegrad	$\alpha_S = \dfrac{c(H_3O^+)}{c_0(HA)} \quad \alpha_B = \dfrac{c(OH^-)}{c_0(B)}$	K_c Protolysekonstante α Protolysegrad (HA oder B) $c(A^-)$ Konzentration der Anionen
Ostwald-Verdünnungsgesetz	$K_c = \dfrac{c(K^+) \cdot c(A^-)}{c(KA)} = \dfrac{\alpha^2}{1-\alpha} \cdot c_0$	$c(K^+)$ Konzentration der Kationen c_0 Konzentration (HA oder B) $c(KA)$ Konzentration von nicht protolysiertem Elektrolyt
pH-Wert-berechnungen bei wässrigen Lösungen	sehr starke Säuren: $\quad K_S > 10^{1{,}74}\ \tfrac{\text{mol}}{\text{l}};\quad pH = -\lg\{c_0(HA)\}$ starke Säuren: $\quad 10^{-2}\ \tfrac{\text{mol}}{\text{l}} < \dfrac{K_S}{c_0} < 10^2\ \tfrac{\text{mol}}{\text{l}};\quad c(H_3O^+) = -\dfrac{K_S}{2} + \sqrt{\left(\dfrac{K_S}{2}\right)^2 + K_S \cdot c_0(HA)}$ $\quad pH = -\lg\{c(H_3O^+)\}$ mittelstarke bis sehr schwache Säuren: $\quad K_S < 10^{-4}\ \tfrac{\text{mol}}{\text{l}};\quad pH = \tfrac{1}{2}(pK_S - \lg\{c_0(HA)\})$ Ampholyte: $pH = \tfrac{1}{2}(14 + pK_S - pK_B) \quad c_0(HA)$: Ausgangskonzentration der Säure HA	
Titration	$c_1 \cdot V_1 \cdot z_1 = c_2 \cdot V_2 \cdot z_2$ $c_1 = \dfrac{c_2 \cdot V_2}{V_1} \cdot \dfrac{z_2}{z_1}$ $m_1 = c_2 \cdot V_2 \cdot \dfrac{z_2}{z_1} \cdot M_1$	c_1 Stoffmengenkonzentration der Testlösung c_2 Stoffmengenkonzentration der Maßlösung V_1 Volumen der Testlösung V_2 Volumen der Maßlösung z_1 Äquivalenzzahl des Stoffes in der Testlösung z_2 Äquivalenzzahl des Stoffes in der Maßlösung M_1 molare Masse des zu bestimmenden Stoffes

Kinetik

Reaktions-geschwindigkeit	$\overline{v} = \frac{\Delta c}{\Delta t}$ $\quad v = \lim\limits_{\Delta t \to 0} \frac{\Delta c}{\Delta t} = \frac{dc}{dt}$	$\overline{v}$ Durchschnittsgeschwindigkeit v Momentangeschwindigkeit Δc Konzentrationsänderung Δt Zeitspanne
ARRHENIUS-Gleichung	$k = A \cdot e^{\frac{-E_A}{R \cdot T}}$ $E_A = (\ln\{A\} - \ln\{k\}) \cdot R \cdot T$	$\{A\}$ Zahlenwert der Aktivitätskonstanten $\{k\}$ Zahlenwert der Reaktionsgeschwindig- keitskonstanten E_A Aktivierungsenergie T Temperatur R universelle Gaskonstante (↗ S. 69)

Energetik

Grundbegriffe S. 93–95

molare Reaktions-enthalpie $\Delta_R H$	$\Delta_R H = \Delta_R U + p \cdot \Delta_R V$	$\Delta_R U$ Änderung der inneren Energie (↗ S. 95) $p \cdot \Delta_R V$ Volumenarbeit (↗ S. 95) $\Delta_R S$ Differenz der Entropien der Edukte und Produkte ≙ molare Reaktionsentropie T Reaktionstemperatur in K
molare freie Reaktions-enthalpie $\Delta_R G$ (GIBBS-HELMHOLTZ-Gleichung)	$\Delta_R G = \Delta_R H - T \cdot \Delta_R S$	
molare freie Stan-dardenthalpie $\Delta_R G^0$ und Gleichgewichts-konstante K	$\Delta_R G^0 = -R \cdot T \cdot \ln K$ $\Delta_R G = -z \cdot F \cdot \Delta E$	T Temperatur R universelle Gaskonstante (↗ S. 69) K Gleichgewichtskonstante F FARADAY-Konstante (↗ S. 69) z Anzahl der ausgetauschten Elektronen ΔE Potenzialdifferenz in V
kalorimetrische Berechnungen	$\Delta_R H = -\frac{m(H_2O) \cdot c_p(H_2O) \cdot \Delta T}{n_F}$ $\Delta_B H_m = \frac{m(H_2O) \cdot c_p(H_2O) \cdot \Delta T \cdot M_{Rp}}{m_{Rp}}$	$m(H_2O)$ Masse des Wassers in g $c_p(H_2O)$ spezifische Wärmekapazität des Wassers (p_{konst}) in $J \cdot g^{-1} \cdot K^{-1}$ (↗ S. 76) ΔT Temperaturänderung in K n_F Stoffmenge der Formelumsätze M_{Rp} molare Masse des Reaktionsproduktes $\Delta_B H_m$ molare Bildungsenthalpie
van't hoffsche Gleichung	$\ln \frac{K_2}{K_1} = -\frac{\Delta_R H}{R} \cdot \left(\frac{1}{T_2} - \frac{1}{T_1}\right)$	K_2, K_1 Gleichgewichtskonstanten zu T_2 und T_1 ΔH Änderung der molaren Reaktions-enthalpie T_2, T_1 Temperaturen grafische Enthalpieermittlung: $\Delta_R H = R \cdot \left(-\frac{\Delta \ln k}{\Delta \frac{1}{T}}\right)$
Satz von HESS	$\Delta_R H_1 = \Delta_R H_2 + \Delta_R H_3$	A $\xrightarrow{\Delta_R H_1}$ C, A $\xrightarrow{\Delta_R H_2}$ B $\xrightarrow{\Delta_R H_3}$ C
Berechnung der molaren Reaktions-enthalpie $\Delta_R H^0$ nach dem Satz von HESS	$\Delta_R H^0 = (\Delta_f H^0{}_{AC} + \Delta_f H^0{}_{BD}) - (\Delta_f H^0{}_{AB} + \Delta_f H^0{}_{CD})$	Es gilt für die Reaktion bei 25 °C und 101,3 kPa: AB + CD → AC + BD $\Delta_f H^0$ molare Standardbildungsenthalpien der beteiligten Stoffe

Gefahrenstoffhinweise

Gefahrstoffsymbole

Mit dem neuen GHS (*Globally Harmonised System of Classification and Labelling of Chemicals*) werden die Kriterien für die Einstufung der Gefahrstoffe neu festgelegt und mit international einheitlichen Piktogrammen versehen. Neu ist auch die Verwendung der Signalworte **„Gefahr"** und **„Achtung"** für das Ausmaß der Gefahr: „Gefahr" bei hoher Gefährdung oder „Achtung" bei geringerer Gefährdung. Das GHS gilt seit 2009; für die bisherige Verordnung gelten Übergangsfristen.

An die Stelle der R-Sätze sind H-Sätze (Hazard Statements) sowie zusätzliche EUH-Sätze (besondere Gefährdungen) getreten. Die S-Sätze wurden durch P-Sätze (Precautionary Statements) ersetzt.

Gefahrenpiktogramm und -code	Mit dem Gefahrenpiktogramm gekennzeichnete Stoffe und Gemische	Signalwort	Gefahrensymbol nach bisheriger Gefahrstoffverordnung
GHS01	explosive und sehr gefährliche selbst zersetzliche Stoffe und Gemische sowie sehr gefährliche organische Peroxide	Gefahr oder Achtung	E
GHS02	entzündbare, selbsterhitzungsfähige und gefährliche selbstzersetzliche Stoffe und Gemische, pyrophore Stoffe sowie Stoffe und Gemische, die bei Berührung mit Wasser entzündbare Gase entwickeln	Gefahr oder Achtung	F+ oder F
GHS02	gefährliche organische Peroxide	Gefahr oder Achtung	O
GHS03	Stoffe und Gemische mit oxidierender Wirkung	Gefahr oder Achtung	O
GHS04	Gase unter Druck	Achtung	–
GHS05	Stoffe und Gemische, die korrosiv auf Metalle wirken	Achtung	–
GHS05	Stoffe und Gemische, die schwere Verätzungen der Haut und/oder schwere Augenschäden verursachen	Gefahr	C oder Xi
GHS06	lebensgefährliche und giftige Stoffe und Gemische	Gefahr	T+ oder T
GHS07	gesundheitsschädliche Stoffe und Gemische	Achtung	Xn
GHS07	Stoffe und Gemische, die Haut- und/oder Augenreizungen verursachen und/oder allergische Hautreaktionen, Reizungen der Atemwege und/oder Schläfrigkeit und Benommenheit verursachen können	Achtung	Xi
GHS08	Stoffe und Gemische, die bei Verschlucken und Eindringen in die Atemwege tödlich sein können und/oder eine Gefahr für die Gesundheit darstellen. Diese Stoffe und Gemische schädigen bestimmte Organe und/oder können Krebs erzeugen, die Fruchtbarkeit beeinträchtigen, das Kind im Mutterleib schädigen und/oder genetische Defekte und/oder beim Einatmen Allergien, asthmaartige Symptome oder Atembeschwerden verursachen.	Gefahr oder Achtung	T+ T oder Xn
GHS09	Stoffe und Gemische, die sehr giftig oder giftig für Wasserorganismen sind	Achtung oder –	N

Entsorgungsratschläge (E-Sätze)

Nr.	Entsorgungsratschläge (E-Sätze)	anzuwenden u. a. auf
E1	verdünnen, in den Ausguss geben (WGK 0 bzw. 1)	kleinste Portionen ungefährlicher, reizender oder gesundheitsschädlicher Stoffe oder Stoffe mit oxidierender Wirkung, soweit wasserlöslich, sowie deren wässrige Lösungen; z. B. Natriumchlorid, Kaliumnitrat, Natronlauge ($w \leq 5\%$)
E2	neutralisieren, in den Ausguss geben	saure und basische Stoffe und deren wässrige Lösungen; z. B. Calciumoxid, Kaliumhydroxid, Natriumhydroxid, Salzsäure, Salpetersäure, Schwefelsäure
E3	in den Hausmüll geben, gegebenenfalls in PE-Beutel (Stäube)	Feststoffe, falls keine anderen Ratschläge gegeben; z. B. Eisen (Späne), Aktivkohle
E4	als Sulfid fällen	Schwermetallsalze
E5	mit Calcium-Ionen fällen, dann E1 oder E3	lösliche Fluoride, Oxalate; z. B. Natriumfluorid, Oxalsäure
E6	nicht in den Hausmüll geben	Stoffe mit oxidierender Wirkung; explosive und selbstzersetzliche Stoffe; z. B. Kaliumpermanganat, Phosphor
E7	im Abzug entsorgen	gasförmige Stoffe, diese wenn möglich absorbieren oder verbrennen; z. B. Stickstoffoxide, Kohlenstoffmonooxid, Wasserstoff, Ozon, Ethen, Ethin, Propan
E8	der Sondermüllbeseitigung zuführen (Adresse zu erfragen bei der Kreis- oder Stadtverwaltung)	Laborabfälle im Sinne der TA Abfall; z. B. Blei und Bleiverbindungen (bei letzteren zuvor E4)
E9	unter größter Vorsicht in kleinsten Portionen reagieren lassen (z. B. offen im Freien verbrennen)	explosive selbstzersetzliche und entzündbare Stoffe und Gemische; z. B. Phosphor, Diethylether
E10	in gekennzeichneten Glasbehältern sammeln: 1. „Organische Abfälle – halogenhaltig" 2. „Organische Abfälle – halogenfrei" dann E8	organische Stoffe und Lösungen; z. B. Aceton, Methanol, Toluol, Bromethan, Trichlormethan
E11	als Hydroxid fällen (pH = 8), den Niederschlag zu E8	gelöste Schwermetallsalze; z. B. Kupfersulfatlösung
E12	nicht in die Kanalisation gelangen lassen	giftige Stoffe und Gemische sowie Stoffe und Gemische, die sehr giftig für Wasserorganismen sind; z. B. Benzin, Benzol, Kohlenstoffdisulfid, Quecksilber, Phenol, Toluol
E13	aus der Lösung mit unedlerem Metall (z. B. Eisen) als Metall abscheiden (E14, E3)	z. B. Chrom- oder Kupfersalzlösungen
E14	recycling-geeignet (Redestillation oder einem Recyclingunternehmen zuführen)	z. B. organische Lösemittel wie Aceton, Quecksilber- und Bleiverbindungen
E15	mit Wasser vorsichtig umsetzen, frei werdende Gase absorbieren oder ins Freie ableiten	Carbide, Phosphide, Hydride
E16	entsprechend den speziellen Ratschlägen für die Beseitigungsgruppen beseitigen	z. B. Brom, Bromwasser, Natrium, Kalium, Chromsalze und Chromate, Quecksilber

Biologie

Physiologie und Biochemie

Fotosynthese und Atmung

Biomasseproduktion	$S = Pb - (R + m_V)$ $Pn = Pb - R$	S	langfristiger Stoffgewinn für den betrachteten Organismus
		Pb	Brutto-Primärproduktion
		Pn	Netto-Primärproduktion
		R	Stoffverlust durch Atmung
		m_V	Verlustmasse (z. B. abgeworfene Blätter)
respiratorischer Quotient RQ	$RQ = \dfrac{n(CO_2)_{aus} - n(CO_2)_{ein}}{n(O_2)_{ein} - n(O_2)_{aus}}$ $= \dfrac{n(CO_2)_{gebildet}}{n(O_2)_{verbraucht}} = \dfrac{V(CO_2)_{gebildet}}{V(O_2)_{verbraucht}}$	$n(CO_2)_{aus/ein}$ $n(O_2)_{ein/aus}$ $V(CO_2)$ $V(O_2)$	aus- bzw. eingeatmete Stoffmenge an Kohlenstoffdioxid ein- bzw. ausgeatmete Stoffmenge an Sauerstoff gebildetes Kohlenstoffdioxidvolumen verbrauchtes Sauerstoffvolumen
Lichtgenuss von Pflanzen LG	$LG = \dfrac{E_{Ort}}{E_{Frei}} \cdot 100\,\%$	E_{Ort} E_{Frei}	Beleuchtungsstärke am Wuchsort Beleuchtungsstärke im Freiland

Enzymreaktionen

MICHAELIS-MENTEN-Konstante K_M LINEWEAVER-BURK-Gleichung	$K_M = \dfrac{V_{max}}{2}$ $\left(c(S) \text{ bei } v_0 = \dfrac{V_{max}}{2}\right)$ doppelt reziproke Darstellung: $\dfrac{1}{v_0} = \dfrac{K_M}{V_{max}} \cdot \dfrac{1}{c(S)} + \dfrac{1}{V_{max}}$	Reaktionsgeschwindigkeit v_0 über Substratkonzentration $c(S)$; Kurve nähert sich V_{max}, bei $V_{max}/2$ liegt K_M.
Reaktionsgeschwindigkeit v_0 einer Enzymreaktion	$v_0 = \dfrac{V_{max} \cdot c(S)}{K_M + c(S)}$	V_{max} maximale Reaktionsgeschwindigkeit $c(S)$ Substratkonzentration

Osmose

Saugkraft der Zelle S	$S = O - W$	T	absolute Temperatur
		R	universelle Gaskonstante (↗ S. 69)
		c	Konzentration
osmotischer Druck O	$O = c \cdot R \cdot T$	W	Turgordruck (Wanddruck)

Physiologie und Biochemie

Diffusion

1. ficksches Diffusionsgesetz	$\frac{dn}{dt} = -D \cdot A \cdot \frac{dc}{dx}$	n	Stoffmenge (↗ S. 134)
		t	Diffusionszeit
		A	Durchtrittsfläche
2. ficksches Diffusionsgesetz	$x = \sqrt{D \cdot t}$	D	Diffusionskonstante
	$t_{max} = \frac{x^2}{2 \cdot D}$	x	Diffusionsweg
		c	Konzentration der Stoffmenge
Diffusion durch eine Membran	$\frac{dn}{dt} = -D \cdot A \cdot \frac{(c_i - c_a)}{z}$	t_{max}	maximale Diffusionszeit
		$c_i; c_a$	Konzentration der Stoffmenge beiderseits der Membran (innen und außen)
		z	Dicke der Membran
Diffusionspotenzial E_D (nernstsche Gleichung) (↗ S. 135)	$E_D = \frac{R \cdot T}{z \cdot F} \cdot \ln \frac{c(\text{Ion})_I}{c(\text{Ion})_{II}}$	R	universelle Gaskonstante (↗ S. 69)
		T	absolute Temperatur
		z	Ionenwertigkeit
		F	FARADAY-Konstante (↗ S. 69)
		$c(\text{Ion})_I$	Ionenkonzentration der Lösung I
		$c(\text{Ion})_{II}$	Ionenkonzentration der Lösung II

Wasserhaushalt

Trockenmasse TM	Unter der Bedingung nach 24 Stunden bei 110 °C gilt: $TM = FM - WG$	FM	Frischmasse
		m_V	Verlustmasse beim Glühen
		W_{max}	maximal möglicher Wassergehalt
		W_a	zur Zeit vorhandener Wassergehalt (aktueller Wassergehalt)
Wassergehalt WG	$WG = FM - TM$		
Aschemasse AM	$AM = TM - m_V$	$m_{W_{ab}}$	Masse des abgegebenen Wassers je Zeiteinheit
Wasserdefizit Wd (Wasserverlust)	$Wd = \frac{W_{max} - W_a}{W_{max}} \cdot 100\,\%$	$m_{W_{auf}}$	Masse des aufgenommenen Wassers je Zeiteinheit
		$V_{W_{ab}}$	Volumen des abgegebenen Wassers je Zeiteinheit
Bilanzquotient des Wassers BQ	$BQ = \frac{m_{W_{ab}}}{m_{W_{auf}}} \triangleq \frac{V_{W_{ab}}}{V_{W_{auf}}}$ Ist $BQ > 1$, welkt der Organismus	$V_{W_{auf}}$	Volumen des aufgenommenen Wassers je Zeiteinheit

Wachstum

Geburtenrate GR	$GR = \frac{+N_G}{dt \cdot N}$	N_G	Anzahl der Geburten
		N	Gesamtzahl der betrachteten Individuen
Sterberate SR	$SR = \frac{-N_T}{dt \cdot N}$	N_T	Anzahl der Todesfälle
Zuwachsrate r (Vermehrungsrate)	$r = GR + SR$	t	Zeit
		K	Faktor, der die Lebensraumkapazität angibt (maximale Populationsgröße)
exponentielles Wachstum	$\frac{dN}{dt} = r \cdot N$ gültig für $N < K$		a – exponentielle Wachstumskurve
logistisches (reales) Wachstum	$\frac{dN}{dt} = r \cdot N \cdot \frac{K - N}{K}$		b – logistische Wachstumskurve

Bakterienvermehrung in statischer Kultur in der log-Phase	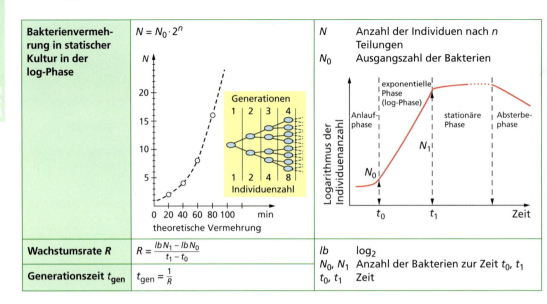	N N_0	Anzahl der Individuen nach n Teilungen Ausgangszahl der Bakterien
Wachstumsrate R	$R = \frac{lb\, N_1 - lb\, N_0}{t_1 - t_0}$	lb N_0, N_1 t_0, t_1	$\log_2$ Anzahl der Bakterien zur Zeit t_0, t_1 Zeit
Generationszeit t_{gen}	$t_{gen} = \frac{1}{R}$		

Ökologie

Qualität des Wassers

Bestimmung des Plankton- und Schwebstoffgehaltes G_{PS}	$G_{PS} = \frac{(m_2 - m_1) \cdot 1000}{V}$	m_1 m_2 V	Masse des getrockneten Filterpapiers in g Masse des getrockneten Filterpapiers mit Plankton- und Schwebstoffen in g Volumen der Wasserprobe in ml
quantitative Sauerstoffbestimmung $\beta(O_2)$ (nach WINKLER)	$\beta(O_2) = \frac{a \cdot 0{,}08 \cdot 1000}{V - b}$	a b 1000	Verbrauch an Natriumthiosulfatlösung in ml ($c = 0{,}01$ mol $\cdot$ l^{-1}) zugesetzte Reagenzienmenge in ml Umrechnungsfaktor für einen Liter
Sauerstoffsättigung S	$S = \frac{\beta(O_2) \cdot 100\,\%}{\beta(O_2)S}$	$\beta(O_2)$	gemessener Sauerstoffgehalt der Frischprobe bei der gemessenen Temperatur
Sauerstoffdefizit $\beta(O_2)_{Def}$	$\beta(O_2)_{Def} = \beta(O_2)S - \beta(O_2)$	$\beta(O_2)S$	theoretischer Sauerstoffsättigungswert bei der gemessenen Temperatur
biochemischer Sauerstoffbedarf BSB	$BSB_2 = \beta(O_2) - \beta(O_{2/II})$ $BSB_5 = \beta(O_2) - \beta(O_{2/V})$	$\beta(O_{2/II})$ $\beta(O_{2/V})$	Sauerstoffgehalt der 2 Tage (II) alten Wasserprobe Sauerstoffgehalt der 5 Tage (V) alten Wasserprobe

Grenzwerte für chemische Stoffe im Trinkwasser — Trinkwasserverordnung 2011

Stoffe	Grenzwerte	Stoffe	Grenzwerte
Nitrat	50 mg je l (Für Säuglinge sollte die Konzentration von 10 mg je l nicht überschritten werden.)	Blei Cadmium Kupfer Nickel Quecksilber	0,01 mg je l 0,003 mg je l 2,0 mg je l 0,02 mg je l 0,001 mg je l
Nitrit	0,5 mg je l		

Ökologie **143**

VOLTERRA-Regeln (VOLTERRA-Gesetze)

1. und 2. VOLTERRA-Regel		
Wachstum der Beutepopulation	$\frac{dN_B}{dt} = N_B(r_B - k \cdot N_R)$	N_B Individuenzahl der Beute N_R Individuenzahl der Räuber
Wachstum der Räuberpopulation	$\frac{dN_R}{dt} = N_R(b_R \cdot N_B - d_R)$	r_B Wachstumsrate der Beute b_R Wachstumsrate der Räuber je Beutetier
neue Individuenzahl der Beute	$N_B = N_{Bo} + N_{Bo} \cdot r_B - k \cdot N_{Bo} \cdot N_{Ro}$	d_R Sterberate der Räuber k Fressrate der Räuber
neue Individuenzahl der Räuber	$N_R = N_{Ro} + b_R \cdot N_{Ro} \cdot N_{Bo} - N_{Ro} \cdot d_R$	N_{Bo} Ausgangswert für Beute N_{Ro} Ausgangswert für Räuber
3. VOLTERRA-Regel		

Ökologische Zeigerwerte

Stufen	Licht L	Temperatur T	Bodenfeuchtigkeit F	Bodenreaktion R	Stickstoffversorgung N
1	sehr schattig (weniger als 1 %)	sehr kalt	sehr trocken	stark sauer	sehr stickstoffarm
2	zwischen 1 und 3	zwischen 1 und 3	zwischen 1 und 3	zwischen 1 und 3	zwischen 1 und 3
3	schattig (weniger als 5 %)	kühl	trocken	sauer	stickstoffarm
4	zwischen 3 und 5	zwischen 3 und 5	zwischen 3 und 5	zwischen 3 und 5	zwischen 3 und 5
5	halbschattig (mehr als 10 %)	mäßig warm	frisch	mäßig sauer	mäßig stickstoffreich
6	zwischen 5 und 7	zwischen 5 und 7	zwischen 5 und 7	zwischen 5 und 7	zwischen 5 und 7
7	sonnig und schattig	warm	feucht	schwach sauer bis schwach basisch	stickstoffreich
8	sonnig (mehr als 40 %)	zwischen 7 und 9	zwischen 7 und 9	zwischen 7 und 9	sehr stickstoffreich
9	sehr sonnig (mehr als 50 %)	sehr warm	nass	basisch	übermäßig stickstoffreich

Bestandsaufnahme von Pflanzen

Stufen	Deckungsgrad (bedeckter Anteil der Untersuchungsfläche) in %	Individuenzahl (Häufigkeit der Art auf der Untersuchungsfläche)	Entwicklungszustand	
r ("rar")	sehr wenig Fläche abdeckend	etwa 1 bis 2 Individuen	K	Keimpflanze
+ ("Kreuz")	wenig Fläche abdeckend	etwa 2 bis 5 Individuen	J	Jungpflanze
1	weniger als 5 % abdeckend	sehr spärlich vorhanden	st	steril (ausgewachsene Pflanze ohne Blüten und Samen)
2	6 % bis 25 % abdeckend	spärlich vorhanden	ko	knospend (Blüten- oder Blattknospen)
3	26 % bis 50 % abdeckend	wenig zahlreich vorhanden	b	blühend
4	51 % bis 75 % abdeckend	zahlreich vorhanden	f	fruchtend
5	76 % bis 100 % abdeckend	sehr zahlreich vorhanden	v	vergilbend
			t	tot (oberirdische Teile abgestorben)
			S	nur als Samen zu finden
			g	abgemäht

Biologische Gütebestimmung eines Gewässers

Saprobienindex S für die untersuchte Biozönose	$S = \dfrac{\sum_{i=1}^{n} h_i \cdot s_i \cdot g_i}{\sum_{i=1}^{n} h_i \cdot g_i}$ oder $S = \dfrac{(h_1 \cdot s_1 \cdot g_1) + (h_2 \cdot s_2 \cdot g_2) + \ldots + (h_n \cdot s_n \cdot g_n)}{(h_1 \cdot g_1) + (h_2 \cdot g_2) + \ldots + (h_n \cdot g_n)}$ **Saprobienstufen** — **Gewässergüteklassen** S = 1 bis < 1,75 — I S = 1,75 bis 2,5 — II S = 2,5 bis 3,25 — III S = 3,25 bis 4,0 — IV	n Anzahl der untersuchten Organismenarten h ausgezählte Häufigkeit der Organismen einer Art s Saprobienindex für die einzelne Art, gibt deren Optimum innerhalb der Saprobienstufen an g Indikationsgewicht (1–5), gibt Eignung einer Art als Indikator für bestimmte Güteklassen an (Bindung an nur eine Güteklasse g = 5; Vorkommen in zwei oder mehr Güteklassen g = 4, 3, 2, 1)

Immissionsgrenzwerte (Auswahl)

Stoffe	Grenzwerte für Massenkonzentrationen bzw. Volumenanteile
Kohlenstoffmonooxid	Langzeit-Konzentration in der Luft: max. 10 mg je m^3 Kurzzeit-Konzentration in der Luft: max. 30 mg je m^3
Kohlenstoffdioxid	Volumenanteil in der Atmosphäre: 0,036 % keine Begrenzung – Auswirkung auf Treibhauseffekt (Industrialisierungsbeginn 0,028 %)
Schwefeldioxid	Langzeit-Konzentration in der Luft: 0,14 mg je m^3 Kurzzeit-Konzentration in der Luft: max. 0,40 mg je m^3
Stickstoffdioxid	Langzeit-Konzentration in der Luft: max. 0,08 mg je m^3 Kurzzeit-Konzentration in der Luft: max. 0,20 mg je m^3
Ozon	Konzentration in der Luft 0,18 mg je m^3 ($\stackrel{\wedge}{=}$ Grenzwert für menschliche Belastung)
Staub	Langzeit-Konzentration in der Luft: max. 0,15 mg je m^3 Kurzzeit-Konzentration in der Luft: max. 0,30 mg je m^3

Humanbiologie

Körpergröße und Körpermasse

voraussichtliche Körpergröße *KgrE* als Erwachsener	$Kf = \frac{Kgr - Dgr}{Uw}$ $KgrE = DgrE + (Kf \cdot UwE)$	*Kf* *Kgr* *Dgr* *DgrE* *Uw* *UwE*	Korrekturfaktor Körpergröße in cm Durchschnittskörpergröße (↗ Tab. unten) Durchschnittskörpergröße als Erwachsener (↗ Tab. unten) Umrechnungswert (↗ Tab. unten) Umrechnungswert als Erwachsener (↗ Tab. unten)
Normalgewicht *NG* und Idealgewicht *IG* (nach BROCA)	$NG = (Kgr - 100) \cdot kg$ $IG = NG \cdot 0{,}9$ bei Jugendlichen: $IG = NG \cdot 0{,}85$	*Kgr*	Körpergröße in cm
Body-Mass-Index (*BMI*)	$BMI = \frac{\text{Körpermasse in kg}}{(\text{Körpergröße in m})^2}$	*BMI*	Körpermasse-Index

Körpermasse-Index (*BMI*) ohne Altersangaben			Körpermasse-Index (*BMI*) mit Altersangaben			
Einteilung in Klassen	Frauen	Männer	Alter in Jahren	Unter- gewicht	Normal- gewicht	Über- gewicht
Untergewicht	unter 19	unter 20	19–24	unter 19	19–24	über 24
Normalgewicht	19–24,9	20–25,9	25–34	unter 20	20–25	über 25
Übergewicht	25–29,9	26–30,9	35–44	unter 21	21–26	über 26
Fettsucht (Grad I)	30–34,9	31–35,9	45–54	unter 22	22–27	über 27
Fettsucht (Grad II)	35–39,9	36–39,9	55–64	unter 23	23–28	über 28
Fettsucht (Grad III)	über 40	über 40	über 64	unter 24	24–29	über 29

Durchschnittliche Körpergröße

Alter in Jahren	männlich		weiblich	
	Umrechnungs- werte *Uw*	Durch- schnitts- größen *Dgr*	Umrechnungs- werte *Uw*	Durch- schnitts- größen *Dgr*
4	4,5	104	4,5	102
5	4,8	110	4,8	109
6	5,1	116	5,1	115
7	5,5	122	5,5	121
8	5,7	128	5,7	127
9	5,9	134	6,0	133
10	6,2	138	6,5	137
11	6,6	143	7,0	142
12	7,0	148	7,3	147
13	8,0	154	6,8	154
14	8,8	161	6,3	159
15	8,0	167	6,0	161
16	7,2	171	5,7	162
17	6,6	173	5,6	162
18	6,5	174	5,6	163
19	6,5	174	5,7	164

Für Kinder und Jugendliche unter 14 Jahren hat der *BMI* noch keine Gültigkeit. Man kann die Körpermasse nach dieser Grafik ermitteln.

Beispiel: Bei einer Größe von 140 cm sollte die Körpermasse zwischen 28 kg und 40 kg liegen.

Täglicher Stoffwechsel

Gesamtumsatz $GesU$	$GesU = GU + LU$
Grundumsatz GU	$GU = 4{,}2\ kJ \cdot t \cdot m_K$ bei Jugendlichen: $6{,}2\ kJ \cdot t \cdot m_K$
Leistungsumsatz LU	$LU = (h_1 \cdot EV_1) + (h_2 \cdot EV_2) + \ldots + (h_n \cdot EV_n)$
Nährstoffbedarf Nb	$Nb = Bf \cdot m_K$
Energiebedarf Eb	$Eb = (Nb_{KH} \cdot EG_{KH}) + (Nb_{Fett} \cdot EG_{Fett}) + (Nb_{Eiw} \cdot EG_{Eiw})$
Energiegehalt einer Mahlzeit EG_m	$EG_m = EG_{n_1} + EG_{n_2} + \ldots + EG_{n_n}$
Blutalkoholgehalt (nach WIDMARK) BAG	$BAG = \dfrac{m_{Alkohol}}{m_K \cdot r} = \dfrac{V_{Alkohol} \cdot D}{m_K \cdot r}$

LU	Leistungsumsatz an Energie
t	Zeit in Stunden
m_K	Körpermasse in kg
h	Zeit in Stunden für die ausgeführte Tätigkeit
EV	Energieumsatz je Stunde der Tätigkeit
Bf	Bedarfsfaktor der Nährstoffe (↗ Tab. Mitte)
EG	Energiegehalt der Nährstoffe (↗ Tab. Mitte)
EG_n	Energiegehalt der Nahrungsmittel (↗ Tab. S. 147)
BAG	Blutalkoholgehalt in ‰
r	Reduktionsfaktor männlich 0,7, weiblich 0,6
D	Dichte von Alkohol ($0{,}79\ g \cdot ml^{-1}$)
$m_{Alkohol}$	aufgenommene Alkoholmenge in g
m_K	Körpermasse in kg
$V_{Alkohol}$	Volumen des Alkohols in ml

Energiegehalt der Nährstoffe (zur Errechnung von Nb und Eb) 1 kcal = 4,1868 kJ

Nährstoffe	Energiegehalt in kJ/g	Energiegehalt in kcal/g	Bedarfsfaktor in g/(kg Körpermasse)
Fette	39	9,3	0,8
Eiweiße (Eiw)	17	4,1	0,9–1,0
Kohlenhydrate (KH)	18	4,3	1,3–1,5

Richtwerte für die tägliche Aufnahme von Nitrat und Nitrit

	Richtwerte	Säuglinge (ca. 5 kg)	Kind (ca. 20 kg)	Erwachsener (ca. 60–70 kg)
Nitrat	3,65 mg/kg	18,3 mg	73,0 mg	219,0 mg
Nitrit	0,13 mg/kg	0,65 mg	2,6 mg	7,8 mg

Energiebedarf je Stunde bei verschiedenen Tätigkeiten bei Erwachsenen von 65 bis 70 kg

Tätigkeiten	kcal/h	kJ/h	Tätigkeiten	kcal/h	kJ/h
Badewanne scheuern	430	1800	Radrennen (43 km/h)	1000	4270
Bergsteigen	1000	4200	Schlafen	65	272
Betten machen	191	800	Skilanglauf (8 km/h)	776	3250
Boden schrubben	229	960	Sitzen	29	120
Brustschwimmen (50 m/min)	680	2850	Spielen/Aufräumen	60	250
Dauerlauf (10 km/h)	597	2500	Staub saugen	179	750
Fenster putzen	174	730	Tanzen	350	1465
Fußball spielen	454	1900	Teig kneten	156	660
Gehen (2 km/h)	120	502	Tischtennis	450	1884
Gymnastik	334	1400	Treppen steigen (60 Stufen mit 10 kg)	530	2220
Kochen im Stehen	96	400	Wäsche bügeln	136	570

Energie-, Nährstoff-, Wasser- und Vitamingehalt ausgewählter Nahrungsmittel

Nahrungsmittel in g (berechnet auf 100 g)	Energiegehalt		Nährstoffe in g			Wasser-gehalt in g	Vitamingehalt			
	in kJ	in kcal	Eiweiß	Fett	Kohlen-hydrate		A in IE	B_1 in mg	C in mg	E in mg
Jogurt	297	71	4,8	3,8	4,5	86,1				
Camembert	1 200	287	20,1	24,2	2,0	52,1	1 010	0,05	–	–
Kuhmilch	268	64	3,2	3,7	4,6	88,5	140	0,04	1	0,06
Schlagsahne	1 205	288	2,2	30,4	2,9	64,1				
Butter	2 996	716	0,6	81,0	0,7	17,4	3 300	Spuren	Spuren	2,4
Margarine	2 960	720	0,5	80,0	0,4	19,7	3 000	–	–	30,0
Schmalz	3 771	901	0,0	99,0	0,0	1,0				
Hühnerei	678	162	12,8	11,5	0,7	74,0	1 100	0,12	–	1,0
Honig	1 272	304	0,3	0,0	82,3	17,2	–	Spuren	1	–
Traubenzucker	1 611	385	0,0	0,0	99,5	0,0				
Milchschokolade	2 176	520	7,7	32,3	56,9	0,9	270	0,01	–	1,1
Nesquick	429	102	3,7	3,9	12,9	–	–	0,2	10,0	–
Roggenbrot	950	227	6,4	1,0	52,7	38,5				
Brötchen	1 126	269	6,8	0,5	58,0	34,0				
Spagetti	1 544	369	12,5	1,2	75,2	10,4				
Haferflocken	1 620	387	13,8	6,6	67,6	10,3		0,55	–	0,25
Brathuhn	578	138	20,6	5,6	0,0	72,7				
Schweinekotelett	1 427	341	15,2	30,6	0,0	53,9	–	0,8	–	0,6
Entenfleisch	1 365	326	16,0	28,6	0,0	54,0				
Rindsfilet	511	122	19,2	4,4	0,0	75,1	–	0,1	–	0,5
Cervelatwurst	1 072	256	12,5	27,6	1,8	55,6	–	0,2	–	0,1
Forelle	423	101	19,2	2,1	0,0	77,6	150	0,09	–	–
Karpfen	607	145	18,9	7,1	0,0	72,4				
Banane	356	85	1,1	0,2	22,2	75,7	190	0,05	10	0,2
Apfel (süß)	243	58	0,3	0,6	15,0	84,0	90	0,04	5	0,3
Karotten	167	40	1,1	0,2	9,1	88,6	11 000	0,06	2–10	0,45
Kartoffeln	318	76	2,1	0,1	17,7	79,8	5	0,11	20	0,06
Haselnüsse	2 624	627	12,7	60,9	18,0	6,0				

(Nach FLINDT 1995 u.a., verändert; IE ist die Abkürzung für „internationale Einheiten")

Luftbedarf und Atemfrequenz

Luftbedarf je Minute bei verschiedenen Tätigkeiten		Atemzüge je Minute bei verschiedenen Tätigkeiten (Atemfrequenz)	
Tätigkeiten	Luftbedarf in l/min	Tätigkeiten	Atemzüge/min
Bergsteigen	52	Bergsteigen	100 bis 130
Liegen (ruhig)	7	Liegen (ruhig)	13 bis 15
Rad fahren	24	Rad fahren	40 bis 50
Rudern	60	Rudern	150 bis 180
Schlafen	5	Schlafen	8 bis 9
Schwimmen	44	Schwimmen	85 bis 90
Stehen (ruhig)	8	Stehen (ruhig)	15 bis 16
Wandern/Gehen	17	Wandern/Gehen	30 bis 33

Fortpflanzung und Entwicklung

PEARL-Index *PI* (Versagerquote)	$PI = \dfrac{N}{N_{\text{Anwender}} \cdot t}$	N	Anzahl der ungewollten Schwangerschaften
		t	Beobachtungszeitraum in Jahren
		N_{Anwender}	Anzahl der Anwender/innen
Berechnung des Entbindungstermins *Et* (naegelesche Regel)	$Et = T_m + 7;\ M_m - 3;\ J_m + 1$ (Nicht anwendbar, wenn *Et* im Oktober, November oder Dezember liegt.)	$(T, M, J)_m$	Termin des ersten Tages der letzten Menstruation (*T* Tag; *M* Monat; *J* Jahr)
			$T, M, J = 20.06.2012$
			$20 + 7;\ 6 - 3;\ 2012 + 1$
			$Et = 27.03.2013$

Genetik und Evolution

Berechnung des Austauschwertes *AW* in Koppelungsgruppen (relative Genabstände)	$AW = \dfrac{N_A}{N_{\text{ges}}} \cdot 100\,\%$	N_A	Anzahl der Nachkommen mit Genaustausch
		N_{ges}	Gesamtzahl der Nachkommen
Mutationsrate *Mr* (nach NACHTSHEIM)	direkte Berechnung: $Mr = \dfrac{N_N}{2N_I}$	N_N	Anzahl der Neumutanten
		N_I	Gesamtzahl der betrachteten Individuen
HARDY-WEINBERG-Gesetz (Berechnung der Allelenfrequenz in *idealen* Populationen)	Für die Ausgangspopulation gilt: $Q + q = 1$ Für die Folgepopulation gilt: $Q^2 + 2Qq + q^2 = 1$ und $d + h + r = 1$ $Q = d + 0{,}5h$ $q = 0{,}5h + r$	Q, q	Häufigkeit dominanter und rezessiver Allele
			Genotyphäufigkeit:
		d	homozygot dominant
		h	heterozygot
		r	homozygot rezessiv
	Unter den Annahmen ... – keine Mutationen – keine Selektion – vollständige Panmixie – unendlich große Population – kein Genfluss (beliebige Paarung) gilt, dass die Allelenfrequenzen und die Genotyphäufigkeit gleich bleiben, d. h. Evolution nicht stattfindet; in der Realität wirken aber Einflüsse auf die Populationen.		
Individualfitness *W* (Adaptationswert; relative Überlebensrate)	$W = \dfrac{N_I}{N_{\text{max}}}$ für den besten Genotyp gilt: $W = 1$	N_I	Genotyphäufigkeit des betrachteten Genotyps
		N_{max}	Nachkommenschaft des besten Genotyps
Selektionskoeffizient *S*	$S = 1 - W$	W	Individualfitness
mittlere Populationsfitness $\overline{W}$	$\overline{W} = \dfrac{f_1 \cdot W_1 + f_2 \cdot W_2 + \ldots + f_n \cdot W_n}{f_1 + f_2 + \ldots + f_n}$	W_1, W_2	Individualfitness der Genotypen 1 und 2
		f_1, f_2	Häufigkeit der Genotypen 1 und 2
genetische Last *L* (genetische Bürde)	$L = \dfrac{W_{\text{max}} - \overline{W}}{W_{\text{max}}}$	W_{max}	Fitness des besten Genotyps
			In jeder Population ist die durchschnittliche Fitness geringer als die Fitness des besten Genotyps.

Informatik

Technische Realisierung logischer Verknüpfungen

Bestandteile und Bedeutung der Symbole (logische Operatoren ↗ auch S. 10 – Aussagenlogik):
E, E_1, E_2 Eingänge   0   keine Spannung vorhanden; Strom fließt nicht; low A $\cong$ 0 Volt; falsch
A Ausgang   1   Spannung vorhanden; Strom fließt; high A $\cong$ 5 Volt; wahr

Verknüpfung	elektrische Schaltungen	Symbol nach DIN 40900	Funktionstabelle
Buffer (Zwischenspeicher, Identität)			E | A 0 | 0 1 | 1
NOT (NICHT, Negator, Negation)			E | A 0 | 1 1 | 0
AND (UND, Konjunktion)	Reihenschaltung		E_1 | E_2 | A 0 | 0 | 0 0 | 1 | 0 1 | 0 | 0 1 | 1 | 1
NAND (UND–NICHT)	Zusammenführung von AND und NOT		E_1 | E_2 | A 0 | 0 | 1 0 | 1 | 1 1 | 0 | 1 1 | 1 | 0
OR (ODER, Disjunktion)	Parallelschaltung		E_1 | E_2 | A 0 | 0 | 0 0 | 1 | 1 1 | 0 | 1 1 | 1 | 1
NOR (ODER–NICHT)	Zusammenführung von OR und NOT		E_1 | E_2 | A 0 | 0 | 1 0 | 1 | 0 1 | 0 | 0 1 | 1 | 0
EXOR (Exklusiv–ODER, ENTWEDER–ODER, ausschließendes ODER, Alternative)			E_1 | E_2 | A 0 | 0 | 0 0 | 1 | 1 1 | 0 | 1 1 | 1 | 0

Die Struktur ({0, 1}, AND, OR, NOT) ist eine **boolesche Algebra**. In ihr gelten u.a. die Kommutativgesetze, Assoziativgesetze, Distributivgesetze und morganschen Gesetze für das Rechnen mit Mengen (↗ S. 8).

Datendarstellung

Dualsystem (Zweiersystem, dyadisches System, binäres System)

Grundziffern: 0, I **Stellenwert:** Potenzen von 2 **Kennzeichnung:** b

Darstellungsform: $b_m b_{m-1} \ldots b_0, b_{-1} b_{-2} \ldots b_{-n} = \sum_{i=-n}^{m} b_i \cdot 2^i$ $m, n \in \mathbb{N}$ $b_i \in \{0; 1\}$

Anwendung: $\text{IOIOI,IIb} = 1 \cdot 2^4 + 0 \cdot 2^3 + 1 \cdot 2^2 + 0 \cdot 2^1 + 1 \cdot 2^0 + 1 \cdot 2^{-1} + 1 \cdot 2^{-2} = 16 + 0 + 4 + 0 + 1 + 0{,}5 + 0{,}25 = 21{,}75$

Addition	Grundaufgaben: $0 + 0 = 0$ $0 + I = I + 0 = I$ $I + I = IO$	IIIIb + IOOIIb IOOOIOb	15 + 19 34
Komplementdarstellung (für negative ganze Zahlen)	$-Z = \neg Z + 1$ Z positive Dualzahl $\neg$ bitweise Negation ($-Z$ wird als Differenz $2^n - Z$ dargestellt)	$Z = 55 = 00IIOIIIb$ $\neg Z = IIOOIOOOb$ $-Z = \neg Z+1 = IIOOIOOIb = 201 = 2^8 - 55$	$n = 8$
Subtraktion	– entspricht der Addition des Komplements – der Übertrag der ersten Ziffer wird gestrichen	85 – 55 30	OIOIOIOIb IOIOIOIb – 00IIOIIIb = + IIOOIOOIb 000IIIIOb
Multiplikation	Grundaufgaben: $0 \cdot 0 = 0$ $0 \cdot I = I \cdot 0 = 0$ $I \cdot I = I$	IOIIO·II IOIIO IOIIO IOOOOIO	22·3 66

Einheiten der Datendarstellung

Bit kleinste Einheit der Datendarstellung; kann 2 mögliche Werte annehmen (0/I, O/L, falsch/wahr, nein/ja, Schalter geöffnet/Schalter geschlossen, Strom fließt nicht/Strom fließt; in der Technik auch L/H)

Byte Zusammenfassung von 8 Bit zu einem Zeichen; dadurch können $2^8 = 256$ verschiedene Zeichen dargestellt werden. Jedes Byte kann in zwei Tetraden zerlegt werden, die jeweils durch eine Hexadezimalziffer codiert werden können. Beispiel: $26 = \underline{000I}\,|\,\underline{IOIO}\,b = 1A$
Maßeinheit der Speicherkapazität: $1\,\text{KB} = 2^{10}\,\text{Byte} = 1024\,\text{Byte}$ $1\,\text{MB} = 2^{20}\,\text{Byte} = 1\,048\,576\,\text{Byte}$
$1\,\text{GB} = 2^{30}\,\text{Byte} = 1\,073\,741\,824\,\text{Byte (Zeichen)}$

Word Bitfolge der Länge 16; kann 16-stellige Dualzahlen codieren, nämlich die Zahlen von $0 = 0000000000000000\text{b}$ bis $65\,535 = \text{IIIIIIIIIIIIIIII}\text{b}$ oder die Zahlen von -2^{15} bis $2^{15} - 1$

Hexadezimalsystem

Grundziffern: 0,1,2,3,4,5,6,7,8,9,A,B,C,D,E,F **Stellenwert:** Potenzen von 16 **Kennzeichnung:** h

Darstellungsform: $h_m h_{m-1} \ldots h_0, h_{-1} h_{-2} \ldots h_{-n} = \sum_{i=-n}^{m} h_i \cdot 16^i$ $m, n \in \mathbb{N}$ $h \in \{0; 1; \ldots; 9; A; B; \ldots; F\}$

Anwendung: $14\text{E},2\text{h} = 1 \cdot 16^2 + 4 \cdot 16^1 + 14 \cdot 16^0 + 2 \cdot 16^{-1} = 256 + 64 + 14 + 0{,}125 = 334{,}125$

Vergleich: Dezimalzahlen (z), Dualzahlen (Bitmuster, b), Hexadezimalzahlen (h)

z	b	h	z	b	h	z	b	h	z	b	h
0	00000000	00	10	0000IOIO	0A	20	000IOIOO	14	30	000IIIIO	1E
1	0000000I	01	11	0000IOII	0B	21	000IOIOI	15	31	000IIIII	1F
2	000000IO	02	12	0000IIOO	0C	22	000IOIIO	16	32	00IOOOOO	20
3	000000II	03	13	0000IIOI	0D	23	000IOIII	17	55	00IIOIII	37
4	00000IOO	04	14	0000IIIO	0E	24	000IIOOO	18	85	0IOIOIOI	55
5	00000IOI	05	15	0000IIII	0F	25	000IIOOI	19	99	0IIOOOII	63
6	00000IIO	06	16	000IOOOO	10	26	000IIOIO	1A	100	0IIOOIOO	64
7	00000III	07	17	000IOOOI	11	27	000IIOII	1B	127	0IIIIIII	7F
8	0000IOOO	08	18	000IOOIO	12	28	000IIIOO	1C	128	IOOOOOOO	80
9	0000IOOI	09	19	000IOOII	13	29	000IIIOI	1D	255	IIIIIIII	FF

Datendarstellung

ASCII-Zeichen (erweiterter Code)

ASCII **A**merican **S**tandard **C**ode for **I**nformation **I**nterchange
Dargestellt ist für die Zeichen 128 bis 255 der Zeichensatz ISO 8859-1 für westeuropäische Sprachen.
dez dezimaler Wert
Win Die Zeichen erhält man unter Windows folgendermaßen: ALT-Taste gedrückt halten und auf dem Ziffernblock der Tastatur 0 und den Dezimalwert eingeben, der dem gewünschten Zeichen entspricht.

dez	Win	dez	Win	dez	Win	dez	Win	dez	Win	dez	Win	dez	Win
		60	<	90	Z	120	x	150	–	180	´	210	Ò	240	ð
		61	=	91	[	121	y	151	—	181	µ	211	Ó	241	ñ
32		62	>	92	\	122	z	152	~	182	¶	212	Ô	242	ò
33	!	63	?	93	]	123	{	153	™	183	·	213	Õ	243	ó
34	"	64	@	94	^	124	|	154	š	184	¸	214	Ö	244	ô
35	#	65	A	95	_	125	}	155	›	185	¹	215	×	245	õ
36	$	66	B	96	`	126	~	156	œ	186	º	216	Ø	246	ö
37	%	67	C	97	a	127		157		187	»	217	Ù	247	÷
38	&	68	D	98	b	128	€	158	ž	188	¼	218	Ú	248	ø
39	'	69	E	99	c	129		159	Ÿ	189	½	219	Û	249	ù
40	(	70	F	100	d	130	‚	160	°	190	¾	220	Ü	250	ú
41	)	71	G	101	e	131	ƒ	161	¡	191	¿	221	Ý	251	û
42	*	72	H	102	f	132	„	162	¢	192	À	222	Þ	252	ü
43	+	73	I	103	g	133	…	163	£	193	Á	223	ß	253	Y
44	,	74	J	104	h	134	†	164	¤	194	Â	224	à	254	þ
45	-	75	K	105	i	135	‡	165	¥	195	Ã	225	á	255	ÿ
46	.	76	L	106	j	136	ˆ	166	¦	196	Ä	226	â		
47	/	77	M	107	k	137	‰	167	§	197	Å	227	ã		
48	0	78	N	108	l	138	Š	168	¨	198	Æ	228	ä		
49	1	79	O	109	m	139	‹	169	©	199	Ç	229	å		
50	2	80	P	110	n	140	Œ	170	ª	200	È	230	æ		
51	3	81	Q	111	o	141		171	«	201	É	231	ç		
52	4	82	R	112	p	142	Ž	172	¬	202	Ê	232	è		
53	5	83	S	113	q	143		173	-	203	Ë	233	é		
54	6	84	T	114	r	144		174	®	204	Ì	234	ê		
55	7	85	U	115	s	145	'	175	¯	205	Í	235	ë		
56	8	86	V	116	t	146	'	176	°	206	Î	236	ì		
57	9	87	W	117	u	147	"	177	±	207	Ï	237	í		
58	:	88	X	118	v	148	"	178	²	208	Ð	238	î		
59	;	89	Y	119	w	149	•	179	³	209	Ñ	239	ï		

Die ersten 32 Zeichen (0 bis 31) sind im Allgemeinen für die Steuerung reserviert.
Das Zeichen mit dem dezimalen Wert 32 ist das Leerzeichen.
[Alt]+[0160] ist das geschützte Leerzeichen, ° erscheint bei Anzeige der Formatierungen.

Datentypen und Datenstrukturen

Datentyp	Bedeutung	einige konkrete Werte	mögliche Operationen, Relationen und Funktionen
integer	ganze Zahlen (im Allgemeinen aus [-2^{15}; $2^{15}-1$])	−101 0 5 −66 3000	+, −, * (Mult.), div (ganzzahlige Division), mod (Rest bei div), abs (Absolutbetrag), Vergleichsrelationen
real	rationale Näherungswerte für reelle Zahlen (Da der Computer nur endlich lange Zahlenwerte verarbeiten kann, sind die Zahlen ungleichmäßig verteilt.)	−26,53 0,03 5 102,5 −666,6 99 22,5E20 (22,5 · 10^{20}) (Ein Computer rechne auf 6 Stellen genau. ⇒ In [0; 1[liegen 1 Mio. Zahlen, in [999998; 999999[liegt nur eine Zahl, nämlich 999998.)	+, −, *, / (Division), Vergleichsrelationen (<, >, ≤, ≥, =, ≠), verschiedene mathematische Funktionen wie sqrt (Quadratwurzel), sin, ln, ... (Die üblichen Rechengesetze (Assoziativgesetze, Distributivgesetz) gelten in der Menge der Computerzahlen nicht, was in Einzelfällen zu großen Rechenungenauigkeiten führen kann.)
boolean (logical)	logische Werte	wahr falsch (true) (false)	NOT (nicht, ¬), AND (und, ∧), OR (oder, ∨), IMPL (folgt, ⇒)
char (character)	Zeichen (Ziffern, Buchstaben, Sonderzeichen, Grafiksymbole)	9 0 S c Y [Ø " Æ	ord (ordnet dem Zeichenwert die entsprechende ASCII-Zahl zu), chr (ordnet der Codezahl das entsprechende Zeichen zu)

Datenstruktur	Konstruktion und Bedeutung	Anwendungen
Feld (array)	Zusammenfassung von Daten gleichen Typs (Feldelemente) – in einer Reihe (eindimensionales Feld) – in Reihen und Spalten (zweidimensionales Feld) Jedes Feldelement ist durch Ordnungszahlen (Indizes) eindeutig festgelegt. Bei zweidimensionalen Feldern besitzt jedes Element 2 Indizes, bei dreidimensionalen Feldern 3 …	– Namensliste – Parameter eines Gleichungssystems (als Matrix dargestellt) – Stichprobe
Verbund (record)	Zusammenfassung von Daten unterschiedlichen Typs Bei der Datenstruktur Verbund spricht man auch von einem **Datensatz** (z. B. Angaben zu einer Person), der aus einzelnen **Datenfeldern** (z. B. Name, PLZ, Wohnort, Straße) besteht.	– Preisliste (Warenbezeichnungen und Zahlen) – Personalien
Datei (file)	sequenzielle (aufeinander folgende) Zusammenfassung von Daten gleichen Typs Ein File kann ständig erweitert werden (dynamische Datenstruktur) und wird unter einem Namen auf Datenträgern abgespeichert.	– Namensliste – Zahlenfolge – Messreihe
Baum	Die betrachteten Daten stehen nicht auf gleichem Niveau, es gibt über- und untergeordnete Daten. Jedes Datum auf einem gegebenen Niveau ist genau einem Datum von unmittelbar höherem Niveau unterstellt. Jedes Datum kann auf mehrere Daten des nächstniedrigeren Niveaus Bezug nehmen. Es gibt genau ein Datum, das keinen Vorgänger hat. A ← Wurzel (root) B, C ← Knoten D, E, F, G Kante (Zweig) H, I Endknoten (Blatt)	– Generationsfolge einer Familie oder baumartige Einteilung der Tierwelt – Notation von aufeinander folgenden möglichen Antworten zum Lösen eines Problems, die nur „ja" oder „nein" lauten können **(binärer Baum)** – Organisation von Ordnern in Betriebssystemen

Algorithmik

Algorithmenstrukturen

Name	Darstellungsform verbal formalisiert	grafisch (Struktogramm)	in einer Programmiersprache (PASCAL)

Folge (Verbundanweisung)	Anweisung 1
	Anweisung 2
	...
	Anweisung n
		Anweisung 1
		Anweisung 2
		...
		Anweisung n
			BEGIN
			  Anweisung 1;
			  ...
			END;

einseitige Auswahl	WENN Bedingung, DANN Anweisung	ja / b \ nein a / .	IF Bedingung THEN Anweisung;

zweiseitige Auswahl (Alternative)	WENN Bedingung,
	DANN Anweisung 1
	SONST Anweisung 2
		ja / b \ nein
		a_1 / a_2
			IF Bedingung
			  THEN Anweisung 1
			  ELSE Anweisung 2;

mehrseitige Auswahl (Fallunterscheidung)	FALLS Selektor =
	  1: Anweisung 1
	  ...
	  n: Anweisung n
	ENDE
		1 \ 2 \ ... \ Falls s = n
		a_1 \ a_2 \ ... \ a_n
			CASE Selektor OF
			  1: Anweisung 1;
			  ...
			  n: Anweisung n;
			END;

Wiederholung mit vorangestelltem Test (mit Eingangsbedingung)	SOLANGE Bedingung,
	FÜHRE
	  Anweisungen
	AUS
		Solange b
		tue a
			WHILE Bedingung DO
			  Anweisung oder Verbund;

Wiederholung mit nachgestelltem Test (mit Abbruchbedingung)	WIEDERHOLE
	  Anweisungen
	BIS Bedingung
		Wiederhole a
		bis b
			REPEAT
			  Anweisungen
			UNTIL b;

gezählte Wiederholung (Zählschleife)	FÜR i := anfw BIS endw
	  (mit SCHRITTWEITE s)
	  FÜHRE Anweisungen AUS
		Für i = anfw bis endw
		tue a
			FOR i := anfw TO endw DO
			  Anweisung oder Verbund;
			(für TO auch DOWNTO)

Effizienz von Sortieralgorithmen

n Anzahl der zu sortierenden Elemente, $n \in \mathbb{N}$

	Sortieren durch Auswahl (Minimumsort)	Sortieren durch Austausch (Bubblesort, Ripplesort)	Schnelles Sortieren (Quicksort)
Kurzbeschreibung	Aus einer Liste wird das kleinste Element herausgesucht und an die erste Stelle einer neuen Liste gesetzt. Die Restliste wird wieder nach dem kleinsten Element durchsucht, welches an die zweite Stelle der neuen Liste gesetzt wird usw.	Es werden fortlaufend 2 benachbarte Elemente (oder alle nachfolgenden Elemente mit dem ersten, zweiten, ...) verglichen und gegebenenfalls vertauscht. Dies wird solange wiederholt, bis die Folge sortiert ist.	Irgendein Element wird als „Trennelement" T genommen und alle anderen Elemente werden davor (wenn sie kleiner oder gleich T sind) bzw. dahinter angeordnet. Mit den jeweils entstehenden Teillisten wird ebenfalls so verfahren, bis alle Elemente an der richtigen Stelle stehen.
A(n) Anzahl der Vergleiche, Aufwand	$A(n) \sim n^2$	$A(n) \sim n^2$	$A(n) \sim n \cdot \lg n$ (best case) $A(n) \sim n \cdot \lg n$ (average case) $A(n) \sim n^2$ (worst case)

Angewandte Informatik

Universelle Datenaustauschformate

Formate	Endung	Eigenschaften
Textformate	TXT	ASCII-Text; universelles Textformat; es gibt Modifikationen wie „Nur Text", „Nur Text + Zeilenwechsel", „MS-DOS-Text" oder „MS-DOS-Text + Zeilenwechsel"
	RTF	Rich Text Format („reiches Textformat"); bei diesem Textformat bleiben alle Informationen zu Formatierungen (z. B. Absatz- und Zeichenformate) erhalten
	HTM, HTML	HyperText Markup Language; universelles Textformat im Internet; mittels Referenzen können JPEG-, PNG- und GIF-Grafiken eingefügt werden
Grafikformate	JPG, JPEG	Joint Photographic Experts Group; verlustbehaftet komprimiert; für Fotos geeignet; Datenaustauschformat im Internet; RGB-Format; 24 Bit Farbtiefe (16 777 216 Farben)
	GIF	Graphics Interchange Format; verlustfrei komprimiert; für großflächige Grafiken und Animationen geeignet; Datenaustauschformat im Internet; RGB-Format; maximal 256 Farben; eine Farbe kann transparent definiert werden
	PNG	Portable Network Graphics, Datenaustauschformat im Internet; RGB-Format; 48 Bit Farbtiefe (281 474 976 710 656 Farben); Transparenz möglich
	TIF, TIFF	Tagged Image File Format; Pixelgrafik; unkomprimiert; CMYK-Format
	CGM	Computer Graphics Metafile; Vektorgrafik; international genormt
Text + Grafik	EPS	Encapsulated PostScript; PostScript-Datei mit „eingerolltem" Pixelbild (z. B. TIFF); CMYK-Format
	PDF	Portable Document Format; es können komplette Seiten mit Text und Bild gespeichert werden; ist ein Standard für Druckdateien; Datenaustauschformat im Internet

Objekte und Attribute in Anwendungsprogrammen

Programm	Objekt	Attribut	einige Attributwerte
Textverarbeitung	Zeichen	– Schriftart – Schriftgröße (-grad) – Schriftstil (-schnitt) – Schriftposition – Schriftfarbe – Zeichenname	Times; Helvetica; Courier 8 pt (Punkte); 9,5 pt; 12 pt; 26 pt normal; fett; kursiv; unterstrichen; Kapitälchen normal; hochgestellt; tiefgestellt Schwarz; Rot; Weiß; Blau Name des dem Zeichen zugewiesenen Druckformats
	Absatz	– Ausrichtung – Einzüge – Erstzeileneinzug – Zeilenabstand – Absatzabstand – Tabstoppeinstellungen – Absatzstandardschrift – Umbruch – Absatzname	linksbündig; zentriert; rechtsbündig; Blocksatz von rechts 3 cm; von links 2,25 cm negativer Erstzeileneinzug 1 cm (hängender Einzug) einzeilig; zweizeilig; 12 pt; 0,5 cm vor dem Absatz 6 pt; nach dem Absatz 1 Zeile Position: 12 cm; Textausrichtung rechts Times New Roman 10 pt kursiv; Arial 12 pt fett Umbruch mit nächstem Absatz; am Seitenanfang Name des dem Absatz zugewiesenen Druckformats
	Dokument (Seite)	– Papierformat – Seitenrand – Kopfzeile/Fußzeile – Spaltenanzahl – Fußnote	DIN A4 Querformat; DIN A5; benutzerdefiniert Rand innen 3 cm; Rand unten 2,5 cm Abstand vom Seitenrand 1,5 cm; mit Paginierung einspaltig; dreispaltig mit 1 cm Abstand ohne; Position Seitenende

Programm	Objekt	Attribut	einige Attributwerte
Tabellen-kalkulation	Zeile	– Zeilenname – Zeilenhöhe	1; 2; 10; 16; 65536 20 pt; 0,5 cm; optimale Höhe; 0 cm (verborgene Zeile)
	Spalte	– Spaltenname – Spaltenbreite	A; B; Z; AA; IU; IV 3 cm; optimale Breite; 0 cm (ausblenden)
	Zelle	– Zellname – Formel als Zellinhalt – Zahlenformate für Zahlen als Zellinhalt – Zeichenformatierung – Ausrichtung des Zellinhalts in der Zelle – Rahmen und Hintergrundfarben – Zellschutz	A1; A3; IU16; IV65536; Umsatzsteuer; Zinssatz mit relativen/absoluten Bezügen zu anderen Zellen Zahlen mit Dezimalkomma und Währungseinheit; negative Zahlen rot; Datumsformate Schriftart; -größe; -stil und -farbe horizontal: links, zentriert, rechts; vertikal: oben, mittig, unten Rahmen links und unten, 1 pt stark, gestrichelt; Linienfarbe Blau; Hintergrundfarbe Gelb gesperrt (nicht änderbar); nicht gesperrt (änderbar)
	Tabelle, Rechenblatt	– Blattname – Ansicht – Schutz	Tabelle1; Tabelle3 ohne Gitternetzlinien; Formeln sichtbar geschützt (nicht änderbar)
	Diagramm	– Diagrammtyp – Diagrammtitel – Legende – Datenquelle – Rubrikenachse – Größenachse	Kreisdiagramm; Liniendiagramm; Säulendiagramm Umsatzentwicklung keine; oben; unten; rechts; links = Tabelle1!$B$7:$C$10 Skalierung; Beschriftung; Anzahl der Datenreihen Skalierung; Beschriftung; Gitternetzlinien
Datenbanken (Aufgeführt sind Objekte der Datenbasis, nicht Objekte des Datenbankmanagementsystems.)	Datei (Tabelle)	– Name – Anzahl der Datensätze – Ansicht	Artikel; Lager; Kunden keine (leere Datei); 5; 100 000 Entwurfsansicht; Datenblattansicht; Liste; Formular
	Datensatz	– Datenfelderanzahl – Nummer	3; 4; 7 Platz 3 (1000, 1005; ...) in der Datei
	Datenfeld	– Feldname – Felddatentyp – Feldgröße – Sortierschlüssel (Index)	Artikel; Artikelnummer; im Lager; Preis Text; Zahl (Byte, Integer, Single, ...); Boolean in Abhängigkeit vom Felddatentyp ohne; steigend; fallend
Zeichenprogramme (Vektorgrafik) (Bei der Pixelgrafik existieren diese Objekte nur beim erstmaligen Erstellen, effektive Methoden wie Ausrichten oder Gruppieren von Objekten können dort nicht durchgeführt werden.)	Strecke (Linienzug)	– Linienstärke – Stil des Linienendes – Linienfarbe – Linienart	Haarlinie; 0,5 pt; 1 pt; 3 pt Pfeil; runder Abschluss Schwarz; Gelb; Rot durchgängig; gestrichelt; Strich-Punkt-Linie
	Bézierkurve	– Linienstärke – Linienfarbe – Lage der Ankerpunkte – Lage der Endpunkte – Griffpunkte der Tangenten	Endpunkt; Ankerpunkt; Griffpunkt
	Polygon (Sonderform Rechteck)	– Randfarbe – Randstärke – Flächenfarbe – Farbverlauf – Füllmuster – Eckenzahl	Schwarz; Gelb; Rot Haarlinie; 0,5 pt; 1 pt; 3 pt Weiß; transparent (ohne Farbe); Schwarz; Grün ohne; linear; radial ohne; Karos regelmäßige n-Ecke sind möglich; Rechteck
	Ellipse	– Randfarbe, Randstärke, Flächenfarbe, Farbverlauf und Füllmuster wie Polygon – Breite/Höhe (Kreis durch Festhalten von <Shift> beim Aufziehen der Figur)	
	Schrift	– Schriftfarbe, -art, -größe, -stil wie Objekt Zeichen in der Textverarbeitung	

Grundlegende HTML-Befehle

Eigenschaft	Anweisung (Tag = rot, Attribut = blau)	Beschreibung

Grundgerüst einer HTML-Datei (Seitengerüst)	`<DOCTYPE HTML PUBLIC "-//W3C//DTD HTML 4.01 Transitional//En">`
	`<html>`
	  `<head>`
	    `<title>` *Text* `</title>`
	  `</head>`
	  `<body>`
	    Inhalt der Webseite
	  `</body>`
	`</html>`	

	`<DOCTYPE HTML PUBLIC ...`	Hinweis: Seite wurde auf Grundlage der öffentlich verfügbaren HTML-Dokumenttyp-Definition (DTD) erstellt.
	`... W3C ...`	Herausgeber der DTD (hier: W3-Konsortium)
	`... DTD HTML 4.01 Transitional ...`	verwendeter Dokumenttyp (hier: HTML), Sprachversion (hier: 4.01) und deren Variante (hier: „Transitional")
	`... En">`	Sprachenkürzel (hier: Englisch) für die natürliche Sprache, in der die Element- und Attributnamen der Tagsprache definiert wurden
	`<html> ... </html>`	eröffnendes (Seitenanfang) und schließendes (Seitenende) Tag einer HTML-Seite; Rahmen für alle anderen Tags; zeichnet die Datei als **HTML-Dokument** (mit den Teilen „head" und „body") aus
	`<head> ... </head>`	Rahmen für den **Seitenkopf** zum Einfügen von (Meta-)Informationen über die Seite (z. B. Titel, Autor, Schlüsselwörter) und Styles, die bis auf den Titel nicht auf der Seite angezeigt werden (Styles können auch in einer gesonderten Datei oder direkt im „body" beim zugehörigen HTML-Tag stehen)
	`<title>` *Text* `</title>`	Einfügen eines **Seitentitels** im Seitenkopf (head); erscheint im Browser als Fenstertitel
	`<body> ... </body>`	Rahmen für den **Textkörper**, den eigentlichen (sichtbaren) Seiteninhalt mit Texten, Tabellen, Bildern etc.
Meta-Angaben	`<meta name="author" content="`*Autorenname, ...*`">`	Angabe der Namen der Autoren der HTML-Seite
	`<meta name="keywords" content="`*Schlüsselwort, ...*`">`	Angabe der Schlüsselwörter, mit denen die HTML-Seite durch Suchmaschinen gefunden werden kann
	`<meta name="description" content="`*Kurzbeschreibung*`">`	Angabe der von Suchmaschinen angezeigten Kurzbeschreibung der HTML-Seite
Seitenformatierung	`<body background="`*Dateibezeichnung*`">`	Einfügen eines Hintergrundbildes für eine Seite (GIF-, JPG- oder PNG-Datei)
	`<body bgcolor="#XXXXXX">`	Definieren einer Hintergrundfarbe für eine Seite (sechsstellige Hexadezimalzahl)
	`<body text="#XXXXXX">`	Definieren der Schriftfarbe für eine Seite
	`<body link="#XXXXXX">` `<body vlink="#XXXXXX">`	Definieren der Farbe für die (noch nicht besuchten bzw. besuchten = „visited") Links einer Seite

Eigenschaft	Anweisung (Tag = rot, Attribut = blau)	Beschreibung

Textformatierung (Textauszeichnung)	`<b> Text </b>`
	`<i> Text </i>`
	`<u> Text </u>`
		Textdarstellung fett
		Textdarstellung kursiv
		Textdarstellung unterstrichen

	`<tt> Text </tt>`	Textdarstellung in Proportionalschrift („Schreibmaschinentext"; von „tele**t**ype")
	`<sub> Text </sub>`	Textdarstellung tiefgestellt (von „subscript")
	`<sup> Text </sup>`	Textdarstellung hochgestellt (von „superscript")
	`<h1> Text </h1>`	Definieren des Textes als Überschrift (Größe 1–6)
	`<font size="Zahl"> Text </font>`	Definieren der Textgröße (Zahl zw. 1 und 7)
	`<font face="Schriftart"> Text </font>`	Definieren der Schriftart (z. B. „Times", „Arial")
	`<font color="Farbe"> Text </font>`	Definieren der Schriftfarbe (z. B. „red", „#FF0099")
	`<hr size="Zahl" width="Zahl">`	Definieren einer horizontalen Linie in Dicke und Breite (Pixel)
	` ` `<p> Text </p>`	Einfügen eines Zeilenumbruchs Definieren eines Absatzes
Grafiken	`<img src="Dateibezeichnung">`	Einfügen einer Grafik (GIF-, JPG- oder PNG-Datei); unter Pfadangabe, wenn die Grafikdatei nicht im selben Verzeichnis wie das HTML-Dokument liegt
Tabellen	`<table border="Zahl"> Tabelle </table>`	Einfügen (Definieren von Anfang und Ende) einer Tabelle mit einem Rahmen definierter Linienstärke (Pixel)
	`<tr> Tabellenzeile </tr>`	Definieren von Anfang und Ende einer Tabellenzeile („**t**able **r**ow")
	`<th colspan="Zahl">Überschrift</th>` `<th rowspan="Zahl">Überschrift</th>`	Definieren von Anfang und Ende einer Tabellenkopfzelle („**t**able **h**eader"); Zelleninhalt wird fett dargestellt; die Attribute „colspan" und „rowspan" dienen dem Verbinden von Zellen: „colspan" („column span" = Spalten spannen) spannt die Zelle in einer Zeile über mehrere Spalten hinweg, „rowspan" (= Zeilen spannen) in einer Spalte über mehrere Zeilen
	`<td> Tabellenzellen-Inhalt </td>`	Definieren von Anfang und Ende einer Tabellenzelle („**t**able **d**ata"); Zelleninhalt enthält die eigentlichen Daten
Verknüpfungen (Verweisanker)	`<a href="Ziel"> Verknüpfungstext </a>`	Einfügen eines Hyperlinks (Verweis auf Textmarken innerhalb der HTML-Seite, auf andere HTML-Seiten oder auf einen URL); der Verknüpfungstext wird andersfarbig oder unterstrichen dargestellt; durch Anklicken wird zu der in „Ziel" angegebenen Adresse gesprungen; anstelle des Verknüpfungstextes können auch Grafiken oder Teilbereiche von Grafiken (sensitive maps) verlinkt werden

Internetadressen

URL	Eine Internetadresse kann mithilfe der numerischen IP-Adresse (32 Bit lange Zahlenfolge) oder als einprägsamere Textadresse angegeben werden. Die Textadresse enthält anstelle der IP-Nummer den so genannten Domain-Namen und wird als **URL** (**U**niform **R**esource **L**ocator) bezeichnet. Der URL beschreibt die eindeutige Adresse eines Rechners im Internet oder eines speziellen Dokumentes auf diesem Rechner. Beispiel: **http://www.chemie.uni-oldenburg.de/28143.html** **http** = Übertragungsprotokoll (**H**ypertext **T**ransfer **P**rotocol) **www.chemie.uni-oldenburg** = Bestandteil des Rechnernamens: dieser Name verweist auf den Fachbereich Chemie der Universität Oldenburg **de** = Bestandteil des Rechnernamens: Länderkennung für Deutschland (Top Level Domain) **28143.html** = konkrete HTML-Seite (Sekretariat des Instituts für Reine und Angewandte Chemie), wenn nötig, mit genauer Pfadangabe
Übertragungsprotokolle	**http** = **H**ypertext **T**ransfer **P**rotocol (Hypertext-Übertragungsprotokoll zur Übertragung von Websites) **ftp** = **F**ile **T**ransfer **P**rotocol (steht für den Internet-Dienst FTP) Anstelle des Übertragungsprotokolls kann auch ein Kürzel stehen, das auf den Inhalt des URL verweist: **news** steht für den Internet-Dienst Usenet (Newsgroups) **mailto** steht für den Internet-Dienst E-Mail
Domain-Namen	Hinter dem Doppelslash im URL („//") steht der Rechnername, z. B.: **www.yahoo.de** **www** = Host-Anteil **yahoo.de** = Domain-Name **yahoo** = Second Level Domain **de** = Top Level Domain (TLD); die Domain, die am weitesten rechts in der Adresse steht
Top Level Domains	**T**op **L**evel **D**omains (**TLD**) sind durch festgeschriebene Kürzel gekennzeichnet. Man unterscheidet: a) **Country Top Level Domains:** kennzeichnen das Land (zwei Buchstaben) und b) **Generic Top Level Domains:** kennzeichnen den Typus/die Sparte der Adresse (meist 3 Buchstaben) **.at** = Österreich **.ch** = Schweiz **.de** = Deutschland **.uk** = Großbritannien **.us** = USA **.com** = „commercial" (kommerzielle Unternehmen, Firmen) **.edu** = „educational" (Bildungseinrichtungen) **.gov** = „government" (amerikanische Regierungsbehörden) **.info** = „informieren" (Informationsanbieter, frei zugänglich) **.int** = „international" (internationale Bündnisse) **.mil** = „military" (amerikanische Militäreinrichtungen) **.name** = „name" (natürliche Person, frei zugänglich) **.net** = „network" (Netzwerk-Provider) **.org** = „organisation" (nichtkommerzielle Organisationen, Vereine)

Register

Numerics
1,2-Dihydroxybenzol 120
1,2-Dimethylbenzol 121
1,3-Dihydroxybenzol 120
1,4-Dihydroxybenzol 121
2-Amino-Ethansäure 119
2-Hydroxybenzoesäure 122

A
Abbildungsgleichung 107
Abbildungsmaßstab 107
abgeschlossenes Intervall 9
abgetrennte Zehnerpotenz 6
Abgleichbedingung 100
Abklingkoeffizient 105
Ableitung
– erste 34
– höhere 34
– spezieller Funktionen 34
Ableitungsfunktion 34
Ableitungsregeln 34
Abrunden 7
Absatz 154
absolute Atommasse 134
absolute Häufigkeit 50
absoluter Fehler 7
Abstand
– eines Punktes von einer Ebene 47
– eines Punktes von einer Geraden 41, 47
– windschiefer Geraden 47
Aceton 122
Achsenabschnittsgleichung einer Geraden 41
Acrylnitril 119
Additionssatz für zwei Ereignisse 51
Additionssystem 6
Additionstheorem 109
Additionstheoreme 26
Additionsverfahren 15
Adiabatenkoeffizient 77
Aggregatzustandsänderungen 94
Ähnlichkeit 17
Ähnlichkeitssätze 17
Aktivierungsenergie 137
Aktivität 70, 110
algebraische Gleichung 16
Algorithmenstrukturen 153

Algorithmus, euklidischer 10
allgemeine Form
– der Geradengleichung 41
– Ebenengleichung 46
– quadratischer Gleichungen 16
Alphabet, griechisches 5
Alternative 10, 149
Aluminium 114, 124
Aluminiumhydroxid 130
Aluminium-Ionen 123
Aluminiumoxid 116
Aminobenzol 119
Ammoniak 116
Ammoniumcarbonat 116
Ammoniumhydrogencarbonat 116
Ammonium-Ionen 123
Ammoniumnitrat 116
Ampere 70
Ampholyte 136
AND 149
Anhebung der Gestirne, scheinbare 111
Anilin 119
Ankathete 26
anorganische Verbindungen 116
Anpassung 100
Anstieg
– einer Geraden 41
– einer Strecke 40
Antenne 97
Äquivalentdosis 70, 110
äquivalente Mengen 8
Äquivalenz 10
Arbeit 70
– elektrische 98
– im Gravitationsfeld 90
– mechanische 89
arithmetische Folge 32
arithmetisches Mittel 13, 49
Arkuskosinusfunktion 31
Arkussinusfunktion 31
Arkustangensfunktion 31
array 152
ARRHENIUS-Gleichung 137
Aschemasse 141
ASCII-Zeichen 151
Astronomische Einheit 111

Asymptoten der Hyperbel 42
Atemfrequenz 147
Atmung 140
Atom-Atom-Abstände 132
Atombau 124
– Energieniveauschema der Atomorbitale 126
– Verteilung der Elektronen in der Atomhülle 125
Atommasse 114–116
– relative 110
Atomphysik 110
Atomradius 124
Auflösungsvermögen 108
Aufrunden 7
Auftriebskraft 84, 90
Ausbeute 135
Ausbreitungsgeschwindigkeit 71, 106
– elektromagnetischer Wellen 105
– von Wellen 92
Ausdehnungsarbeit 89
Auslenkung 106
Aussagenlogik 10
Aussagen, Verknüpfung von 10
ausschließendes ODER 149
Außenwinkel 18
Außenwinkelsatz 18
Austauschwert in Kopplungsgruppen 148
Austrittsarbeit 79, 109
AVOGADRO-Konstante 69, 134

B
Bakterienvermehrung 142
Barium 114
Bariumcarbonat 116, 130
Bariumhydroxid 130
Barium-Ionen 123
Bariumsulfat 116
Basekonstante 136
Basis
– einer Potenz 11
– eines Logarithmus 12
– eines Vektorraumes 43
Basiseinheiten 70
Basiswechsel 12
Baum 152
– binärer 152

bayessche Formel 52
Bedarfsfaktor der Nährstoffe 146
Beleuchtungsstärke 70, 108
Benzen 119
Benzol 119
bequeme Prozentsätze 14
BERNOULLI-Kette 51
bernoullische Formel 51
bernoullische Gleichung 91
bernoullische Verteilung 53
BERNOULLI-Versuch 50
Beschleunigung 70, 87
Beschleunigungsarbeit 89
Beschleunigung-Zeit-Gesetz einer harmonischen Schwingung 91
Bestandsaufnahme von Pflanzen 144
bestimmtes Integral 37
Betrag
– einer Zahl 11
– eines Vektors 44
Bewegung
– gleichförmige geradlinige 86
– gleichmäßig beschleunigte 86
Bewegungsgesetze
– der Rotation 87
– der Translation 85
Bézierkurve 155
Bilanzquotient des Wassers 141
Bildungsenthalpie
– freie Standardbildungsenthalpie 116–124
– Standardbildungsenthalpie 116–124
binärer Baum 152
binäres System 150
Bindung 132
Bindungsenthalpie 132
Bindungslänge 132
binomiale Wahrscheinlichkeiten 56, 57
Binomialkoeffizienten 48
Binomialverteilung 53
binomische Formeln 11
binomischer Satz 48
Biochemie 140

Register

biologische Güte-
bestimmung eines
Gewässers 144
Biomassenproduktion 140
biquadratische
Gleichungen 16
Bit 150
Bitmuster 150
Blei 114
Blei(II)-sulfat 116
Blindleistung 103
Blindwiderstand 104
Blutalkoholgehalt 146
Body-Mass-Index 145
Bogenlänge 39
Bogenmaß 25
BOLTZMANN-Konstante 69
boolean 152
boolesche Algebra 149
Braunstein 118
Brechkraft 70, 107
Brechungsgesetz 106, 107
Brechwert 70, 107
Brechzahl 80, 107
Brennweite 70
Brenzcatechin 120
brewstersches Gesetz 108
Brom 114, 124
Bromwasserstoff 116
Bruchrechnung 11
Brückenschaltung 100
Brutto-Primärproduktion 140
Bubblesort 153
Buffer 149
But-1-en 120
But-1-in 120
Buta-1,3-dien 119
Butan 119
Butansäure 120
Buttersäure 120
Byte 150

C

Calcium 114, 124
Calciumcarbonat 116, 130
Calciumhydroxid 117, 130
Calcium-Ionen 123
Calciumoxid 117
Calciumsulfat 130
Candela 70
Carbonat-Ionen 123
CGM 154
char 152
chemisches Gleichgewicht 136
Chlor 114, 124
Chlorethan 120
Chlorethen 120
Chlorid-Ionen 123
Chlormethan 120
Chloroform 123
Chlorwasserstoff 117
COMPTON-Effekt 109
COMPTON-Wellenlänge 69

Computeralgebra-
Befehle 68
coulombsches Gesetz 100
cramersche Regel 15, 67
Cyclohexan 120

D

darstellende Geometrie 24
Datei 152, 155
Datenbanken 155
Datendarstellung 150
– ASCII 151
– Dualsystem 150
– Einheiten 150
– Hexadezimalsystem 150
Datenfeld 152, 155
Datensatz 152, 155
Datenstrukturen 152
Datentypen 152
Dauer 73
Dauermagnet 97
DE-BROGLIE-Wellenlänge 109
Decan 120
Deckungsgrad 144
Determinante 66
– Koeffizienten- 67
– Unter- 66
Determinantenverfahren 67
Dezimalsystem 6
Dezimalzahlen 150
Diagonalmatrix 64
Diagramm 155
Dichlormethan 120
Dichte 71, 74, 90, 114–123
– handelsüblicher Lösungen 127
– mittlere 113
Dichtefunktion 52
Dielektrizitätskonstante 100
Differenzenquotient 34
Differenzialquotient 34
Differenziationsregeln 34
– Differenziation der Umkehrfunktion 35
– Faktorregel 34
– Kettenregel 35
– Produktregel 34
– Quotientenregel 34
– Summenregel 34
Differenzmenge 8
Diffusion 141
Diffusionsgesetze, ficksche 141
Diffusionspotenzial 141
Dimension eines Vektorraumes 43
Dimethylether 121
DIN 40900 149
Diode 97
Diphosphorpentaoxid 118
direkte Proportionalität 13
Disjunktion 10, 149

diskrete Zufallsgröße 52
Diskriminante 16
Dodecan 121
Dodekaeder 24
Dokument 154
Domain-Namen 158
DOPPLER-Effekt 107
Drachenviereck 20
Drehimpuls 71, 89
Drehimpulserhaltungssatz 89
Drehmoment 71, 84, 87
Drehzahl 71
Dreieck 19
– allgemeines 19
– Flächeninhalt 27, 40
– gleichseitiges 19
– rechtwinkliges 19
– Schwerpunkt 40
Dreiecksmatrix 64
Dreiecksungleichungen 19
Dreipunktegleichung einer
Ebene 46
Dreisatz 13
Druck 71, 90
Druckänderung 94
Druckkraft 84
Dualsystem 6, 150
Dualzahlen 150
Durchmesser 21
Durchschlagsfestigkeit 101
Durchschnitt 8
dyadisches System 150

E

e (eulersche Zahl) 5
Ebenengleichungen
– allgemeine Form 46
– Dreipunktegleichung 46
– hessesche Normal(en)form 46
– Punktrichtungsgleichung 46
Eicosan 121
Eigenfrequenz 105
– eines Dipols 105
– eines elektrischen Schwingkreises 105
Einheiten
– ausgewählter Größen 7
– der Datendarstellung 150
– Vorsätze 6
Einheitsmatrix 64
einseitige Auswahl 153
Einsetzungsverfahren 15
einsteinsche Gleichung 109
Eisen 114, 124
Eisendisulfid (Pyrit) 117
Eisen(II)-oxid 117
Eisen(II, III)-oxid 117
Eisen(III)-oxid 117
Eisen-Ionen 123

Eiweiße 146
elektrische Schaltungen 149
Elektrizitätslehre 97
Elektrochemie 135
elektrochemische
Spannungsreihe
– der Metalle 133
– der Nichtmetalle 133
– von Redoxreaktionen 134
Elektron 69
Elementarladung 69
Elementarteilchen 69
Elemente 114–116, 124, 125
Eliminierungsverfahren, gaußsches 67
Ellipse
– allgemeine Lage 42
– Brennpunkte 42
– lineare Exzentrizität 42
– Mittelpunktsgleichung 42
empirische Streuung 50
Energetik 137
Energie
– des elektrischen Feldes eines Kondensators 101
– des magnetischen Feldes einer stromdurchflossenen Spule 102
– einer Welle 92
– eines harmonischen Oszillators 91
– eines Lichtquants 109
– elektrische 71
– innere 71, 96
– kinetische 89
– mittlere kinetische 96
– potenzielle 89
Energiebedarf 146
Energiebilanz
– für absorbiertes Licht 110
– für emittiertes Licht 110
Energiedichte
– des magnetischen Feldes 102
– einer Welle 92
Energiedosis 71, 110
Energieerhaltungssatz der Mechanik 89
Energiegehalt 146, 147
– der Nährstoffe 146
– der Nahrungsmittel 147
Energieumsetzung 146
Entbindungstermin 148

Register

Entfernung eines Sterns 113
Entfernungsmodul 113
Enthalpie 71, 95
– Bindungsenthalpie 132
– Gitterenthalpie 131
– molare Bildungsenthalpie 137
– molare freie Reaktionsenthalpie 137
– molare Hydratationsenthalpie 132
– molare Reaktionsenthalpie 137
– molare Standardbildungsenthalpien 137
Entropie 71, 95
– Standardentropie 114–124
Entsorgungsratschläge 139
ENTWEDER–ODER 149
Entwicklung 148
Enzymreaktionen 140
EPS 154
Erde 112
Ereignis 50
– Elementar- 50
– Gegen- 50
– sicheres 50
– unmögliches 50
Ereignismenge 50
Ereignisse, unabhängige 52
Ergebnis 50
Ergebnismenge 50
Erstarrungswärme 94
Erwartungswert 52
Erweitern 11
erweiterte Koeffizientenmatrix 67
erweiterte Matrix 64
E-Sätze 139
Essigsäure 131
Ethan 121
Ethanal 121
Ethandisäure 121
Ethanol 121, 131
Ethansäure 121
Ethansäureethylester 121
Ethen 121
Ethin 121
euklidischen Algorithmus 10
EUKLID, Satz des 19
eulersche Formel 12
eulerscher Polyedersatz 24
eulersche Zahl 5
Evolution 148
Exklusiv–ODER 149
EXOR 149
Exponent 11
Exponentialfunktionen 31

Exponentialgleichungen 16
Extremum 35
Exzentrizität, lineare 42

F

Fahrwiderstandszahl 74
Fakultät 48
falksches Schema 65
Fallbeschleunigung 112
Fallunterscheidung 153
FARADAY-Konstante 69, 135, 137
faradaysche Gesetze 105
Farbcode für Widerstände 99
Federspannarbeit 89
Federspannkraft 84
Fehler
– absoluter 7
– relativer 7
Feld 152
– elektrisches 100
– elektromagnetisches 103
– magnetisches 102
Feldeffekttransistor 97
Feldkonstante
– elektrische 69
– magnetische 69
Feldstärke
– elektrische 71, 100, 101
– magnetische 71, 102
Fette 146
Feuchte, absolute 78
ficksche Diffusionsgesetze 141
File 152
Fläche 71
Flächenberechnung durch Integration 38
Flächeninhalt 7
Flaschenzug 85
Fluchtgeschwindigkeit 113
Fluss
– elektrischer 71, 100
– magnetischer 71, 102
Flussdichte
– elektrische 71, 100
– magnetische 71, 102
Folgen
– arithmetische 32
– geometrische 32
Formel
– bayessche 52
– bernoullische 51
– von MACLAURIN 36
Formeln, binomische 11
Fortpflanzung 148
Fotoelement 97
Fotosynthese 140
Fotowiderstand 97
freie Standardbildungsenthalpie 116–124

Frequenz 71
Frischmasse 141
ftp 158
Fundamentalsatz der Algebra 16
Funktion 28
– Graph 28
– monoton fallende 28
– monoton wachsende 28
– Nullstelle 28
– periodische 28
– Polstelle 29
– Umkehr- 28
– ungerade 28
Funktionen
– Exponential- 31
– ganzrationale 29
– gebrochenrationale 29
– lineare 29
– Logarithmus- 31
– Potenz- 30
– quadratische 29
– rationale 29
– stetige 33
– trigonometrische 30
– Winkel- 30
– Wurzel- 30
Funktionenschar 28

G

Galaxis 112
Gallium 114, 124
Gammastrahlung 81
ganze Zahlen 9
Gaskonstanten 95
Gaskonstante, universelle 69
gaußsches Eliminierungsverfahren 67
GAUSS-Verteilung 53
GB 150
gebrochene Zahlen 9
Geburtenrate 141
Gefahrenstoffhinweise 138
Gefahrenstoffsymbole 138
Gegenereignis 50
Gegenkathete 26
gemeinsamer Teiler 10
gemeinsames Vielfaches 10
geneigte Ebene 85
Generationszeit 142
Generator 97
Genetik 148
genetische Bürde 148
genetische Last 148
Genotyphäufigkeit 148
geometrische Folge 32
geometrische Reihe 32
geometrisches Mittel 13, 49
Geraden
– im Raum 46
– in der Ebene 41

Geradengleichungen
– Achsenabschnittsgleichung 41
– allgemeine Form 41
– hessesche Normal(en)form 41, 46
– kartesische Normalform 41
– Punktrichtungsgleichung 41, 46
– Zweipunktegleichung 41, 46
Germanium 114, 124
Gesamtumsatz 146
Gesamtwirkungsgrad 90
Geschwindigkeit 71, 87
– kosmische 113
– mittlere 96
– wahrscheinlichste 96
Geschwindigkeit-Zeit- Gesetz einer harmonischen Schwingung 91
Gesetz von POISSON 95
Gesetz von AMONTONS 94, 95
Gesetz von BOYLE und MARIOTTE 95
Gesetz von GAY-LUSSAC 94, 95
Gesetz von HUBBLE 113
Gewässergüteklassen 144
Gewichtskraft 84
gewogenes arithmetisches Mittel 49
gezählte Wiederholung 153
GIBBS-HELMHOLTZ-Gleichung 137
GIF 154
Gitterenthalpien 131
Gleichgewicht 84
Gleichgewichtskonstante 137
gleichseitiges Dreieck 19
Gleichsetzungsverfahren 15
Gleichstromkreis 98
Gleichungen
– algebraische 16
– biquadratische 16
– Exponential- 16
– lineare 15
– Logarithmus- 16
– quadratische 16
Gleichungssysteme 15, 66
Gleichverteilung 51–53
Gleitreibungszahl 74
Glimmlampe 97
Glucose 121
Glühlampe 97
Glycerin 122
Glycin 119
Gold 114
goldener Schnitt 13
Gradmaß 25

Register

Grafikformate 154
Graphenschar 28
Gravitationsfeldstärke 90
Gravitationsgesetz 90
Gravitationskonstante 69
Gravitationskraft 84
Grenzwerte
– im Trinkwasser 142
– von Folgen 33
– von Funktionen 33
Grenzwertsätze für Folgen 33
Grenzwinkel der Totalreflexion 107
griechisches Alphabet 5
Größen 7
größter gemeinsamer Teiler 10
Grundfrequenz
– einer geschlossenen Pfeife 92
– einer offenen Pfeife 92
– einer schwingenden Saite 92
Grundgesetz des Wärmeaustauschs 93
Grundgesetz für die Dynamik der Rotation 89
Grundgleichung
– der kinetischen Gastheorie 96
– der Prozentrechnung 14
– der Wärmelehre 93
Grundintegrale 37
Grundschaltungen 99
Grundumsatz 146
Grundwert 14
Güteklasse 144

H

Haftreibungszahl 74
Halbweite 49
Halbwertszeit 81, 110
HALL-Konstante 79, 105
HALL-Spannung 105
HARDY-WEINBERG-Gesetz 148
harmonisches Mittel 13, 49
Harnstoff 121
Härtegrad 130
Häufigkeit
– absolute 50
– relative 50
Hauptähnlichkeitssatz 17
Hauptenergieniveaustufen 125
Hauptsätze der Wärmelehre 95
Hebel 85
heisenbergsche Unbestimmtheitsrelation 109
Heizwert 78

Helligkeit
– größte scheinbare 112
– scheinbare 113
HENDERSON-HASSELBALCH-Puffergleichung 136
Heptan 121
heronsche Formel 19
hertzsche Wellen 81
hessesche Normal(en)form
– der Ebenengleichung 46
– der Geradengleichung 41, 46
Hexadecansäure 121
Hexadezimalsystem 150
Hexadezimalzahlen 150
Hexaeder 24
Hexan 121
Höhe 19
Höhenformel, barometrische 90
Höhensatz 19
Hohlzylinder 23
hookesches Gesetz 84
hornersches Schema 29
HTML 154
– Befehle 156
– Grafiken 157
– Grundgerüst einer Webside 156
– Seitenformatierung 156
– Tabellen 157
– Textauszeichnung 157
– Verknüpfungen 157
http 154
Hubarbeit 89
HUBBLE-Konstante 111
hydraulische Anlagen 90
Hydrochinon 121
Hydronium-Ionen 124
Hydroxid-Ionen 124
Hyperbel
– allgemeine Lage 42
– Asymptoten 42
– Brennpunkte 42
– lineare Exzentrizität 42
– Mittelpunktsgleichung 42
hypergeometrische Verteilung 53
Hypotenuse 26

I

Idealgewicht 145
Identität 149
Ikosaeder 24
imaginäre Einheit 12
Immissionsgrenzwerte 144
Implikation 10
Impuls 72, 87
– eines Lichtquants 109
Impulserhaltungssatz 87
Indikationsgewicht 144

Indikator 127
indirekte Proportionalität 13
Individualfitness 148
Individuenzahl 144
Induktion, magnetische 102
Induktionsgesetz 103
Induktivität 72, 103
Inkreis 19
Innenwinkel 18
Innenwinkelsatz 18
integer 152
Integral
– bestimmtes 37
– unbestimmtes 37
Integration, partielle 37
Integrationskonstante 37
Integrationsregeln
– Faktorregel 37
– partielle Integration 37
– Substitutionsregel 37
– Summenregel 37
Interferenz
– am Doppelspalt 108
– am Gitter 108
– am Spalt 108
– an dünnen Schichten 108
Internetadresse 158
Intervall
– abgeschlossenes 9
– offenes 9
inverse Matrix 65
Iod 114, 124
Iodid-Ionen 124
Ionen 123
– molare Standardgrößen 123, 124
Ionenladung 124
Ionenprodukt des Wassers 136
Ionenradius 124

J

Jahr
– siderisches 111
– tropisches 111
JPEG 154
JPG 154
Jupiter 112

K

Kalenderjahr 111
Kalium 114, 124
Kaliumchlorid 117
Kaliumhydroxid 117
Kaliumiodid 117
Kaliumpermanganat 117
kalorimetrische Berechnungen 137
Kapazität 101
– elektrische 72
Kathetensatz 19

Kavalierperspektive 24
KB 150
Kegel 23
Kegelschnitte
– Ellipse 42
– Hyperbel 42
– Parabel 42
Kegelstumpf 23
Kehrwert eines Bruches 11
Kelvin 70
keplersche Gesetze 113
Kernbindungsenergie 110
Kettenregel 35
Kilogramm 70
Kinetik 97
kinetische Theorie der Wärme 96
kirchhoffsche Gesetze 99
kleinstes gemeinsames Vielfaches 10
Klemmenspannung 100
Klingel 97
Knotenpunktsatz 99
Koeffizientendeterminante 67
Koeffizientenmatrix 67
Kohlenhydrate 146
Kohlenstoff 115, 124
Kohlenstoffdioxid 117
Kohlenstoffdioxidvolumen 140
Kohlenstoffmonooxid 117
Kombinationen 49
Komplement 150
Komplementärmenge 8
Komplementwinkel 18
komplexe Zahlen 9, 12
Kondensationswärme 94
Kondensator 97, 101
Kongruenz 17
Kongruenzsätze 17
Konjunktion 10, 149
Konstanten 69
– ebullioskopische 131
– kryoskopische 131
– mathematische 5
– Säure-Base-Konstanten 128
– Stabilitätskonstanten von Komplex-Ionen 131
Kontinuitätsgleichung 91
Koordinatensystem 43
– ebenes 40
– kartesisches 40, 44
– Polar- 40
– räumliches 43
Koordinatentransformationen 40
Koppelungsgruppen 148
Körperdarstellung 24
Körpergröße 145
Körpermasse 145
Körper, platonische 24
Korrelationskoeffizient 50

korrespondierende Base 128
Kosinus 26
Kosinusfunktion 30
Kosinussatz 27
kosmische Strahlung 81
Kotangens 26
Kraft 72, 84, 87
– auf einen bewegten Ladungsträger 102
– auf einen stromdurchflossenen Leiter 102
– Auftriebskraft 84
– Druckkraft 84
– Federspannkraft 84
– Gewichtskraft 84
– Gravitationskraft 84
– Radialkraft 84
– Reibungskraft 84
– Zentripetalkraft 84
– Zusammensetzung von Kräften 85
Kräftegleichgewicht 84
Kraftgesetze für harmonische Schwingungen 91
Kraftmoment 71
Kraftstoß 72, 87
kraftumformende Einrichtungen 85
Kreis
– allgemeine Gleichung 41
– Geraden und Winkel am 21
– Mittelpunktsgleichung 41
– Normale 41
– Tangente 41
Kreisabschnitt 21
Kreisausschnitt 21
Kreisbahngeschwindigkeit, minimale 113
Kreisbewegung 86
Kreisbogen 21
Kreisfrequenz 72, 106
Kreiskegel 23
Kreisring 21
Kreissegment 21
Kreissektor 21
Kreiszahl (π) 5
Kreiszylinder 23
kryoskopische Konstanten 131
Kugel 23
– allgemeine Gleichung 47
– Mittelpunktsgleichung 47
– Tangentialebene 47
Kugelabschnitt 23
Kugelausschnitt 23
Kugelschicht 23
Kugelsegment 23
Kugelsektor 23
Kugelzone 23

Kupfer 115, 124
Kupfer(II)-chlorid 118
Kupfer(II)-oxid 118
Kupfer(II)-sulfat 118
Kupfer-Ionen 124
Kupfer(I)-oxid 118
Kurvenuntersuchungen
– Konkavbogen 35
– Konvexbogen 35
– Monotonieverhalten 35
– spezielle Punkte 35
Kürzen 11
Kurzschluss 100

L

L'HOSPITAL, Regel von 33
Lackmus 127
Ladung, elektrische 72, 100
Lagebeziehungen
– Abstände 47
– Winkel 47
– zweier Geraden 41, 47
Lagemaße 49
Länge 7, 72, 111
– einer Strecke 40
Länge eines Dipols 105
Längenänderung 94
Längenausdehnungskoeffizient 76
Längenkontraktion 109
LAPLACE-Experiment 51
Lautsprecher 97
Lautstärke 72, 75
Lautstärkepegel 72, 92
Leerlauf 100
Leistung 72
– elektrische 98
– mechanische 90
– thermische 96
– von Wärmequellen 96
Leistungsübersetzung 104
Leistungsumsatz 146
Leitfähigkeit, elektrische 72, 79, 98
Leitungsvorgänge 105
Leitwert, elektrischer 98
Leuchtdichte 72
Leuchtkraft 72
– der Sonne 113
– eines Sterns 113
Lichtemitterdiode 97
Lichtgenuss 140
Lichtgeschwindigkeit 69, 80, 108
Lichtjahr 111
Lichtstärke 72, 108
Lichtstrom 72, 108
Lichtwellen 81
lineare Funktionen 29
– Anstieg 29
lineare Gleichungen 15
lineare Gleichungssysteme 15, 66

– cramersche Regel 67
– Determinantenverfahren 67
– gaußsches Eliminierungsverfahren 67
– Matrixschreibweise 67
– Vektorschreibweise 67
Linearkombination von Vektoren 43
LINEWEAVER-BURK-Gleichung 140
Lithium 115, 124
Logarithmengesetze 12
Logarithmus 12
– dekadischer 12
– natürlicher 12
Logarithmusfunktionen 31
– Werte spezieller 31
Logarithmusgleichungen 16
logical 152
logische Verknüpfungen 149
logistisches (reales) Wachstum 141
LORENTZ-Faktor 109
LORENTZ-Kraft 102
LORENTZ-Transformation 109
LOSCHMIDT-Konstante 69
Löslichkeit
– Gase 129
– Ionensubstanzen 129
Löslichkeitsprodukt 136
Löslichkeitsprodukte
– Hydroxide 130
– Salze 130
ludolfsche Zahl (π) 5
Luftbedarf 147
Luftdruck 75
Luftwiderstand 91
Luftwiderstandsbeiwerte 75
Luftwiderstandszahlen 75

M

MACLAURIN, Formel von 36
Magnesium 115, 124
Magnesiumhydroxid 118
Magnesium-Ionen 124
Magnesiumoxid 118
Mangan 115, 124
Mangan(IV)-oxid 118
Mars 112
Maschensatz 99
Masse 72, 87, 96, 134, 135
– eines bewegten Körpers 109
– eines Lichtquants 109
– molare 96, 116–123
Masseeinheit, atomare 69
Masse-Energie-Beziehung 109
Massenanteile 127, 135
Massendefekt 110

Massenkonzentration 135
Massenwirkungsgesetz 136
Massenzahl 110
mathematische Konstanten 5
Matrix 64
– Diagonal- 64
– Dreiecks- 64
– Einheits- 64
– erweiterte 64
– erweiterte Koeffizienten- 67
– inverse 65
– Koeffizienten- 67
– Null- 65
– Rang 64
– transponierte 65
Matrizen
– Multiplikation 65
– Rechnen mit 65
– Vielfachbildung 65
Matrizenumformungen 64
Maximum 35
MB 150
Mechanik 84
Median 49
mehrseitige Auswahl 153
mehrstufiger Zufallsversuch 51
Menge
– Differenz- 8
– Komplementär- 8
– Potenz- 8
– Produkt- 8
– Schnitt- 8
– Teil- 8
– Vereinigungs- 8
Mengen
– äquivalente 8
– Rechnen mit 9
Mengengleichheit 8
Mennige 116
Merkur 112
Meter 70
Methan 122
Methanal 122
Methanol 122, 131
Methansäure 122
Methylbenzol 122
MICHAELIS-MENTEN-Konstante 140
Mikrowellen 81
Milchsäure 122
Milchstraßensystem 112
Minimum 35
Minimumsort 153
Mischungskreuz 135
Mischungsrechnen 13, 135
Mittel
– arithmetisches 13, 49
– geometrisches 13, 49
– gewogenes arithmetisches 49
– harmonisches 13, 49

Mittelpunkt einer Strecke 40
Mittelpunktswinkel 21
Mittelsenkrechte 19
Mittelwerte 13, 49
mittlere Abweichung 49
Modalwert 49
Moivre, Satz von 12
Mol 70
Molalität 135
molare freie Reaktionsenthalpie 137
molare freie Standardenthalpie 137
molare Hydratationsenthalpien 132
molare Löslichkeit 136
molare Masse 116–123, 134
molare Reaktionsenthalpie 137
molare Reaktionsentropie 137
molares Volumen 134
Monat
– siderischer 111
– synodischer 111
Mond 112
morgansche Gesetze 8
Motor 97
Multiplikationssatz für Wahrscheinlichkeiten 52
Mutationsrate 148

N
Näherungsformel
– von LAPLACE 53
– von POISSON 53
Näherungsfunktionen 36
Näherungsverfahren
– newtonsches 36
– Sekanten- 36
– Tangenten- 36
näherungsweises Berechnen bestimmter Integrale
– keplersche Fassregel 39
– Parabelformel 39
– Rechteckformel 38
– Sekantenformel 39
– simpsonsche Regel 39
Näherungswerte 7
Nährstoffbedarf 146
Nährstoffe 146, 147
Nahrungsmittel 147
NAND 149
Natrium 115, 124
Natriumcarbonat 118
Natriumchlorid 118
Natriumhydroxid 118
natürliche Zahlen 9
Nebenwinkel 18
Negation 10, 149
Negator 149
Nennscheinleistung 104

Neptun 112
nernstsche Gleichung 135, 141
Netto-Primärproduktion 140
Neutron 69
newtonsche Gesetze 84
newtonsches Grundgesetz 84
newtonsches Näherungsverfahren 36
NICHT 149
Nitrat-Ionen 124
Nonan 122
NOR 149
Normaleneinheitsvektor 46
Normal(en)form, hessesche 41, 46
Normalenvektor 46
Normalform
– komplexer Zahlen 12
– linearer Gleichungen 15
– linearer Gleichungssysteme 15
– quadratischer Gleichungen 16
Normalgewicht 145
Normalverteilung 53
Normdruck 69
Normfallbeschleunigung 69
Normtemperatur 69
Normvolumen, molares 69
Normzustand des idealen Gases 95
NOT 149
npn-Transistor 97
NTC-Widerstand 97
Nukleonenzahl 110
Nuklide 81
Nuklidkarte 82, 83
Nullmatrix 65
Nullpunkt, absoluter 69
Nullstellen, näherungsweises Bestimmen 36
Nullvektor 43
numerische Apertur 107
Numerus 12

O
Oberflächentemperatur 112
Objekte
– in Datenbanken 155
– in der Textverarbeitung 154
– in Kalkulationsprogrammen 155
– in Zeichenprogrammen (Vektorgrafik) 155
Octadecansäure 122
Octan 122
ODER 149

ODER–NICHT 149
offenes Intervall 9
Öffnungsverhältnis 107
ohmsches Gesetz 98
Ökologie 142
ökologische Zeigerwerte 143
Oktaeder 24
Oktave 75
Optik 107
OR 149
Ordnungszahl 114–116, 125
organische Verbindungen 119–123
Osmose 140
osmotischer Druck 140
OSTWALD-Verdünnungsgesetz 136
Oxalsäure 121
Oxidationsmittel 134
Oxidationszahlen 114–116
o-Xylol 121
Ozon 118

P
Palmitinsäure 121
Parabel
– allgemeine Lage 42
– Brennpunkt 42
– Leitlinie 42
– Scheitelgleichung 42
Parallelogramm 20
Parallelschaltung 149
– von Kondensatoren 101
– von ohmschen, induktiven und kapazitiven Widerständen 104
– von Spannungsquellen 99
– von Widerständen 98
Parsec 111
Partialsumme 32
Partialsummenfolge 32
Partialsummen, spezielle 32
partielle Integration 37
pascalsches Zahlendreieck 48
Passante 21
PDF 154
Pearl-Index 148
Pentan 122
Pentansäure 122
Periode 28
Periodendauer 72, 106
Peripheriewinkel 21
Permeabilität, relative 80
Permeabilitätszahl 80
Permittivität, relative 80
Permittivitätszahl 80
Permutationen 48
Pfadregeln 51

Phasengeschwindigkeit 92, 106
Phasenverschiebung 104
Phenol 122
Phenolphthalein 127
Phosphat-Ionen 124
Phosphor 115, 124
Phosphorsäure 118
pH-Umschlagsbereich 127
pH-Wert 136
pH-Wertberechnungen bei wässrigen Lösungen 136
pH-Wert-Skala 127
Physiologie 140
Pi (π, Kreiszahl) 5
pK_S-/pK_B-Werte 128
plancksches Wirkungsquantum 69
Planeten 112
Plankton- und Schwebstoffgehalt 142
platonische Körper 24
Pluto 112
pneumatische Anlagen 90
PNG 154
Poisson-Verteilung 53
Polyeder 24
Polyedersatz, eulerscher 24
Populationsfitness 148
Positionssysteme 6
Potenz 11
Potenzfunktionen 30
– mit ganzzahligen Exponenten 30
– mit gebrochenen Exponenten 30
Potenzgesetze 11
Potenzial, elektrisches 72, 101
Potenziometerschaltung 99
Potenzmenge 8
Primfaktorzerlegung 5
Primzahlen 5
Prismen 22
Produktmenge 8
Produktregel 34
Propan 122
Propan-1,2,3-triol 122
Propanon 122
Propansäure 122
Propen 122
Propin 123
Proportionalität
– direkte 13
– indirekte 13
Proportionen 13
Protolysegrad 136
Proton 69
Prozentsatz 14
Prozentwert 14
PTC-Widerstand 97
PTOLEMÄUS, Satz des 20
Punktrichtungsgleichung
– einer Ebene 46

– einer Geraden im Raum 46
– einer Geraden in der Ebene 41
Pyramiden 22
Pyramidenstümpfe 22
Pyrit 117
PYTHAGORAS, Satz des 19

Q
Quader 22
Quadrantenbeziehungen 26
Quadrat 20
quadratische Funktionen
– allgemeine Form 29
– Normalform 29
– Nullstellen 29
– Scheitelpunkt 29
– Spezialfälle 29
quadratische Gleichungen 16
quadratische Matrix 64
Qualitätsfaktor 81
Quantenphysik 109
Quantenzahl 126
Quartil 49
Quecksilber 115
Quicksort 153
Quotientenregel 34

R
Radialkraft 84
Radikand 11
Radius 21
Rang einer Matrix 64
rationale Zahlen 9
Rauminhalt 7
Raute 20
Reaktionsentropie, molare 137
Reaktionsgeschwindigkeit 137, 140
real 152
Rechnen mit
– Beträgen 11
– Brüchen 11
– Logarithmen 12
– Matrizen 65
– Mengen 8
– Näherungswerten 7
– Potenzen 11
– Wahrscheinlichkeit 51
– Wurzeln 11
Rechteck 20
Rechteckformel 38
rechtwinkliges Dreieck 19
record 152
Redoxpotenzial 135
Reduktionsmittel 134
reelle Zahlen 9
Reflexionsgesetz 106, 107
regelmäßige Vielecke 21
Regel von L'HOSPITAL 33
Regel von SARRUS 66

Regressionsgerade 50
regula falsi 36
reguläre Polyeder 24
Reibungsarbeit 89
Reibungskraft 84
Reibungszahlen 74
Reihen
– geometrische 32
– konvergente 32
Reihenschaltung 149
– von Kondensatoren 101
– von Spannungsquellen 99
– von Widerständen 98, 104
relative Atommasse 134
relative Häufigkeit 50
relativer Fehler 7
Resonanzbedingung 105
Resorcin 120
respiratorischer Quotient 140
Reziprokes 11
Rhomboid 20
Rhombus 20
richmannsche Mischungsregel 93
Ripplesort 153
Rolle 85
Rollreibungszahl 74
römische Zahlzeichen 6
Röntgenstrahlung 81
Rotation 88
– gleichförmige 87
– gleichmäßig beschleunigte 87
Rotationsdauer 112
Rotationsenergie 89
Rotationskörper 39
Rotverschiebung 113
RTF 154
Runden 7
RYDBERG-Frequenz 69
RYDBERG-Konstante 69

S
Saccharose 123
Salicylsäure 122
Saprobienindex 144
Saprobienstufen 144
Sarrus, Regel von 66
Sattelpunkt 35
Saturn 112
Satz
– binomischer 48
– der totalen Wahrscheinlichkeit 52
– des EUKLID 19
– des PTOLEMÄUS 20
– des PYTHAGORAS 19
– des THALES 21
– von HESS 137
– von MOIVRE 12
– von TAYLOR 36

Sauerstoff 115, 124
Sauerstoffbedarf 142
Sauerstoffbestimmung 142
Sauerstoffdefizit 142
Sauerstoffgehalt 142
Sauerstoffsättigung 142
Sauerstoffvolumen 140
Saugkraft der Zelle 140
Säure 128
Säure-Base-Indikatoren 127
Säure-Base-Konstanten 128
Säure-Base-Paare 128
Säure-Base-Reaktion nach BRÖNSTED 136
Säurekonstante 136
Säuren 136
Schall 92
Schallausbreitung 92
Schalldruck 75
Schalldruckpegel 72, 92
Schallgeschwindigkeit 76
– in festen Stoffen 92
– in Flüssigkeiten 92
– in Gasen 92
Schallintensität 72, 75, 92
Schalter 97
Schaltzeichen 97
scheinbare Anhebung der Gestirne 111
Scheinleistung 103
Scheinwiderstand 104
Scheitelwinkel 18
Schmelztemperatur 78, 114–123
Schmelzwärme 94
– spezifische 78
Schnittmenge 8
Schnittwinkel 47
Schrägbild 24
Schwefel 115, 124
Schwefeldioxid 118
Schwefelsäure 118
Schwefeltrioxid 118
Schwefelwasserstoff 118
Schweredruck 90
Schwerpunkt eines Dreiecks 19
Schwingungen 106
– elektromagnetische 105
– gedämpfte 91
– mechanische 91
Schwingungsdauer 72, 106
– einer Flüssigkeitssäule 91
– eines Fadenpendels 91
– eines Federschwingers 91
– eines physischen Pendels 91
– eines Torsionspendels 91

Schwingungsgleichung 106
Sehne 21
Sehnentangentenwinkel 21
Sehnenviereck 20
Seitenhalbierende 19
Sekante 21
Sekantennäherungsverfahren 36
Sekunde 70
Selbstinduktionsspannung 103
Selektionskoeffizient 148
senkrechte Zweitafelprojektion 24
Sicherung 97
Siedetemperatur 78, 114–123
– von Wasser 79
Silber 115, 124
Silbernitrat 119
Sinus 26
Sinusfunktion 30
Sinussatz 27
Skalarprodukt 44
Solarkonstante 69, 111
Sonne 112
Sonnentag, mittlerer 111
Sortieralgorithmen 153
Spalte 155
Spannung
– elektrische 72, 98, 101
– im Wechselstromkreis 103
– magnetische 102
Spannungsmessgerät 97
Spannungsquelle 97
Spannungsteilerregel 98
Spannungsteilerschaltung 99
Spannungsübersetzung 104
Spannweite 49
Spatprodukt 45
Spektralserien des Wasserstoffatoms 110
Spektrum elektromagnetischer Wellen 81
spezifische Ladung 69
Spule 97
Stammfunktion 37
Standardabweichung 50
– einer Zufallsgröße 52
Standardbildungsenthalpie, freie 116–124
Standardenthalpie, molare freie 137
Standardnormalverteilung 53
– der Funktionswerte der Dichtefunktion 54
– Funktionswerte der Verteilungsfunktion 55

Standardpotenziale 133, 134
Stearinsäure 122
STEFAN-BOLTZMANN-Konstante 69
Stellenwertsysteme 6
Sterberate 141
Sterntag 111
stetige Zufallsgröße 52
Stetigkeit 33
Stickstoff 115, 124
Stickstoffdioxid 119
Stickstoffmonooxid 119
Stimmung, temperierte 75
Stöchiometrie 134
stöchiometrisches Rechnen 134
Stoffmenge 72, 134
Stoffmengenkonzentration 135
Stoffmengenkonzentrationen handelsüblicher Lösungen 127
Stoffwechsel 146
Stoß
  – elastischer gerader zentraler 88
  – unelastischer gerader zentraler 88
Strahlensätze 17
Strahlungsgesetz
  – von KIRCHHOFF 94
  – von STEFAN und BOLTZMANN 94
Strahlungsgesetze 94
Streumaße 49
Streuung, empirische 50
Stromstärke
  – elektrische 72, 98
  – im Wechselstromkreis 103
Stromstärkemessgerät 97
Stromstärkeübersetzung 104
Stromteilerregel 98
Struktogramm 153
Stufenwinkel 18
Styrol 123
Substitutionsregel 37
Substratkonzentration 140
Sulfat-Ionen 124
Sulfid-Ionen 124
Sulfit-Ionen 124
summierte binomiale Wahrscheinlichkeiten 58
summierte Wahrscheinlichkeitsverteilung 52–62
Supplementwinkel 18
Symbolschreibweise 110

T
Tabelle 155
Tabellenkalkulation 155
Tag, siderischer 111
Tangens 26

Tangensfunktion 31
Tangente 21
Tangentennäherungsverfahren 36
Tautologien 10
TAYLOR, Satz von 36
Teilchenzahl 134
Teiler 10
  – gemeinsamer 10
  – größter gemeinsamer 10
Teilmenge, echte 8
Teilung einer Strecke 40
Teilverhältnis 40
Temperatur 73
  – thermodynamische 93
Termumformungen 11
Tetraeder 24
Textformate 154
Textverarbeitung 154
THALES, Satz des 21
thomsonsche Schwingungsgleichung 105
Thorium-Reihe 110
TIF (TIFF) 154
Titration 136
Toluol 122
Top Level Domain 158
Trägheitsgesetz 84
Trägheitsmoment 73, 87, 88
Transformator 97
Translation 87
transponierte Matrix 65
Trapez 20
Trichlormethan 123
trigonometrische Funktionen
  – Nullstellen 30
  – Periode 30
  – Umkehrfunktionen 31
  – Werte spezieller Argumente 31
Tripelpunkt 69
Trockenmasse 141
tschebyschewsche Ungleichung 52
Turgordruck 140
TXT 154

U
Übersetzungsverhältnis 104
Übertragungsprotokolle 158
Umfangswinkel 21
Umformungen von Matrizen 64
Umkehrfunktion
  – Differenziation 35
  – Graph 28
Umkreis 19
Umlaufzeit 112
unabhängige Ereignisse 52
unbestimmtes Integral 37

UND 149
UND–NICHT 149
universelle Gaskonstante 69
Unterdeterminante 66
Uran-Radium-Reihe 110
Uranus 112
URL 158
Urnenmodell 48

V
Vakuumlichtgeschwindigkeit 111
van der waalssche Zustandsgleichung 96
van't hoffsche Gleichung 137
Varianz 50
Varianz einer Zufallsgröße 52
Variationen 48
Vektor
  – Betrag 44
  – durch zwei Punkte 44
  – Einheits- 43
  – entgegengesetzter 43
  – Komponenten 44
  – Koordinaten 44
  – Null- 43
  – Schub- 43
Vektoren
  – Addition 44
  – doppeltes Vektorprodukt 45
  – lineare Abhängigkeit 43
  – Linearkombination 43
  – Skalarprodukt 44
  – Spatprodukt 45
  – Subtraktion 44
  – Vielfachbildung 44
Vektorprodukt 45
Vektorraum
  – Basis 43
  – Dimension 43
Venus 112
Verbindungen
  – anorganische 116
  – organische 119
Verbrennungswärme 93
Verbund 152
Verbundanweisung 153
Verdampfungswärme 94
  – spezifische 78
Vereinigungsmenge 8
Vergrößerung 73
  – einer Lupe 107
  – eines Fernrohres 107
  – eines Mikroskops 107
  – optischer Geräte 107
Verhältnisgleichungen 13
Verknüpfung 149
Vermehrungsrate 141
Verschiebung, dielektrische 100

Verschiebungsgesetz von WIEN 94
Verteilung
  – bernoullische 53
  – Binomial- 53
  – einer Zufallsgröße 52
  – GAUSS- 53
  – Gleich- 53
  – hypergeometrische 53
  – Normal- 53
  – POISSON- 53
  – Standardnormal- 53
Verteilung der Elektronen in der Atomhülle 125
Verteilungsfunktion 52
Vielecke, regelmäßige 21
Vielfaches 10
  – gemeinsames 10
  – kleinstes gemeinsames 10
Vierecke 20
vietascher Wurzelsatz 16
Vinylbenzol 123
Vinylchlorid 120
Vitamingehalt 147
VOLTERRA-Regeln, VOLTERRA-Gesetze 143
Volumen 7, 73, 134, 135
  – molares 96
Volumenänderung 94
Volumenanteil 135
Volumenarbeit 89, 95, 137
Volumenausdehnungskoeffizient 76
Vorsätze bei Einheiten 6

W
Wachstum 141
  – exponentielles 141
  – logistisches (reales) 141
Wachstumsrate 142
Wahrheitswertetafeln 10
Wahrscheinlichkeit 51
  – bedingte 52
Wahrscheinlichkeiten
  – binomiale 56, 57
  – summierte binomiale 58–62
Wahrscheinlichkeitsverteilung 52
  – summierte 52
Währungsrechnen 13
Wärme 73, 93
Wärmeaustausch 93
Wärmedurchgangskoeffizient 77
Wärmekapazität 73, 93
  – spezifische 77
Wärmelehre 93
Wärmeleitfähigkeit 77
Wärmeleitung 93
Wärmeleitwiderstand 73, 93
Wärmestrom 73, 93

Wärmeübergangs-
  koeffizient 77
Wärmeübertragung 93
Wasser 119, 131
Wasserdefizit 141
Wassergehalt 141, 147
Wasserhärte 130
Wasserhaushalt 141
Wasserstoff 115, 124
Wasserstoff-Ionen 124
Wasserverlust 141
Wechselstrom 81
Wechselwinkel 18
Wechselwirkungsgesetz 84
Weg 73, 87
Weg-Zeit-Gesetz einer harmonischen Schwingung 91
Wellen 106
  – elektromagnetische 105
  – mechanische 92
Wellengleichungen 92, 106
Wellenlänge 73
wheatstonesche Brücke 100
Widerstand
  – elektrischer 98
  – induktiver 73, 103
  – kapazitiver 73, 103
  – magnetischer 102
  – ohmscher 73, 103
  – Schaltzeichen 97
  – spezifischer elektrischer 79
Widerstandsgesetz 98
Wiederholung
  – gezählte 153
  – mit nachgestelltem Test 153
  – mit vorangestelltem Test 153
wiensche Konstante 69
Winkel 18, 73, 87
  – Komplement- 18
  – Neben- 18
  – Scheitel- 18
  – Stufen- 18
  – Supplement- 18
  – Wechsel- 18
Winkelbeschleunigung 73, 87
Winkeldurchmesser, mittlerer scheinbarer 112
Winkelfunktionen 30
  – Beziehungen zwischen 26
  – Definition am Kreis 26
  – Definition am rechtwinkligen Dreieck 26
  – Quadrantenbeziehungen 26
  – Vorzeichen in den vier Quadranten 26
Winkelgeschwindigkeit 73, 87
Winkelhalbierende 19
Winkelmaße 25
Wirkleistung 103
Wirkungsgrad 73, 90, 135
  – eines Transformators 104
  – thermischer 96
  – von Wärmequellen 96
Word 150
Wurf
  – schräger 86
  – senkrechter 86
  – waagerechter 86
Würfel 22

Wurzel 11
Wurzelexponent 11
Wurzelfunktionen 30
Wurzelgesetze 11
Wurzelsatz, vietascher 16

Z
Zahlen
  – ganze 9
  – gebrochene 9
  – komplexe 9, 12
  – natürliche 9
  – rationale 9
  – reelle 9
Zahlendreieck, pascalsches 48
Zahlenfolge
  – alternierende 32
  – arithmetische 32
  – divergente 32
  – explizite Bildungsvorschrift 32
  – fallende 32
  – geometrische 32
  – Grenzwert 32
  – konstante 32
  – rekursive Bildungsvorschrift 32
  – wachsende 32
Zahlenmengen 9
Zählschleife 153
Zahlzeichen, römische 6
Zehnerpotenzen, abgetrennte 6
Zeichen 154
Zeichenprogramme 155
Zeigerdiagramm 104
Zeile 155
Zeit 73, 111
Zeitdilatation 109
Zeitkonstante 101

Zelle 155
Zentralwert 49
Zentripetalkraft 84
Zentriwinkel 21
Zerfallsgesetz 110
Ziffern, zuverlässige 7
Zink 124
Zinsen
  – Jahres- 14
  – Monats- 14
  – Tages- 14
Zinseszinsen 14
Zinsfaktor 14
Zinssatz 14
Zufallsgrößen 52
  – diskrete 52
  – stetige 52
Zufallsversuch 50
  – mehrstufiger 51
Zufallszahlen 63
Zustandsänderung
  – adiabatische 95
  – isobare 95
  – isochore 95
  – isotherme 95
Zustandsgleichung
  – des idealen Gases 95
  – van der waalssche 96
zuverlässige Ziffern 7
Zuwachsrate 141
Zweipunktegleichung
  – einer Geraden im Raum 46
  – einer Geraden in der Ebene 41
zweiseitige Auswahl 153
Zweitafelprojektion, senkrechte 24
Zwischenspeicher 149
Zwischenwertsatz 33
Zylinder 23

Deutschland – Bundesländer

Deutschland – geografische Extremwerte

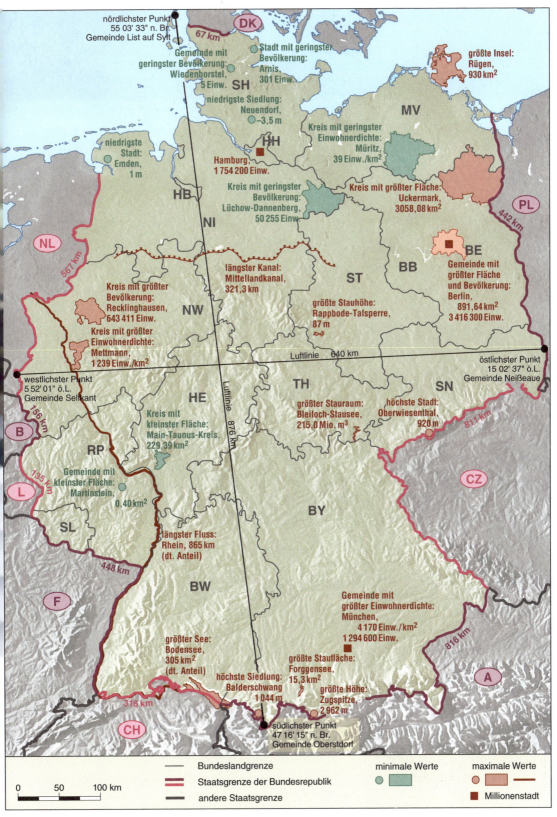

Angaben nach „Statistisches Jahrbuch der Bundesrepublik Deutschland. 2008"

Die App wurde 2014 mit dem Comenius-Gütesiegel für pädagogisch wertvolle Software ausgezeichnet.

Die **App „Formelsammlung von Duden"** steht für die derzeit gängigen Betriebssysteme für mobile Endgeräte zur Verfügung:
- iOS-Version für iPad/iPhone ab iOS 5.x (hier dargestellt)
- Android-Version ab SDK 2.3
- Windows 8-Store-App-Version

Suchen Sie einfach in Ihrem Store nach „Formelsammlung von Duden" und laden Sie diese kostenlose App auf Ihr Tablet oder Smartphone.

Formelsammlung von Duden

- Formelsammlung
- Inhaltsverzeichnis
- Stichwortsuche
- Periodensystem der Elemente
- Deutschlandkarten
- Favoriten
- Freischalten
- Impressum